||| || ||||||| ||| || ||||| |||
H0044337

E rich Mühsam, geboren 1878 in Lübeck, zieht 1908 von Berlin
nach München. Dort schreibt er für Kabaretts und Zeitschriften
wie »Simplicissimus«, »Jugend« und »Der wahre Jacob«; 1911 bis
1914 gibt er die Wochenschrift »Kain – Zeitschrift für Menschlich-
keit« heraus. Der Kriegsgegner wird nach Ausbruch der Revolution
Mitglied des »Revolutionären Arbeiterrats« in München und ist ein
führendes Mitglied der Münchner Räterepublik. 1919 wird Mühsam
zu 15 Jahren Festungshaft verurteilt, 1924 amnestiert; 1926–1931
Herausgabe der Zeitschrift »Fanal«; nach dem Reichstagsbrand wird
Mühsam verhaftet, interniert, unmenschlich gequält und in der
Nacht zum 10. Juli 1934 im KZ Oranienburg ermordet. Neben kämp-
ferischer Publizistik schrieb Mühsam autobiographische Texte und
Theaterstücke; vor allem aber politische Zeitgedichte und Lieder.

edition monacensia
Herausgeber: Monacensia
Literaturarchiv und Bibliothek
Dr. Elisabeth Tworek

In der *edition monacensia* erscheinen ausgewählte Werke renommierter Münchner AutorInnen des 19. und 20. Jahrhunderts, deren literarische Arbeiten von der Monacensia – Literaturarchiv und Bibliothek betreut werden. Neben Neuausgaben viel gesuchter Bücher erscheinen auch Ersteditionen aus den Beständen des Archivs und der Bibliothek, die von kompetenten Herausgebern eingeleitet werden.

Erich Mühsam
Wir geben nicht auf!

Texte und Gedichte

Herausgegeben
von
Günther Gerstenberg

edition monacensia
im
Allitera Verlag

Der Allitera Verlag ist ein Books on Demand-Verlag
der Buch & medi@ GmbH, München.
Dieser Verlag publiziert ausschließlich Books on Demand in
Zusammenarbeit mit der Books on Demand GmbH, Norderstedt,
und dem Hamburger Buchgrossisten Libri. Die Bücher werden
elektronisch gespeichert und auf Bestellung gedruckt, deshalb sind sie
nie vergriffen. Books on Demand sind über den klassischen Buchhandel
und Internet-Buchhandlungen zu beziehen.

Weitere Informationen über den Verlag und sein Programm unter:
www.allitera.de

Die Deutsche Bibliothek – CIP-Einheitsaufnahme
Ein Titeldatensatz für diese Publikation ist bei der Deutschen Bibliothek
erhältlich.

Juni 2003
Allitera Verlag
Ein Books on Demand-Verlag der Buch & medi@ GmbH, München
© 2003 Landeshauptstadt München/Kulturreferat
Münchner Stadtbibliothek
Monacensia Literaturarchiv und Bibliothek
Leitung: Dr. Elisabeth Tworek
und Buch & medi@ GmbH, München
Umschlaggestaltung: Kay Fretwurst
unter Verwendung eines Fotos von Erich Mühsam, 1919
Herstellung: Books on Demand GmbH, Norderstedt
Printed in Germany · ISBN 3-8330-8007-8

Inhalt

VORWORT

»… Meint, dass die besten Elemente aller Nationen in den Zuchthäusern vorkommen; wurde von seinen Schützlingen selber bestohlen, von seinen Parteifreunden nicht ernst genommen, als Werkzeug benützt. Im November 1918 sehr tätig bei der Revolution, die ihm aber nicht weit genug ging; gründete Gruppe der ›revolutionären Internationalisten‹; wollte Diktatur des Proletariats, Räteverfassung. Hervorragend beteiligt an der Ausrufung der Räterepublik, an der Bildung des revolutionären Zentralrats, in dem er mitsaß. Bei Putsch verhaftet. Vor Gericht: will voll verantwortlich, kein Psychopath sein; aphoristisch geistreichelnd, erregbar, fanatisch, phantastisch, verworren, eitel, großes Selbstgefühl, Poseur; kritiklos, haltlos. Fanatischer Psychopath …«[1], so eine wissenschaftliche Analyse des Jahres 1919.

Schon bald nach Kriegsende 1945 fand sich in München ein kleiner anarchistischer Kreis, in dem sich beinahe alle Anwesenden an einen anderen Mühsam erinnern konnten: liebevoll, selbstlos, hilfsbereit, bescheiden, verständig. Die Gruppe wollte an die großen Zeiten vor 1933 anknüpfen. An ein Wiederaufleben anarcho-syndikalistischer Organisationen aber war 1946 nicht zu denken; die Besatzungsmächte ließen anarchistische Gewerkschaften nicht zu. Mit dem beginnenden »Wirtschaftswunder« schwand der sowieso geringe Einfluss der Gruppe. Die Mitglieder überalterten, Nachwuchs war nicht in Sicht.

Erst der Aufbruch der Studentenbewegung schuf neue Gegenöffentlichkeit und machte räterepublikanische Positionen und damit auch Erich Mühsam wieder populär. Die freche Unbekümmertheit der Opposition stieß oft an die Grenzen der Traditionen. Als der

---

[1] Eugen Kahn, Psychopathen als revolutionäre Partner, in: *Zeitschrift für die gesamte Neurologie und Psychiatrie* 52, Berlin 1919, 98, polizeilich vermerkt in: Pol. Dir. 15590/4, STAM. Vgl. zur Psychiatrisierung der Teilnehmer der Rätezeit: H. D. Heilmann, Revolutionäre und Irre – die wahnsinnige Revolution und das normale Auschwitz, in: *Schwarze Protokolle* 14, Berlin 1976, 2 ff.

Verfasser dieser Zeilen Anfang der siebziger Jahre auf der Münchner Freiheit die »Entlarvung« vortrug, verdankte er es nur dem umsichtigen Eingreifen eines anwesenden Polizeibeamten, dass er nicht von der aufgebrachten Menge verprügelt wurde.

1977 gründete sich die *Künstlergemeinschaft Erich Mühsam*, eine bunte Truppe aus Schauspielern, Kabarettisten, Dichtern und Malern. 1978 trug sie anlässlich des hundertsten Geburtstages des Dichters Texte Mühsams bei der *Schwabinger Woche* vor. Ihre Auftritte wurden aber nur im Ghetto weniger Eingeweihter wahrgenommen. In den folgenden Jahren sammelten sich um Menschen wie Martha Wüstemann, Benno Scharmansky und Augustin Souchy, die noch Zenzl und Erich Mühsam kannten, unübersichtliche und oft nicht näher einzuordnende Gruppen, die über die vielfältigen und auch widersprüchlichen Gedanken des Anarchismus berieten und versuchten, aus Worten Taten werden zu lassen. Anlässlich des 90. Geburtstages von Augustin Souchy trug im August 1982 ein vierstimmiger gemischter Chor den »Lampenputzer« in der *Westendhalle* vor. 1987 zeigten Mechthild Klotz, Cornelia Faist, Holger Kass und Wolfgang Scheiner im *Theater über dem Landtag* eine beschwingte und bissige Erich-Mühsam-Revue.

Alle diese unbeschwerten Unternehmungen vermochten nicht, in der bayerischen Landeshauptstadt mehr als zuweilen wohlwollende und temporär beschränkte Aufmerksamkeit zu erhaschen. Tatsächlich war es der Stadt und ihren Eliten nachgerade peinlich, mit Mühsam konfrontiert zu werden. Sie tat sich schwer, hatte sich in den letzten Jahrzehnten gemausert, sich eine glänzende, neue Oberfläche angeschafft. Sie war reich geworden, selbstgerecht, zufrieden, satt. Ihre Bewohner fanden zuletzt die einzige Gemeinsamkeit im verzückten Zelebrieren genießerischer Selbstbespiegelung.

Aber: Die Stadt ehrt auch ihren verdienten Bürger. Sie widmet ihm einen Ausschnitt aus dem öffentlichen Raum. Um diese Geste kommt sie nicht herum. Und so nannte sie in Schwabing einen Platz nach ihm. Der allerdings kennt keine postalischen Anschriften der Anwohner. Genial! Vielleicht hat jemand aber auch gespürt, dass Erich Mühsam nur so geehrt werden will – nicht anders!

Am 6. April 1989 gründete sich in des Dichters Geburtsstadt Lübeck die *Erich-Mühsam-Gesellschaft*. Das Vereinsziel sieht vor, »das Andenken des Schriftstellers zu erhalten, in seinem Geist die fortschrittliche, friedensfördernde und für soziale Gerechtigkeit eintretende Literatur zu pflegen und seine Absage an jede Unterdrückung, Gewalt und Diskriminierung von Minderheiten für die

Gegenwart zu nutzen.« Sie gibt die »Schriften der Erich-Mühsam-Gesellschaft« und das »Mühsam-Magazin« heraus. In diesem Jahr veranstaltet sie anlässlich des 125. Geburtstags im Buddenbrookhaus in Lübeck eine umfangreiche Ausstellung »Sich fügen heißt lügen«, die vom 12. Juni bis 17. Oktober 2003 in der *Monacensia*, dem Literaturarchiv der Stadt München, zu sehen ist. Übrigens: Auch Münchnerinnen und Münchner können Mitglied der Lübecker Erich-Mühsam-Gesellschaft werden.

Die vom Herausgeber verfassten »Schlaglichter« führen in das Leben Erich Mühsams ein, können eine umfassende Biographie des Dichters aber nicht ersetzen. Der Hintergedanke ist, die Mühsam-Unkundigen zu interessieren und zugleich dem Kenner des Dichters doch noch die eine oder andere überraschende Neuigkeit zeigen zu können. Als Grundlage dienten einige Fundorte in München.

Die vorliegende kleine Auswahl der Texte Mühsams versucht, das in München vorherrschende, einseitige Bild vom liebenswürdigen Bänkelsänger, vom naiven Bürgerschreck oder dem spitzzüngigen Satiriker, der mit Vorliebe die verbürgerlichte Sozialdemokratie aufs Korn nahm, etwas zu korrigieren und den »ganzen« Mühsam sichtbar werden zu lassen. Dabei wurde auf allzu bekannte Texte verzichtet; Werke mit einem Bezug zu München und Bayern wurden bevorzugt. Offensichtliche Fehler wurden stillschweigend korrigiert, Orthographie und Interpunktion der heutigen Schreibweise angepasst. Anmerkungen, Quellennachweise, eine Auswahlbibliographie und ein Personenverzeichnis finden sich im Anhang.

In alphabetischer Reihenfolge sei herzlich gedankt: Dr. Claudia Brunner übernahm die Überarbeitung des Manuskripts. Ursula Brunner vom *Archiv der Münchner Arbeiterbewegung* suchte und fand Unveröffentlichtes. Gudrun Köhl, Leiterin des *Valentin-Karlstadt-Musäums*, ließ den Herausgeber vertrauensvoll Einblick in die Schätze der Valentin'schen Sammlung nehmen. Dr. Elisabeth Tworek und ihre Mitarbeiterinnen in der *Monacensia* sorgten dafür, dass auch München sich endlich erinnert an einen wunderbaren, freidenkenden, anarchistischen Dichter und Politiker. Christoph Klinke lieh großzügig seine Bücher in der Hoffnung, dass der Verfasser dieser Zeilen die Erstausgabe des *Bänkelbuchs. Neue deutsche Chansons* (Leipzig/Wien/Zürich 1920) nur mit angehaltenem Atem zu öffnen wagt. Dr. Michael Stephan und seine hilfreichen Mitarbeiter im *Staatsarchiv München* haben aufs Freundlichste die

Zugänge zu den Prozessakten ermöglicht. Ebenso herzlichen Dank den hilfsbereiten Mitarbeiterinnen und Mitarbeitern des *Bayerischen Hauptstaatsarchivs* und der Graphischen Sammlung im *Münchner Stadtmuseum.*

Heinz Weiß brachte an einem Wintersonntag sein zerfleddertes Konvolut »Erich Mühsam« vorbei, hielt atemlos einen Vortrag über Zenzl Mühsam und endete mit einem selbstverfassten Text:

Wilder Efeu wächst und wuchert.
Unter Blättern ist zu lesen:
»Hier ruht Erich Mühsam –
Ritter der Freiheit,
Dichtender Kämpfer gegen Unrecht und Tyrannei!
Für Menschlichkeit!
Geboren am 16. April 1878«,
In dem Jahr, als Bismarck, der
»Alte Hering«
Das Sozialistengesetz erlässt.
Am 10. Juli 1934 gemordet von den braunen Horden.
Dein Standhalten gegen autoritäre Großmannssucht
Bleibt unvergessen den Jungen!
Kreszentia, geboren 1884 in der Hallertau –
Mutter der politischen Gefangenen.
Ganze Säle von
Revolutionären,
Schwärmern,
Vagabunden,
Poeten
Hast du gespeist,
Auch in der Not.
Antifaschisten auf der Flucht vor den Mördern deines Mannes,
In der Sowjetunion um Hilfe gesucht wie so viele andere Flüchtende,
In vielen Lagern und Gefängnissen Stalins bliebst du standhaft,
Bewahrtest das Gut der
FREIHEIT!

Günther Gerstenberg

Erich Mühsam in acht Schlaglichtern

Sehnsucht

Also, ein Fremder geht da nicht hinein, wenn er drunten im Tal nach Sehenswürdigkeiten sucht. Da gibt es sowieso nur Bräuwirtschaften. Vielleicht wirft er einen Blick in den wohlrenommierten *Sternecker*. Im Zugangsgewölbe vom *Soller* aber, da riecht es nach verschüttetem Bier und da stehen einige Ang'stochene herum, die grob daherreden und einen anmachen. Wenn man dann doch hineingeht und sich das Auge an den Halbdämmer gewöhnt hat, wenn man einen Platz gefunden hat im Stimmengewirr und der Musik, betäubt vom Bierdunst, kaum noch Atem holen kann im Qualm der Virginias, dann da hockt und um sich schaut, bemerkt man, dass man selber recht aufmerksam taxiert worden ist. Eine bunt zusammengewürfelte Gesellschaft sitzt da. Damen mit ihrem Louis, manch verwegen blickende Vorstadtstenzen, lichtscheues Gesindel. Da wird mit Waren von recht unsicherer Herkunft gehandelt, die auf Tischen und Stühlen sich türmen, da werden hoffnungsfroh Pläne geschmiedet, da feiert die frohgemute Tischgesellschaft »Zur heroischen Hebelzange« die Rückkehr mancher Sommerfrischler, die aus St. Adelheim, aus dem »Cornelius« oder aus Kaisheim zurückgekommen sind.[2]

Man kennt sich. Man kennt auch die Schmier, nicht nur am G'wand, dem immer gleichen Überzieher und dem Hut, man erkennt sie auch persönlich am G'schau. Mögen die »Geheimen« von der Weinstraße herkommend Umwege gehen und sich noch so unauffällig heranschleichen, man sieht sie sofort. Der *Soller* im Tal, Hausnummer 60, ein Wirtstempel, an dessen Stelle schon im 16. Jahrhundert Bierbrauer nachweisbar sind, befindet sich am ideellen Schnittpunkt zwischen der Altstadt und den jenseits der Isar gelegenen Vorstädten; er ist das Zentrum der Münchner Halb- und Unterwelt. (Zur Not kann man sich auch durch den Hintereingang

---

[2] Volkstümlich für die Gefängnisse Stadelheim, an der Corneliusstraße und in Kaisheim.

verdrücken, der am Geschäft der Maria Reininger vorbei zur Westenriederstraße hinausführt!)

An einem der langen Tische abseits und entfernt von der Musik hocken manchmal eigenartige Gäste beieinander. Am Anfang sind sie aufgefallen, aber dann, als klar wurde, dass sie nicht spitzelten oder störten, wurden sie recht schnell toleriert. Einige von ihnen gehören sowieso zur Stammbelegschaft, und die neuen machen auch keinen ungünstigen Eindruck.

Da sitzt der einunddreißigjährige Erich Mühsam mit einigen Gefährten, listig blinzelnd hinter den funkelnden Gläsern seines Kneifers, den bebarteten Kopf schiefhaltend. Wer sich mit an den Tisch setzt, wird angesprochen.

Es hocken noch andere dabei und auch der junge Dichter Johannes Nohl und der junge Dr. Otto Gross, welcher die These vertritt: Autorität und Konformität würden in der Kleinfamilie reproduziert und zum tragenden Muster einer jeden bürgerlichen Existenz mit der langfristigen Perspektive der Aufrechterhaltung der herrschenden Ordnung. Das krank machende Patriarchat habe sich aber überlebt. Jetzt sei es Zeit, die verinnerlichte Anpassung an das Bestehende aufzuheben, jetzt sei es Zeit zum Aufbruch in den matriarchalen Kommunismus.[3]

Da sitzt zwischen Taglöhnern, Bürstenmachern, Ausgehern, Hilfsarbeitern, Haderlumpen und entwurzelten Vogelfreien auch der junge Kunstmaler Leonhard Frank, der später einmal ein bedeutender Schriftsteller werden wird.

Ein »Morax« geht herum, sammelt Geld und verteilt Zettel mit Einladungen. Man habe da eine Gruppe. In der werde so manches besprochen. Morax gibt, damit man sich an ihn wenden könne, seine Privatadresse weiter: Baaderstraße 45 im IV. Stock rechter Hand.

Mühsam steht auf, zeigt sich in seinem zerknitterten Konfektionsanzug, hält eine kleine Ansprache und argumentiert politisch. Er fordert die anwesenden Angehörigen des fünften Standes, wie er das Gemenge aus verwahrlosten Lumpenproletariern, Kunden, Schiebern, Schmugglern, Huren und halbseidenen Geschäftema-

---

[3] Vgl. dazu auch: Albrecht Götz von Olenhusen, Psychoanalyse und Anarchismus: »Die Eroberung des Luftreiches«. Otto Gross, Erich Mühsam und Johannes Nohl 1904 – 1919, 96 f., in: *Anarchismus und Psychoanalyse zu Beginn des 20. Jahrhunderts. Der Kreis um Erich Mühsam und Otto Gross*. Schriften der Erich-Mühsam-Gesellschaft (im Folgenden: »Schriften …«) 19, Lübeck 2000. Und: Otto Gross, *Von geschlechtlicher Not zur sozialen Katastrophe*. Hg. von Kurt Kreiler, mit einem Textanhang von Franz Jung, Frankfurt/Main 1980.

chern nennt, auf, sich zusammenzuschließen, um gegen den bürgerlichen Staat eine Alternative aufzubauen

Nohl hat Mühsam einen Zettel zugesteckt. Er hat die Stichpunkte zusammengestellt, die der Freund vortragen soll: »... 1.) Dass ihr immer den Wunsch hattet, mit tatkräftigen freiheitlichen Menschen anzuknüpfen, dass du unter den Kunden und Verbrechern die wertvollsten Typen gefunden, von ihnen, wenn sie auch aufgeklärt wären, am meisten erwartest. 2.) Sie müssten eigentlich am meisten interessiert sein für den Anarchismus. 3.) Sie kannten die Gemeinheit der Polizei u.s.w. am besten. 4.) So schön das Wanderleben wäre, sie gingen doch meistens – wenigstens seelisch zu Grunde. 5.) Anschluss an Anarchismus, Rückgrat, gutes Gewissen für ihre Taten ...«[4]

Und Mühsam spricht davon, dass er eine neue Gesellschaft ohne Ausbeutung des Menschen durch den Menschen und ohne Zerstörung von Kultur und natürlichen Lebensgrundlagen anstrebe. Das mache man nicht über den Umweg, erst die alte zu zerstören. Die nämlich hebe sich auf, wenn man das Neue lebe. Und deshalb fordere er dazu auf, die neue Gesellschaft *jetzt und ohne Umwege* zu gründen. Näheres werde in der angekündigten Versammlung beredet.

Abb. 1: Gasthaus zum Soller, Photographie um 1901
(Aufnahme: Georg Pettendorfer)

4 Zitiert in der Anklageschrift der Staatsanwaltschaft beim Landgericht München I gegen Karl Schultze und Genossen vom 11.1.1910 in: Pol. Dir. 15590/I, STAM.

1902 war Mühsam schon einmal einige Tage in München, trug schon am ersten Abend bei den »Elf Scharfrichtern« eigene Texte vor und knüpfte Kontakte. 1905 blieb er länger in München und machte im *Café Stefanie* in der Amalienstraße 25/Ecke Theresienstraße, im *Café Leopold* in der Leopoldstraße 50 und im Weinrestaurant *Neue Dichtelei* in der Türkenstraße 57 (später: *Simplicissimus*) Bekanntschaft mit Max Halbe, Max Dauthendey, Frank Wedekind, Joachim Ringelnatz und anderen. 1906 wohnte er für kurze Zeit in der Türkenstraße 87, Hof II. Am 9. Februar 1907 trat er als Redner im »anarcho-sozialistischen Diskutierklub München« um Josef Sontheimer auf und blieb die ersten Monate des Jahres in München.

Gustav Landauer, Schriftsteller, Germanist, Philosoph, hatte am 16. Mai und am 14. Juni 1908 in Berlin einen Vortrag gehalten und seine Thesen in den »Zwölf Artikeln des Sozialistischen Bundes« zusammengefasst. Bald bildeten sich kleine Zirkel, die sich die »Zwölf Artikel« zu Leitsätzen ihrer politischen Aktivität erkoren.

Am 16. Juni schrieb Landauer einen Brief an seinen Mitstreiter: »Lieber Mühsam! Sozialistischer Bund! Zunächst werden Gruppen gebildet. Um Dich soll sich die ›Gruppe Zigeuner‹ konzentrieren. Ich schlage Dir vor, Du fangst an, geeignete Menschen zu bearbeiten, besinnst Dich auf Namen und berichtest mir Sonntag. Geaichte Anarchisten kommen für Dich nicht in Betracht, die gruppieren sich schon selbst. Die 12 Artikel d. S. B. erhältst Du, sowie sie gedruckt vorliegen. Einstweilen schönsten Gruß Dein Landauer.«[5]

Schließlich übersiedelte Mühsam im November 1908 endgültig nach München und bezog ein Zimmer in der Akademiestraße 9. Am 4. März 1909 sprach er im Wirtshaus *Zur Lacke* in der Sommerstraße 36 über das Thema »Neue Wege zum Sozialismus«, warb für seine neue Gruppe und ließ Einzeichnungslisten herumgehen. Sontheimer, der Anführer des alteingesessenen »Diskutierklubs«, in dem die überwiegende Mehrheit aus Arbeitern, also Angehörigen des Vierten Standes bestand, lehnte jede Neugründung eines Konkurrenzvereins ab. Es kam zu heftigen Auseinandersetzungen. Einige Mitglieder des »Diskutierklubs« schlossen sich dem neuen Unternehmen an.

Mühsam, enttäuscht von den sozialdemokratisch organisierten

---

5 Zitiert in der Anklageschrift der Staatsanwaltschaft beim Landgericht München I gegen Karl Schultze und Genossen vom 11.1.1910 in: Pol. Dir. 15590/I, STAM.

Arbeitern, die sich willig dem Lohnarbeitsdiktat unterwarfen, sah in den Erniedrigten und Beleidigten seine Klientel:

»… Ich überlegte: Tausende, Zehntausende sind von einem widrigen Geschick außerhalb der staatlich gefügten Gesellschaft gestellt; die Nachfrage nach Arbeit ist unendlich größer als das Angebot; viele, viele haben den Anschluss nicht erreicht. Arbeitslosigkeit hat sie in Not gejagt, Not in Verbrechen. Kainsöhne sind das, deren Opfer nicht verlangt, nicht angenommen wurde; so wurden sie zu Brudermördern und irren nun durch die Welt als Gezeichnete – unstet und rastlos. Ich fragte mich: Sind unter diesen Arbeitsscheuen, Verbrechern, Lumpen, Vagabunden, Gesunkenen nicht solche, denen man durch Aufzeigen eines neuen menschlichen Ziels Halt und Hoffnung geben könnte? Ist nicht die Arbeitsscheu, der Hang zum Verbrechen oft nur ein verirrter rebellischer Trotz gegen einen Staat, der schweren, wägenden Naturen unerwünschte, ihrer Wesensart unorganische Fronarbeit aufzwingen wollte? Indem sie nun, da sie sich nicht fügten, gehetzt sind von Arbeitshaus zu Gefängnis, von kümmerlicher Herberge zu Vagabondage und Ärgerem?«[6]

Zunächst traf sich die neue Gruppe, die ursprünglich hätte »Anarchist« heißen sollen, zweimal im Restaurant *Dall'Armi* am Frauenplatz 6. Aber bald blieben die Teilnehmer aus.

Am 18. April 1909 sprach Mühsam, den manche für einen närrischen Propheten in der Wüste ansahen, in den *Zentralsälen* in der Neuturmstraße 1 zum Thema »Anarchismus – Wohlstand für alle«. Ein anwesender Sozialdemokrat meldete sich in der anschließenden Diskussion zu Wort und nannte den Referenten einen politischen Wirrkopf. Dieser regte sich gehörig auf und beleidigte die Sozialdemokratie, indem er sie auf eine Stufe mit der Polizei stellte. Diese wiederum erstattete Strafanzeige, und Mühsam meinte in der Gerichtsverhandlung: »Er habe keinen Grund, die Polizeibeamten zu beschimpfen, weil er wisse, dass die Polizei als Institut im heutigen Klassenstaate notwendig sei.«[7] 14 Tage lang hing das Urteil mit einer Geldstrafe von 100 Mark an der Amtstafel der Polizeidirektion.

Am 17. Mai sprach Mark Harda, eine junge ehemalige Schweizer Gewerkschaftssekretärin, Mitbegründerin des »Sozialistischen Bundes« und Redakteurin der in Bern erscheinenden Zeitschrift

6 Mein Geheimbund, aus: *Neues Wiener Journal*, Jan. 1911/*Kain-Kalender* 1913, in: E.M., *Publizistik. Unpolitische Erinnerungen*. Ausgewählte Werke Band 2, hg. von Christlieb Hirte, Berlin (DDR) 1985, 61 f.
7 Zitiert in der *Münchener Post* 187 vom 20.8.1909, 6.

Der Sozialist. Organ des sozialistischen Bundes, in der *Lacke* über »Sozialistische Kultur« und warb für die neue Vereinigung. Zwei Tage später traf man sich im *Gambrinus* in der Sendlinger Straße 19 und gründete dort die Gruppe »Tat«. Das Organisatorische hatte der junge Klavierspieler Karl Schultze zu übernehmen; sein Deckname: »Morax«. Leider kehrten die meisten Arbeiter des »Diskutierklubs« wieder zu Sontheimer zurück. Wo also neue Anhänger finden!?

In den folgenden Wochen fanden die Treffen im Nebenzimmer des *Liebherrhofs* statt. Die Gruppe tagte halb öffentlich, halb geheim. Dabei war zeitweise auch der Nervenarzt Dr. med. Artur Ludwig. Die 15 bis 20 Anwesenden kannten sich zumeist nur mit den Vornamen. »… Mühsam ging einmal gelegentlich einer Versammlung 3 – 4 mal mit seinem Stock bewaffnet auf die Straße hinaus und sagte, dass sich draußen ein als Polizeispitzel Verdächtiger herumtreibe, man müsse jetzt wieder einmal das Lokal wechseln …«[8]

Johann Weber: »… Morax holte einmal zu einer Versammlung, in welcher die Mark Harda sprach, 4 Prostituierte aus dem Gasthaus ›zum Soller‹; sie sagte diesen, sie seien auch nicht weniger als die anderen, die arbeiten. Bichlmayr sagte, sie, d.h. ihre Gruppe, wollen uns zu dem Zwecke in der Versammlung haben, weil sie einige Zentner Silber wüssten, die wir holen sollten! Einmal stand im ›Sozialist‹, dass Mühsam eine neue Gruppe: ›der Vagabund‹ gründen wolle. Diese Gruppe wären wir gewesen … Später wurden die Versammlungen in der Wirtschaft ›zu den Meistersingern‹ Hans-Sachsstraße abgehalten …«[9]

Es war alles höchst mysteriös. Es blieb auch nur bei Planungen. Es wurde immer viel geredet. Dabei hieß man Gruppe »Tat«. Mühsam las Gedichte vor und entwickelte Visionen: Ein eigenes Haus, einer aus der Gruppe, der es der Behörden wegen mietet, alle anderen leben hier unangemeldet, unkontrollierbar. Jedem gehört alles. Jeder trägt dazu bei, dass alle zu essen haben. Man bettelt, expropriiert die Reichen, wildert, lebt von freilaufenden Hühnern, wird zum freien Menschen.

»… Und ich ging hin zu ihnen. Ich warb in den verrufenen Schenken um Hörer. Ich sammelte die Ärmsten um mich und sprach zu ihnen. Nicht wie ein Apostel der Heilsarmee oder wie ein innerer

---

[8] Zitiert in der Anklageschrift der Staatsanwaltschaft beim Landgericht München I gegen Karl Schultze und Genossen vom 11.1.1910 in: Pol. Dir. 15590/I, STAM.

[9] Verhörprotokoll vom 18.10.1909 in: Pol. Dir. 15590/I, STAM.

Missionär, sondern wie ein Verstehender und Freund, der aufrief zur Erkenntnis des eigenen Schicksals und zur Selbstbefreiung durch schaffende Tat. Ich suchte ihr Menschliches zu wecken, aus dem Begreifen ihrer Besonderheit heraus ihren Zorn zu begeistern – nicht zu verbrecherischen Exzessen – denn die führen zu neuen Verfolgungen, zu neuer Not und Last –, nein, zu wirkender Arbeit, zu sozialistischem, anfassendem Tun. Ich mühte mich, den Geist der Zusammengehörigkeit und Brüderlichkeit in ihnen zu beleben, und zeigte ihnen Wege zum Anfangen.

War mein Beginnen so verwerflich? Gibt es denen, die mit jedem Bachwasser schwimmen, ein Recht, mich einen Schurken oder einen Narren zu heißen? Dass viele dieser Menschen weder Gabe noch Willen hatten, mich zu verstehen und mir zu folgen, wusste ich vorher. Manche kamen nur, weil sie bei meinen Vorträgen Freunde fanden, mit denen sie hofften, ein verbotenes Ding drehen zu können.

… Zugegeben: mein Auditorium war keine Elite erstklassiger Menschen. Aber ich musste zu allen sprechen, wollte ich die wenigen finden, die ich suchte. Und das kann ich heute allen sagen, die sich so schrecklich über meine Donquichotterie belustigt haben: So manchem meiner Hörer habe ich Trost und Mut gegeben; so manche in Zuchthäusern Zerschundene, von Polizei und Staat Gemarterte, in ihrem Jammerdasein Verzweifelte haben meine Worte wie labende Beeren aufgelesen, haben Hoffnung und Vertrauen gefasst zu einer kommenden Zeit. Ich habe Menschen bereichert, um deren Bereicherung sich früher noch niemand gemüht hat …«[10]

Alles, was Norm ist, Konvention, gestanzter Durchschnitt mit geregeltem Verhalten, umkleidet und verbirgt das Wesen des Menschen, lässt ihn verschwinden. Hier, in diesem Kreis, kam Mühsam dem am nächsten, was er als Eigentliches, als Existenzielles suchte. Er umschrieb es so:»Warum ich Welt und Menschheit nicht verfluche? – Weil ich den Menschen spüre, den ich suche!«[11]

Wenn Mühsam sprach, dachte man über die Enge der bürgerlichen Welt hinaus. Seine Sehnsucht nach einem vorzivilisatorischen Leben überschritt die Grenzen, die die bürgerliche Gesellschaft zog und brach damit Tabus. So öffnete sich ein Fenster in eine neue Zeit.

Nicht alle hörten zu. Die einen kamen nur, weil sie wussten, dass Nohl das Freibier spendierte, andere baldowerten nebenbei etwas aus, von dem Gross, Nohl oder Mühsam keine Ahnung hatten. Und

[10] Mein Geheimbund, ebd., 62 f.
[11] E.M., *Die Wüste. Gedichte*, Großlichterfelde/Berlin 1904, 95.

man ahnte, dass einem die Polizei auf den Fersen war. So beschloss man im Herbst 1909, die regelmäßigen Zusammenkünfte einzustellen, nicht aber die politische Arbeit.

Kurz nach der Jahrhundertwende hatte der katalanische Freidenker Francesco Ferrer in Barcelona eine »freie Schule« gegründet. 1912 veröffentlichte er *Die moderne Schule – nachgelassene Erklärungen und Betrachtungen über die rationalistische Lehrmethode*. Ferrers Institut wurde weltweit zum Inbegriff einer pädagogischen Alternative zum obrigkeitsstaatlichen Disziplinierungsinstrument in einer autoritär-klerikalen Gesellschaft. Nach der sogenannten Julirevolution in Barcelona wurde der Pädagoge in Barcelona mit Hilfe fadenscheiniger Zeugenaussagen angeklagt und zum Tode verurteilt. Der spanische König Alfons lehnte die weltweiten Bittgesuche um Amnestie ab. Am 13. Oktober 1912 fiel Ferrer unter den Kugeln im Graben von Montjuich.

Schultze verteilte im *Soller* Zettel, in denen er zu einer Ferrer-Versammlung in die *Zentralsäle* einlud. Zu lesen war: »Nieder mit der Polizei, nieder mit Offizieren und Militär« und »Heute Abend 8 Uhr, Zentralsäle II. Stock. Anarchistenversammlung. Tod König Alfons. Tod Ferrers Mördern«. In der Nacht vom 16. zum 17. Oktober sammelten sich gegen 2 Uhr fünf oder sechs Burschen vor dem spanischen Konsulat am Rindermarkt 16 und riefen »Alfons nieder!«. Der 1884 geborene, ledige Hilfsarbeiter und Ausgeher Sebastian Ertl half einem Genossen, an der Hausfassade hinaufzuklettern und das Amtsschild des spanischen Konsuls herunterzureißen. Empört zertraten die Demonstranten das Schild.

Die behäbige Ruhe im nachtschwarzen Herzen der Stadt wird gestört. In unregelmäßigen Abständen durchschneidet ein scharrender Ton die Stille; ein gleißendes bläuliches Licht wirft geisterhafte Schatten auf die bizarr bewegte Fassade des Neuen Rathauses. Auf dem Marienplatz befindet sich in der Nacht vom 20. auf den 21. Oktober 1909 eine größere, schweigende Menschenmenge. Sie sieht großäugig zu, wie Arbeiter die Schienen der Straßenbahn auf dem modernen, elektrischen Wege zusammenschweißen. Es ist schon nach Mitternacht. Keiner nimmt wahr, dass sich plötzlich ein junger Mann zur Gruppe gesellt. Er kam anscheinend mit beschleunigten Schritten aus der Richtung vom Alten Rathaus her. Wenige Sekunden später lässt eine heftige Explosion einige Scheiben der umliegenden Gebäude zerbersten.

Heinrich Kellner, 1892 in München geboren, lediger Monteurhelfer und an Kanalisationsarbeiten am Königsee beschäftigt, hat an seinem Arbeitsplatz vier Donaritpatronen, zehn Zündkapseln und eine Rolle Zündschnur mitgehen lassen, sie in die Landeshauptstadt mitgebracht und nun auf dem Trottoir in der Burgstraße vor der Seitenfassade des Café *Perzel*, Marienplatz 13, eine der Kapseln fachmännisch zur Entladung gebracht. Kellner bleibt kurz inmitten der aufgeregt durcheinander rennenden Menschenmenge stehen, geht schließlich weiter zum Stachus, um dort unauffällig in den Grünanlagen seine Sprengmittel zu verstecken.

Am folgenden Tag schleicht er sich in den *Soller*, wechselt hier auf dem Abort den Anzug mit dem 1882 geborenen, ledigen Monteurhelfer Georg Berchtold und lässt sich gegen Abend zu Morax begleiten, der gerade das Klavier im nur Eingeweihten bekannten, versteckt liegenden *Indischen Teesalon* in der Hasenstraße, der heutigen Seidlstraße, traktiert. Dieser versucht ihm falsche Papiere zu besorgen. Am darauf folgenden Tag wird Kellner verhaftet.

Aus der Polizeihaft vorgeführt, erinnert er sich:»Im Sommer dieses Jahres habe ich im Gasthaus ›zum Loderer‹ einen gewissen Josef Fellner, Berchtold Georg und einen Burschen mit dem Vornamen Anton kennen gelernt, die ich dann öfters in den Wirtschaften ›Loderer‹ und ›Soller‹ traf. Sie erzählten mir von einem ›Morax‹, dem ›Dichter‹ Nohl und von Mühsam, außerdem von einem ›Doktor‹ in Nymphenburg, dessen Namen ich nicht weiß …«[12]

Morax, der inzwischen ebenfalls untergetaucht war und sich unter falschem Namen ein neues Logis in der Pesenbachstraße besorgt hatte, wird am 24. Oktober ebenfalls verhaftet. Am 11. Januar 1910 kommt es zur Anklage gegen die Gruppe:

»… Man wollte den gegenwärtigen Staat stürzen und an dessen Stelle einen Zustand ohne Herrschaft, ohne Gesetze, ohne Polizei und Militär und ohne Geld setzen, einen Zustand, in dem alle Güter gemeinsam wären und jeder der freien Liebe huldigen könnte. Als Mittel zum Zwecke wurden bald Bombenattentate, bald die Propaganda und Ausdehnung des Genossenkreises vorgeschlagen. Das Hauptthema der Besprechungen bildete der Kampf gegen den Militarismus … Auch wurde vorgeschlagen, in die Deutsche Bank am Lenbachplatz einzubrechen.«[13]

Am 22. Juni 1910 ist der Zuschauerraum im großen Saal des Landgerichts dicht besetzt. Neben Arbeiterfrauen haben Soller-Gäste

---

[12] Verhörprotokoll am 24.10.1909 in: Pol. Dir. 15590/I, STAM.

[13] Zitiert in der Anklageschrift der Staatsanwaltschaft beim Landgericht München I gegen Karl Schultze und Genossen vom 11.1.1910 in: Pol. Dir. 15590/I, STAM.

und Mitglieder der Gruppe »Tat« Platz genommen. Einige verstreut sitzende »Geheime« sind sofort zu erkennen. Journalisten schreiben eifrig mit. Ida Weber, die so gerne bei den Geselligkeiten der Gruppe zu vorgerückter Stunde mit ihrem Gspusi französische Revolutionslieder singt, winkt ihrem Morax zu. Der grinst trotzig zurück. Das Gericht ist ihm egal. Dann erheben sich alle und setzen sich wieder. Die Verhandlungen erstrecken sich über drei Tage. Staatsanwalt Hierer klagt an. Die Verteidiger lassen sich von den Zeugen erklären, was Anarchismus sei. Soller-Gäste werden gefragt, welche Verbrechen geplant gewesen seien: »Ma' hat ja nur g'redt!«»Davo' woaß i gar nix, i war b'suffa, Herr Richter.« Oder »Mei, und dann ham's halt was wissen woin, und i hab eana verzählt, was hör'n ham woin bei der Vernehmung.«

Am Ende wird deutlich, dass die blutrünstigen Aussagen über Bombenattentate und Höllenmaschinen freie Erfindungen waren. Ja, sogar die Sprengung des Polizeipräsidiums in der Weinstraße war nur ein Hirngespinst. Dann tritt als Entlastungszeuge Heinrich Mann auf: Mühsam sei völlig unfähig, Straftaten zu begehen. Schließlich spricht Mark Harda über den Sozialistischen Bund. Auf die Frage des Staatsanwalts, ob sie der freien Liebe huldige, antwortet sie: »Ich glaube, Liebe kann nie unfrei sein.«[14] Das Auditorium applaudiert.

Landgerichtsdirektor Lindner verkündet am 25. Juni das Urteil. Karl Schultze bekommt fünf Monate und eine Woche Gefängnis, Sebastian Ertl zwei Monate, die anderen Angeklagten, der Buchhandlungsreisende Otto Kindler, der Chemigraph Ernst Wittich und Mühsam werden freigesprochen, denn das Denken stehe nicht unter Strafe, erst die Tat, welche sich ungesetzlicher Mittel bediene. Und wer genau hinhört, lässt sich von Lindner aufklären. Ein Raunen geht durch die Menge. In der Urteilsbegründung heißt es:

»… Die Idee des Sozialistischen Bundes geht dahin: Es soll nicht abgewartet werden, bis die freie Gesellschaft (der anarchistische Zustand) durch die Entwicklung entstehe, sondern diejenigen, welche die freie Gesellschaft im Sinne des Sozialistischen Bundes wollen, sollen sich jetzt schon zusammentun und für einander arbeiten: Die Produktion soll in den Dienst des Konsums gestellt werden. Zuerst soll dies in einzelnen Siedlungen geschehen, die sich nach und nach zu größeren Wirtschaftsgemeinschaften und zuletzt zu dem Sozialistischen Bund zusammenschließen sollen. Hiedurch sollen die Arbeitskräfte dem Kapitalismus entzogen werden und hiedurch die

---

[14] *Münchner Neueste Nachrichten* 289 vom 24.6.1910, Vorabendblatt, 3.

jetzige Gesellschaftsordnung gezwungenermaßen von selbst aufhö-
ren. Es entsteht dann die freie Gesellschaft der Menschen ohne Staat:
Zwang, Polizei, Gesetz, Geld. Militär sei nicht mehr nötig ...«[15]

Werturteile

»... Schwabing war eine Massensiedlung von Sonderlingen, und darin
liegt seine pädagogische Bedeutung. Schwabings auffällige Minderheit
bewirkte bei der unauffälligen Mehrheit, dass sie nicht mehr auffiel.
Ja, ganz München gewöhnte sich an das Unmögliche, lernte Toleranz
und gönnte der Seltsamkeit ihr Lebensrecht ...«[16], so erinnert sich im
April 1928 Erich Mühsam wehmütig in der *Vossischen Zeitung*.
    Mythen halten sich zäh! Schwabing, der Ort der Freizügigkeit,
Lebendigkeit, Geistigkeit. Mythen verbiegen die Wirklichkeit. Zu-
nächst einmal: Schwabing müsste Maxvorstadt heißen. Ein Großteil
der häufig erwähnten Lokalitäten, die der Fremde in Schwabing
verortet, befinden sich in dem Viertel, das in der Mitte des 18. Jahr-
hunderts unter König Max zwischen den Prachtanlagen Ludwig I.
und der Flurgrenze des Dorfes Schwabing entstand. Aber wie klingt
das: »Maxvorstädter Boheme«!
    Für den Bewohner der Innenstadt ist es klar, dass er nach Schwabing
eilt, wenn es ihn in den Münchner Norden zieht, auch wenn er in der
Maxvorstadt landet. Und der Schwabinger käme nie auf die Idee, sein
Viertel verlassen zu haben, bevor er nicht auf dem Odeonsplatz steht.
Für ihn ist die Maxvorstadt höchstens ein Schwabinger Vorort.
    Der Blick zurück verklärt. So verständlich der Wunsch ist, den
Ausschnitt für das Ganze zu nehmen – die Schwabinger Boheme,
ein imaginärer Föhnwind über den Dächern einer dörflich geblie-
benen Stadt, ein Zustand, genauso geliebt wie mit Ekel betrachtet,
bleibt Projektion und Ergebnis von Attitüde und Selbststilisierung.
Ein eher nüchterner Beobachter erkennt, dass das Klischee, Schwa-

[15] Urteil des Landgerichts München I vom 25.6.1910 gegen Karl Schultze
    und Genossen in: Pol. Dir. 15590/I, STAM. Die Gruppe »Tat« tagt in den
    folgenden Jahren weiter. Zeitweise nehmen auch der Konditor und spätere
    Kunstmaler Georg Schrimpf, der Sozialist und spätere Schriftsteller Franz
    Jung und der Bäckerlehrling und Müllergehilfe Oskar (Maria) Graf teil.
[16] E.M., *Namen und Menschen. Unpolitische Erinnerungen*, Leipzig 1949,
    112.

bing sei der Ort eines unbändigen Freiheitsdrangs voll antibürgerlicher Affekte gewesen, nicht einmal die halbe Wahrheit trifft.

Am 30. September 1910 zieht Mühsam vom dritten Stock seiner Pension in der Akademiestraße in den ersten. Er muss nicht weit gehen in den *Simplicissimus*, das neue Lokal von Kathi Kobus. Hier, im »Simpl« in der Maxvorstädter Türkenstraße 57, sitzen sie beieinander, nicht vorne im Wirtsraum, sondern hinten bei der Theke mit dem Podium und dem Klavier, ausgelassen, die Schauspielerinnen, Maler, Dichter, feiern, rezitieren. Mitten drin Erich, sprühend, funkelnd, ein kleiner quirliger Zeus, der Geistesblitze schleudert. Um zum hinteren Raum zu gelangen, muss man sich durch den engen, ebenfalls mit Tischen und Stühlen möblierten Gang zwängen, vorbei an Gästen und an Kellnerinnen. An den Wänden hängen Werke der Zeichner des *Simplicissimus*, Gemälde ..., ein schmaler, verrauchter Ort der Subkultur, der Gegenkultur und der verruchten Triebe in einer ansonsten ungeschlachten, unbewegten Welt, bevölkert von Uniformröcken und Untertanen in steifen Hemdkragen.

Verschiedene Cliquen tagen hier, die Redaktion der *Jugend*, eingeschworene Künstlerkreise. Max Halbe und Frank Wedekind geraten öfter aneinander. Wedekind zieht mit seinem Anhang in die *Torggelstube* am Platzl 8. Hierher flüchten sich die, die den Schwabinger Klüngel über haben.

Wedekind schreibt kompromisslos. Er beobachtet, wie Mühsam kompromisslos dichtend politisiert und politisch dichtet, mehrere Welten kennt und diese auch voneinander zu trennen versucht. Mühsam erinnert sich:

»›Sie reiten stehend auf zwei Gäulen‹, sagte mir einmal Frank Wedekind, ›die nach verschiedenen Richtungen streben; sie werden Ihnen die Beine auseinanderreißen.‹ – ›Wenn ich einen laufen lasse‹, erwiderte ich, ›verliere ich die Balance und breche mir das Genick.‹«[17]

Mit der staatstragenden Sozialdemokratie hatte Mühsam es sich schon lange verscherzt. War er doch regelmäßig bei SPD-Veranstaltungen anwesend, um als Gegenredner aufzutreten. Nach dem »Soller«-Prozess klebte ihm die *Münchener Post* mit moralisierender Selbstgerechtigkeit ein schmieriges Etikett an – ganz in der Tradition ihrer Angriffe auf die wilhelminische Klasse, die sich angeblich recht häufig an besonderen sexuellen Praktiken erfreute. Die Zeitung stellt süffisant fest:

---

[17] Ebd., 12.

»… Der Intimus Mühsams, der Student Nohl, eröffnete in seiner Wohnung eine Freistatt für pervers Veranlagte. Nach Mühsam ging es in diesem Zirkel sehr fein her, die Philosophischen Gespräche, die man hier führte, bewegten sich auf einem selten hohen Niveau. In der Verhandlung freilich wurde dieses Milieu anders gekennzeichnet, der Freundeskreis Nohls löste sich abends in zärtliche Paare auf und der liebe Junge, der in der Wohnung Nohls an den philosophischen Gesprächen teilnahm, durfte abends im Liebherrhof sich auch an den Ideen Mühsams freundschaftlich erwärmen … Mühsam aber zeigte sich treulos den Brüdern, die er zum Heile führen wollte, denn er legte im Prozess besonderen Wert darauf, zu erklären, dass er normal veranlagt sei …«[18]

Nicht nur der ihm anhaftende Makel der Gewalttätigkeit, auch dieser Text hatte mit zur Folge, dass Verleger und Zeitungen den Dichter boykottierten. Daraufhin protestierten Hermann Bahr, Heinrich Mann, Thomas Mann und Frank Wedekind in Maximilian Hardens *Zukunft* gegen das unausgesprochene Berufsverbot Mühsams.

Als provokanter Künstler natürlicher Antipode zum wilhelminischen Spießbürger, schreibt der Dichter in einem »Gesichtspunkte« betitelten Formular, das Selbstbiographien für das geplante Werk *Geistiges und künstlerisches München 1913* sammelt: »… Seit April 1911 gebe ich in München ein Monatsblatt heraus: ›Kain. Zeitschrift für Menschlichkeit‹, dessen einziger Mitarbeiter ich bin und worin ich zu allen sozialen, politischen, gesellschaftlichen und künstlerischen Dingen, die mein Interesse berühren, Stellung nehme. Diese Zeitschrift ergänze ich noch durch einen jährlich erscheinenden ›Kain-Kalender‹. Anlass zu diesen Gründungen gab mir der in fast allen deutschen Zeitungen und Zeitschriften um meiner Gesinnung willen konsequent durchgeführte Boykott gegen meine Produktion.«[19]

Die alte Münchner Polizeidirektion befindet sich in einem nach Plänen von Enrico Zucalli 1691–94 errichteten ehemaligen Klosterbau der Englischen Fräulein in der Weinstraße 13 gleich hinter dem Neuen Rathaus. Hinter der zu Beginn des 19. Jahrhunderts klassizistisch überarbeiteten Fassade plant Polizeipräsident von der Heydte Anfang 1911 ein Gremium einzurichten, das es ihm ermöglicht, in Fragen des modernen Theaterwesens Verbote aussprechen zu können.

[18] *Münchener Post* 147 vom 28.6.1910, 1.
[19] Erich Mühsam, Sammelstück 1, Mon.

Die Spitzen des kulturellen München werden zur Teilnahme angefragt. Da mag das Motiv, mitzumachen, nicht nur die echte Besorgnis um Tradition und Schutz der reinen Künste und die Abwehr von Sittenverderbnis sein, nein, es schmeichelt, eingeladen zu sein, und es erhebt, sich über die Kollegenschaft zum Richter aufspielen zu können. Mancher nimmt auch teil, um »Schlimmeres zu verhüten«.

Der »Zensurbeirat«, etwa ein bis zwei Dutzend Männer in wechselnder Besetzung, die der Herr Polizeipräsident kooptiert, tagt etwa alle vier Monate im Polizeipräsidium. Am 18. September 1911 empfiehlt das Gremium zum Beispiel das Verbot der bissigen Satire »Die Hose« von Carl Sternheim. Auch die Zensoren, der Gymnasialprofessor Dr. Josef Hofmiller und Schriftsteller Josef Ruederer können sich eine Aufführung nur mit Streichungen vorstellen.

Bis Ende 1911 hat der Beirat 41 neue Stücke begutachtet. Im *Schauspielhaus* in der Maximilianstraße 34 und im *Gärtnerplatz-Theater* waren 17 Inszenierungen geplant, verboten wurden sieben. Von sechs Stücken des *Volkstheaters* in der Josephspitalstraße 10a wurden fünf verboten. Die einzige Neuinszenierung des *Volkstheaters* wurde ebenfalls untersagt. *Kolosseum* in der Kolosseumstraße 4 und *Künstlertheater* im Ausstellungspark auf der Theresienhöhe blieben mit vier Stücken unbehelligt. Dem *Lustspielhaus* in der Augustenstraße 89 wurden dagegen acht von zwölf Inszenierungen gestrichen. »... Die Verbote erfolgten zumeist aus Gründen des Anstands und mit Rücksicht auf die öffentliche Sittlichkeit und Ordnung ...«[20]

Im Dezember verlangt Frank Wedekind in einem Schreiben an die Polizeidirektion die Freigabe seines Stückes »Oaha«, eine Satire auf die Machenschaften in der Redaktion der Zeitschrift *Simplicissimus*. Zugleich stellt er in einem offenen Brief sieben Fragen an die Zensurbehörde:

»... 4. Frage: Welcher wesentliche Unterschied besteht zwischen dem Geheimverfahren eines Inquisitionsgerichtes und demjenigen des Münchner Zensurbeirates? ... 6. Frage: Da das Verhältnis vom Gutachter zum Begutachteten, zwischen Ihnen und mir kein gegenseitiges, sondern ein durchaus einseitiges ist, wollen Sie mir die Frage verzeihen, durch welches besondere Verdienst Ihrerseits und durch welches besondere Verschulden meinerseits Sie diese für

---

[20] Bericht über die bisherige Tätigkeit des Zensurbeirates vom 27. Februar 1912, in: Pol. Dir. 4595 »Lulu«, Trauerspiel von Frank Wedekind 1913–16 (1928), STAM.

mich sehr nachteilige Einseitigkeit für begründet und gerechtfertigt halten? 7. Frage: Da ich in Ihren persönlichen Mut keinen Zweifel setze, frage ich Sie, ob Sie mir die Ehre erweisen wollen, mir gegenüber für die Urteile einzutreten, die Sie zu Händen der Münchner Polizeibehörde über meine Theaterstücke gefällt haben?«[21]

Eine der typischen Reaktionen ist die des Universitätsprofessors Müller: »Auf die Zuschrift vom 2. Januar betreff Zensurbeirat erlaube ich mir zu antworten, dass mir eine Antwort auf den offenen Brief Herrn Wedekinds nicht notwendig und nicht zweckmäßig erscheint. Ich verzichte darauf, meine Gründe ausführlich mitzuteilen, da sich diese sicherlich mit denen der königlichen Polizeidirektion vollständig decken.«[22]

Zensur bedeutet für Autoren wie darstellende Künstler eine beständige Bedrohung, die in die ökonomische Katastrophe führen kann. Verleger bekommen spitze Finger, wenn ihnen Stücke angeboten werden, deren Aufführungserfolge fraglich sind. Theaterprinzipale, Regisseure und Schauspieler gehen nur selten das Risiko ein, über Wochen und Monate ein Stück einzustudieren, das vielleicht verboten wird.

Abb. 2: Photographie um 1913 (Aufnahme: Heinrich Hoffmann)

---

[21] *Münchner Neueste Nachrichten* 608, Vorabendblatt vom 30.12.1911, 3.
[22] Müller am 3.1.1912 an die Polizeidirektion, in: Pol. Dir. 4595 »Lulu«, Trauerspiel von Frank Wedekind 1913–16 (1928), STAM.

25

Mit Datum vom 15. März 1912 erklärt Thomas Mann seine Teilnahme am Zensurbeirat. Ende 1912 greift die Polizeidirektion in Wedekinds »Franziska« ein. Mühsam ist empört, selten in eigener Sache, aber dort, wo es den Leidensgenossen betrifft. Er mobilisiert die Öffentlichkeit:

»… Dass der Münchener Zensor dafür sorgte, dass das Eindringen des Polizeipräsidenten in die Welt der Kunst wieder einmal nicht auf die dichterische Phantasie Wedekinds beschränkt blieb, braucht kaum noch erzählt zu werden. Noch nach der Uraufführung wurden der öffentlichen Darstellung Schwierigkeiten über Schwierigkeiten in den Weg gelegt und der Dichter durch hunderterlei schikanöse Schulmeistereien bis aufs Blut gereizt. Der Nervenschock, den Frank Wedekind bei der letzten Generalprobe infolge der respektlosen Behandlung durch den Präsidenten v. d. Heydte angesichts des berühmten Zensurbeirats erlitt, muss als Zeichen unseres Kulturstandes gebucht werden. Derselbe Mann, der an allen Ecken Schutzleute aufstellt, um hungernde Menschen beim Betteln abzufassen, der wie ein Kindermädchen darüber wachen lässt, dass alle Leute pünktlich aus den Caféhäusern hinausgejagt werden, der Photographien und Fingerabdrücke von Personen sammelt, deren Gesinnung nicht staatszuverlässig erscheint, derselbe Mann ist höchste Instanz in Kunstdingen. Er hat das Recht, einen Dichter vom Range Frank Wedekinds wie einen Hausburschen zurechtzuweisen und mit seinem Zensurstift in Kunstwerken herumzustreichen, dass ein Mensch, der noch Scham vor den Nachfahren kennt, bis an die Haarwurzeln erröten muss.

Es ist Sache der jungen Leute, gegen solche Dinge zu protestieren. An die Studenten und jungen Künstler richte ich die Frage: Wollt ihr die Verantwortung tragen für die dauernde Einbürgerung derartiger Zustände? Wenn ihr Männer seid – soll dann immer noch der Polizeisäbel als Schulbakel über der Kunst drohen? Ihr seid berufen, gegen Polizei und Verpfaffung den Geist ins Feld zu stellen. Könnt ihr das nicht, dann seid ihr nicht wert, dass in euren Tagen Werke geschaffen werden wie Wedekinds Franziska!«[23]

Aus zeitgenössischer Sicht erscheint das Klima in München als dumpf-reaktionär. Erst aus der Perspektive der Zwanziger Jahre verklärt sich im nachhinein das München vor dem Ersten Weltkrieg zur Idylle der gemütlich-liberalen fortschrittlichen Prinzregenten-Zeit.

[23] *Kain. Zeitschrift für Menschlichkeit* 9, München, Dezember 1912, 143 f.

Am 25. April 1913 stimmen unter anderem Stadtschulrat Dr. Kerschensteiner, der Psychiater Prof. Kraepelin und Hoftheaterintendant Possart gegen Wedekinds Tragödie »Lulu«, einer Zusammenfassung des »Erdgeist« und der »Büchse der Pandora«, ein Werk, das gegen die verkrampft-verlogene Moral der bürgerlichen Welt aufbegehrt.

Ruederer votiert für Freigabe: »… Was ist Zweck und Absicht einer Zensurbehörde? Ein unreifes Publikum, ein naives Volk vor Obszönitäten zu schützen. Kann der Kreis, der diesem Stück draußen im Künstlertheater zuströmen wird, ernstlich verdorben werden? Ich glaube nein! Wer sitzt zu Füßen der Lulu? Das wilde Schwabing, und der ahnungslose Fremde. Was sehen die? Eine plumpe Wahrheit, eine Brutalität, die, das muss jeder dem Dichter einräumen, von keiner Lüsternheit verbrämt wird … Es würde ferner bei der Genehmigung dieses Spezialsudes auch vermieden werden, dass Wedekind auf's neue die Märtyrerkrone auf's Haupt gedrückt wird …«[24]

Und Hofmiller meint kurz und bündig: »Jede Aufführung dieses letzten Aktes, der künstlerisch tief unter dem rohesten Kino steht, wäre gleichbedeutend mit einem unverantwortlichen Stück Volksverrohung. Ich bin unbedingt gegen Freigabe.«[25]

Der Konflikt eskaliert. Mühsam, der 1912 Mitglied des Schutzverbandes Deutscher Schriftsteller (SDS) geworden ist und dort schon bald eine zentrale Rolle spielt, schreibt am 17. Juni 1913 an den Kgl. Staatsanwalt beim Landgericht München I in einem offenen Brief:

»… Es wird Sie überraschen, mich, den Sie bisher nur als Objekt Ihrer anklägerischen Tätigkeit kennen gelernt haben, plötzlich an der Seite derer zu finden, die Ihrer Wachsamkeit anklagendes Material zuführen. Es ist das erstemal in meinem Leben, dass ich als Denunziant die Staatsmacht gegen eine, wie mir scheint, vom Strafgesetz verbotene Handlung anrufe, das erstemal, dass ich es vorziehe, Sie zu belästigen, statt über eine Verfehlung den Mantel verstehender Hilfsbereitschaft auszubreiten.

Ich komme ungern zu Ihnen …

Wie berechtigt das Misstrauen gegen diese halbamtliche Behörde (der Zensurbeirat) ist, mag daraus erhellen, dass zwei bekannte und

---

[24] Ruederer an die Polizeidirektion am 30.4.1913, in: Pol. Dir. 4595 »Lulu«, Trauerspiel von Frank Wedekind 1913–16 (1928), STAM.

[25] Hofmillers »Gutachten über Lulu (neue Fassung)« in: ebd.

bedeutende moderne Autoren, die ihr angehörten, in Erkenntnis ihrer Überflüssigkeit auf diesem Posten aus der Stellung ostentativ ausgeschieden sind: zuerst Max Halbe, und jetzt neuerdings Thomas Mann. Wie heftig aber die Empörung unter den Schriftstellern gegen das Institut ist, beweist eine Resolution des Schutzverbandes Deutscher Schriftsteller (Ortsgruppe München), die fast einstimmig angenommen wurde, und die es mit der Würde eines deutschen Schriftstellers als nicht mehr vereinbar erklärt, dem Münchener Zensurbeirat anzugehören ...

Inzwischen trat die erwähnte Münchener Ortsgruppe des Schriftsteller-Verbandes zusammen und beschloss, eine Zeitungsnotiz zu veröffentlichen, in der das Vorgehen der Polizei gegen die Wedekindsche Tragödie als ›bedauerlicher Missgriff‹ bezeichnet wurde, und eine neue Zusammenkunft einzuberufen, die sich ausschließlich mit dem Thema ›Zensur und Zensurbeirat‹ befassen sollte.

Bei dieser neuen Zusammenkunft wurde nun ein sehr merkwürdiger Brief verlesen – und dieser Brief ist es, Herr Staatsanwalt, auf den ich Ihre Aufmerksamkeit lenken möchte –, den die Münchener Polizeidirektion an die Direktion des Künstlertheaters gerichtet hatte, und der von dieser an den S.D.S. weitergeleitet war. In dem Schreiben hieß es unter dem Hinweis auf die jüngste Zeitungsnotiz (die, wie gesagt, die Ortsgruppe des S.D.S. unter Nennung ihres Namens veröffentlicht hatte): *Sollte in den Zeitungen noch eine ähnliche Publikation erscheinen, so werde die Polizei auch die bereits genehmigte geschlossene Aufführung des Trauerspieles ›Lulu‹ verbieten.*

Herr Staatsanwalt! Ich erblicke in diesem Schreiben der Polizeidirektion an die Direktion des Münchener Künstlertheaters ein Vergehen gegen § 339 des Strafgesetzbuches für das deutsche Reich. Dieser Paragraph lautet:

Ein Beamter, welcher durch Missbrauch seiner Amtsgewalt oder durch Androhung eines bestimmten Missbrauches derselben jemand zu einer Handlung, Duldung oder Unterlassung widerrechtlich nötigt, wird mit Gefängnis bestraft.

Der Versuch ist strafbar.

Die Tatbestandsmerkmale des Vergehens scheinen mir im vollen Umfange gegeben. Dass ein Missbrauch der Amtsgewalt angedroht wurde, ergibt sich aus der Tatsache, dass der Zensor hier weder künstlerische noch moralische noch sonst irgendwie sachliche Gesichtspunkte geltend macht, sondern sein Eingreifen lediglich von der Begehung oder Unterlassung einer Handlung abhängig macht, die seiner Kritik gar nicht untersteht. Die Veröffentlichung von Zeitungsnotizen ist ein staatsbürgerliches Recht, das niemandem verwehrt werden kann. Die amtliche Bedrohung der Ausübung dieses Rechtes mit einer Maßnahme, die eine schwere wirtschaftliche und künstlerische Schädigung bedeuten müsste, schließt einen klaren Missbrauch der Amtsgewalt in sich. Wenn aber, wie im vorliegenden Fall, eine schikanöse Maßregel angedroht wird für den Fall, dass ein Dritter (der Schutzverband) von einem staatlich gewährleisteten Recht Gebrauch macht, ein Dritter, auf dessen Entschlüsse der amtlich Genötigte gar keinen Einfluss hat, so ist damit auch das Kriterium der Widerrechtlichkeit ohne jeden Zweifel erfüllt. Ob es sich um ein vollendetes Vergehen oder nur um den Versuch handelt, ob also das Erscheinen weiterer Notizen auf die Nötigung des Zensors hin oder zufällig unterblieben ist, wird die gerichtliche Ermittlung zu ergeben haben …

Sie werden also laut § 52 Str.Pr.O. (= Strafprozessordnung) verpflichtet sein, den Sachverhalt eingehend zu prüfen, und kommen Sie, woran ich nicht zweifle, zu der Überzeugung, dass meine Anschuldigung berechtigt ist, dann – walten Sie Ihres Amtes!«[26]

Die Staatsanwaltschaft reagiert wie erwartet: »… Es ist sonach ausgeschlossen, dass das Schreiben der K. Polizeidirektion vom 23. Mai 1913 mit der Notiz des Schutzverbandes in Zusammenhang gebracht werden konnte, und es entbehrt der Vorwurf, dass die K. Polizeidirektion diese Notiz zu einer unzulässigen Drohung benützt habe, jeder Begründung. [25]

Ob es dem standhaften Dichter zuzuschreiben ist, der wie David gegen Goliath es mit einem übermächtig erscheinenden Gegner aufnimmt? Herr von der Heydte wird aus der Schusslinie genommen und zum Senatspräsidenten am Verwaltungsgerichtshof befördert. Mühsam freut sich schon auf den neuen Polizeipräsidenten.

Er wettert weiter gegen die Zensur, spricht in Großveranstaltungen. Er findet Anerkennung, ja Zuneigung bei denen, die nicht im Gleichschritt marschieren. Er lebt so, wie er denkt. Seine Rede ist eindeutig. Er formuliert alttestamentarisch gegen alle Schriftgelehrten und Pharisäer. Sein Charakter ist lauter. Verhüte das Schicksal, dass er unter die Politiker fällt! Es müsste zu einer Katastrophe kommen. Zumindest für ihn!

[26] *Kain. Zeitschrift für Menschlichkeit* 3, München, Juni 1913, 40 ff.
[27] Staatsanwaltschaft beim K. Landgericht München I am 10.6.1913 an E.M., in: Pol. Dir. 4595 »Lulu«, Trauerspiel von Frank Wedekind 1913–16.

Abb. 3: Weihnachten in Max Halbes Kegelgesellschaft: rechts Ringelnatz, in der Mitte sitzend Heinrich F.S. Bachmair, rechts hinter ihm stehend Mühsam, um 1914

Vaterland

»… Die einzige wirklich aussichtsvolle Agitation gegen den Krieg wird bis jetzt von den revolutionären Antimilitaristen betrieben, die in der richtigen Erkenntnis, dass Kriege nicht von Fürsten und Regierungen, sondern vom arbeitenden Volke geführt werden, ihr Wort direkt an die Leidtragenden richten. Die Arbeiter und Bauern jedes Landes sind in der Tat imstande, Kriege zu verhüten, wenn sie im Moment, wo das Unglück droht, ihre Arbeitskraft dem öffentlichen Leben entziehen, den allgemeinen Streik proklamieren und eine wirtschaftliche Krisis heraufbeschwören, die immer noch viel erträglicher ist als die Katastrophen mörderischer Schlachten und völliger Vernichtung des geregelten Austausches unter den Menschen, und die zugleich die Möglichkeit, zum Kriege vorzugehen, technisch unterbindet. Dieses Mittel der Kriegsverhinderung wird auf allen internationalen Sozialistenkongressen immer wieder von

Engländern und Franzosen vorgeschlagen. Die ablehnende Haltung der deutschen Sozialdemokraten, die für ihre politische Position neben den andern Parteien fürchten, hat aber vorläufig eine Verständigung unter der internationalen Arbeiterschaft stets verhindert …

Das Weltparlament, zu dem wir aufrufen, bezweckt die dauernde, öffentliche Beaufsichtigung der Diplomatie. Alle Faktoren, die das Verhältnis der Nationen zueinander bestimmen, sind von Natur aus öffentliche Angelegenheiten, und wären auch öffentliche Angelegenheiten, kämen nicht durch die Geheimniskrämerei der zünftigen Vermittler neue Faktoren fortgesetzt hinzu, die wie Zündschnüre in die Pulverfässer vorkommender Divergenzen und Missverständnisse leiten. Haben wir erst in unserem Weltparlament einen in Permanenz erklärten Friedenskongress geschaffen, der die verbindenden und trennenden Momente unter den Nationen in voller Öffentlichkeit untersucht und in internationaler Beratung mit dem einzigen ausgesprochenen Ziel, unter allen Umständen den Frieden zwischen den Völkern zu wahren, in strittigen Fällen die Möglichkeiten einer Verständigung abwägt und finden *muss*, dann ist die höfische und staatsparlamentarische Diplomatie unschädlich gemacht, ihre Überflüssigkeit wird nach und nach allgemein eingesehen werden, und die akute Kriegsgefahr, die durch ihr Wirken konstant besteht, verschwindet …«[28]

Das Wetterleuchten des Völkergemetzels zuckt am Horizont. Mühsam und Wedekind sitzen Nächte beieinander und diskutieren. Solange es Nationen gibt, Grenzen zwischen Ländern und Völker, die dem Lohndiktat unterworfen entfremdet vor sich hin ackern und damit manipulierbar bleiben, solange wird es internationale Konflikte geben. Was aber tun, solange dies alles Faktum bleibt? Mühsam sieht im Generalstreik aller Arbeiter ein Chance. Beide wollen einen »Weltparlamentsverein« gründen.

Am 21. Januar 1913 spricht Mühsam neben Ludwig Quidde bei der »Friedensvereinigung« im *Mathildensaal* in der Mathildenstraße. Aufrufe »Die Waffen nieder!« schallen durch Europa. Im Dezember 1913 schreibt der militante Antimilitarist:

»… Weihnachten steht vor der Tür. Wer seine Kinder vor Kriegslust und Grausamkeit beschützen will, der schenke ihnen zu dem Fest, an dem es heißt ›Friede auf Erden‹, keine Bleisoldaten, keine Uniformen, Flinten, Säbel, Helme, Festungen oder ähnliches mili-

---

[28] *Kain. Zeitschrift für Menschlichkeit* 10 vom Januar 1913, 149 ff.

taristisches Werbespielzeug. Es gibt genug schöne Sachen, an denen ein Kinderherz sich reiner erfreuen kann. Die Arbeiter aber seien daran erinnert, dass auch sie helfen können, in revolutionärer Weise gegen Militarismus und Kriegslust zu wirken. Sie mögen sich fernhalten von jeder Arbeit, die Rüstungszwecken dient. Sie mögen in ihren Kreisen dafür agitieren, dass die Kriegsindustrie aus dem Arbeitermangel nicht herauskomme. Kein Arbeiter, der auf sich hält, sollte in eine Militärwaffenfabrik eintreten, keiner Militärschneider oder Militärschuster werden. Für Kasernenbauten sollten keine Maurer gefunden werden, keine Zimmerleute, keine Dachdecker, keine Glaser ... Es sind Utopien – gewiss. Aber lasst uns erst anfangen, Utopien zu haben, die Bedingungen, sie zu verwirklichen, werden sich dann schon einstellen ...«[29]

Im Hochsommer 1914 marschieren die Heere der europäischen Mächte auf. Das Schlachten beginnt.

Am 15. September 1915 heiratet Erich seine Lebensgefährtin Zenzl Elfinger. Er will nicht die ganze Zeit damit rechnen müssen, wegen »Konkubinats« vor Gericht gezerrt zu werden, und entscheidet sich deshalb gegen alle anarchistischen Grundsätze für eine bürgerliche Eheschließung. Die Hochzeitsfeier findet im Weinlokal *Der Bunte Vogel* in der Barerstraße 53 statt. Der Hausstand der beiden befindet sich im vierten Stock der Georgenstraße 105.[30]

Der Krieg reißt Lücken in die freundschaftlich verbundene Szene. Mit denen, die jetzt in das chauvinistische Horn blasen, fällt der sonst so fröhliche Umgang schwer. Andere verbluten in den Stacheldrahtverhauen vor Metz oder Verdun. Morax fällt 1916.

Mühsam nimmt zu Julian Borchardt und Johannes Knief Kontakt auf; im April reist er nach Berlin zu einer Besprechung mit Karl Liebknecht. Er fordert ihn auf, die Kriegsgegner in einem neuen Bund zu vereinen. Liebknecht bleibt skeptisch.

Im Juni 1916 versammeln sich wütende Demonstranten auf dem Marienplatz. Sie fordern Aufklärung über den Krieg und schreien ihre Not hinaus. Es kommt zu Aufruhr. »... Anscheinend hat die hohe Polizei in diesen Tagen meiner kleinen Person wieder ihre erhöhte Aufmerksamkeit zugewandt ... Aber die Rufe ›Nieder mit

[29] *Kain. Zeitschrift für Menschlichkeit* 9 vom Dezember 1913, 138.
[30] Zu Zenzl Mühsam (1884–1962) vgl.: *Zenzl Mühsam, Eine Auswahl aus ihren Briefen.* Hg. von Chris Hirte und Uschi Otten. Schriften ... 9, Lübeck 1995; *Frauen um Erich Mühsam: Zenzl Mühsam und Franziska zu Reventlow.* Schriften ... 11, Lübeck 1996.

dem Krieg‹ ›Wir wollen Frieden!‹ etc. wären wohl ohne mein Zutun auch laut geworden, wie denn die Behörde meinen Einfluss auf die Massen überhaupt erheblich überschätzen dürfte. Ich wollte, ich könnte ihrem Verdacht noch recht geben ...«[31]

Abb. 4: Mühsam oben rechts und Zenzl, vierte von links unten, auf einem Gruppenausflug ca. 1916

Im Frühjahr 1917 besucht Mühsam die Zirkel um Kurt Eisner. Hier trifft sich die sozialistische Opposition. Zwischen Mühsam, der meint, in allen kriegführenden Ländern müsste die Bevölkerung ihre Regierung beseitigen, und Eisner, der mit den Demokratien der Entente sympathisiert, gibt es keine Basis. Im Dezember kommt es zum Bruch. Mühsam korrespondiert mit Franz Mehring. Er schlägt vor, die »Zweite Internationale« wiederzubeleben, die kriegsbegeisterten Sozialdemokraten hinauszuwerfen und dafür Anarchisten und Antiparlamentarier aufzunehmen.

Kurt Eisner organisiert die Januarstreiks 1918. Er gibt die Losung aus, Mühsam dürfe bei keiner Versammlung das Wort gegeben werden. Schon bald werden Eisner und seine Mitstreiter als Landesverräter verhaftet und nach Stadelheim transportiert.

Am 27. April erfolgt der Ukas des Generalkommandos I. A-K; Mühsam, der am 9. September 1916 die bayerische Staatsangehö-

---

[31] Eintrag unter dem 21. Juni 1916, in: E.M., *Tagebücher* (1910–1924), hg. von Chris Hirte, München 1994, 179.

rigkeit erworben hat und deshalb nicht ausgewiesen werden kann, wird in den Zwangsaufenthalt in Traunstein unter militärischer Kontrolle verschickt. Dort trifft er Josef Sontheimer wieder. Jedes öffentliche Auftreten wird den beiden untersagt. Mühsam muss sich zweimal am Tag bei der Aufsichtsbehörde melden. Ruhe vor dem Sturm. Inzwischen bekommt Max Halbe einen Brief:

>>*Traunstein, d. 3. Oktober 1918. Wegscheid 86 ½.*

Lieber Herr Doktor Halbe,
Gott schütze Sie! Ich wünsche Ihnen zum Geburtstage alles Gute und Schöne. Den poetischen Schwung, den ich meinem Glückwunsch gern verliehen hätte, muss ich allerdings leider zügeln, da meine Abgeschiedenheit in Bayerisch-Sibirien bereits ein bedeutendes Maß von Verblödung in mir bewirkt hat. Aber darüber tröstet mich die Gewissheit, dass Ihr Geburtstag in diesem Jahr wirklich der letzte ist, der noch in die Kriegszeit fällt. Ehe die Nadeln von den Tannenbäumen fallen, hoffe ich wieder daheim zu sein. Vielleicht gelingt mir schon in allernächster Zeit ein Urlaub, für den ich alles Mögliche unternommen habe. Kriege ich ihn, so wird er sich auf der Kegelbahn in Freibier umsetzen, – dies bitte ich Sie als Gelübde aufzufassen. – Vom Bühnenclub erhielt ich den Bericht über die letzte Generalversammlung, dem ich die erschütternde Tatsache entnahm, dass wir beide aus dem Vorstand ausgeschieden sind. Wie werden wir das überleben?! Na, komme ich auf Urlaub, dann werde ich überall nach dem Rechten sehn. Auch Max Langheinrich mag inzwischen für die rechte Temperatur seines Weinkellers sorgen.
Ich las, dass Sie am Grabe des Grafen Keyserling gesprochen haben. Mir ist sein Tod sehr nahe gegangen. Es ist ja wirklich, als ob diese Zeit alles seelisch feine und geistig Bedeutende allmählich ausrottete. Ich hätte nicht gewusst, an wen ich meine Kondolation richten sollte, da ich von der Familie seit dem Tode des jungen K. niemand mehr kenne. So ist es mir Bedürfnis, Ihnen als nächstem Freund des Verstorbenen zu sagen, dass ich seinen Tod als persönlichen schweren Verlust empfinde.
Grüßen Sie die Ihrigen bestens von mir. Ihnen allen meine Glückwünsche in der Hoffnung auf ein Wiedersehn in Freude.
Ihr ergebener, freundschaftlichst verbundener
Erich Mühsam.<<[32]

[32] Nachlass Max Halbe, Mon.

Abb. 5: Kain. 1. Flugblatt vom 18. November 1918, Seite 1

Gegen den Strom

Am 30. Oktober spricht der zwei Wochen zuvor aus dem Gefängnis entlassene Kurt Eisner im *Löwenbräukeller* am Stiglmaierplatz. Jetzt jagt eine Versammlung die andere. Für den 3. November 1918 lädt die USPD zu einer Demonstration auf der Theresienwiese. Am Nachmittag fordert eine größere Menge vor dem Gefängnis Stadelheim die Freilassung der letzten wegen des Januarstreiks Inhaftierten. Gegen Abend verlangen Demonstranten vor dem *Wittelsbacher Palais* Frieden und die Absetzung des Kaisers. Am 4. November spricht Mühsam, der am 31. Oktober aus dem Zwangsaufenthalt entlassen wurde, im *Wagnersaal* in der Sonnenstraße 21 und meint,

die »Monarchie sei kein unentbehrliches Requisit der Gesellschaft«.
Am 5. November abends beteuert Kurt Eisner vor einer vielköpfigen
Versammlung auf der Theresienwiese, er verpfände seinen Kopf, dass
in den kommenden Tagen die Erhebung erfolgen werde.

Am 7. November sammeln sich auf der Theresienwiese, wie Augenzeugen berichten, hunderttausend Menschen. Erich Mühsam ist
einer von ihnen:

»… Der Geist war dort nicht, wie ich ihn erwartete. Die Massen
zogen sang- und klanglos durch die Stadt. Ich hatte kein Bedürfnis, Herrn Auer bei der Friedenssäule sprechen zu hören, und
ging daher, um zu sehen, ob nicht die Soldaten etwas Tatkräftiges
unternehmen. Vor der Türkenkaserne gewahrte ich, dass einzelne
Soldaten ihre Gewehre entzwei schlugen, auch erfuhr ich, dass mit
Reizgas geschossen worden sei. Plötzlich befand ich mich auf einem
Lastauto und sprach zu den Massen. Ich war der Erste, der nachmittags 5 Uhr die Absetzung der Monarchie verkündete. Ich kleidete
das in die Worte: In diesem Augenblick *proklamieren wir Bayern
zur Republik*, geleitet von seinen Arbeiter- und Soldatenräten. Alle
waren mit Befriedigung erfüllt, dass man keinen König mehr anzuhochen [sic!] brauchte und dass der Krieg zu Ende geht. Ich unternahm sodann die Führung auf dem Auto und fuhr zu verschiedenen
Kasernen. Bei der des 2. Infanterie-Regiments wurden wir beschossen. Am Abend erfuhr ich, dass Eisner seinerseits anderwärts etwas
unternommen habe. Es war das keine Organisation, sondern alles
ging ganz spontan …«[33]

Strategisch wichtige Gebäude und Ministerien und der Landtag
werden besetzt. Unter die Soldaten mischen sich auch Studenten,
die sich zur Aufrechterhaltung der Ordnung zur Verfügung stellen
wollen. Mühsam herrscht sie an: »Unordnung ist die erste Pflicht
der Revolutionäre!«[34]

Der »Revolutionäre Arbeiterrat« (RAR), bestehend aus etwa
fünfzig Personen, konstituiert sich. Am 9. November schafft Kurt
Eisner eine neue Regierung mit sich als provisorischem Ministerpräsidenten und mit dem Führer der bayerischen SPD, Erhard Auer,
als Innenminister.

[33] Erster Verhandlungstag im »Hochverratsprozess gegen Mühsam und
Genossen« am 7.7.1919, *Münchner Neueste Nachrichten* 263, Morgenausgabe vom 8.7.1919, 4. Mühsam spricht vor dem Standgericht in Anwesenheit vieler ehemaliger Genossen. Das Gericht bestätigt ihm, dass er in
seinen Aussagen die Wahrheit gesprochen hat.

[34] Von einem Augenzeugen zitiert in: *Neue Zeitung* 248 vom 7./8.11.1926, 6.

Soldaten! Arbeiter! Volksgenossen!

Erste Pflicht bei einer Revolution ist Bereitschaft!

Es gilt Erreichtes sichern, Begonnenes weiterführen und die Trümmer des Gewesenen wegräumen! Revolutionäres Weiterarbeiten braucht entschlossenen Willen! Niemand weiss, welche reaktionären Kräfte noch am Werke sind, welche Mittel ihnen zu Gebote stehen. Wir dürfen uns nicht auf die stillschweigende Resignation der Besiegten verlassen, wir müssen misstrauisch sein gegen ihre gedrückte Bescheidung in die neuen Verhältnisse.

Notwendig ist die Geschlossenheit der Revolutionäre!

Darum wollen wir in diesem Augenblick nicht Einzelheiten der Neuorganisation bekämpfen, sondern prüfen, ob der Geist, der jetzt waltet, der rechte ist. Was nicht lebensfähig ist im Geiste der Revolution, muss fort! Kompromisse, Halbheiten, Zaghaftigkeiten dürfen nicht geduldet werden. Sie sind die Feinde der Revolution! Gegen sie, gegen jede Art Reaktion und Zopf müssen sich die Revolutionäre, die über den Tag hinaus streben, sammeln!

Gemeinsame Abwehr gemeinsamer Feinde,

aus welchen Lagern immer sie kommen mögen, das ist die Forderung! Stelle jeder, der es gut meint mit dem Volk, mit der Freiheit, mit der Revolution, alle Kräfte zur Verfügung der jungen Republik, um ihr hinüberzuhelfen über den Sumpf der Stagnation und der Zugeständnisse. Wir wollen nicht am Anfang stehen bleiben! Wir wollen durch zum Sozialismus, durch zur Weltrevolution!

Sorge jeder dafür, dass der gute Geist, der den Aufruhr leitete, wach sei in jedem Amt, in jeder Tätigkeit, in jedem Entschluss!

Der Geist ist alles!
Lasst ihn nicht lahm werden!

Nichts aufgeben vom idealen Ziel! Auf nichts verzichten! Keine Schwachheit zulassen! Die Bewussten und Entschlossenen aber

einig bleiben!

Es lebe die Republik! Es lebe die Freiheit!

Kain-Verlag, München, Baaderstr. 1a, Telef. 26255. — Verantwortlich: Erich Mühsam, München, Georgenstr. 106/IV, Telef. 33626. Druck von Max Steinebach, München.

Abb. 6: Kain. 1. Flugblatt vom 18. November 1918, Seite 4

Lastwagen mit Revolutionsgarden rasen durch die Straßen der Stadt. Eine Versammlung jagt die andere. Der RAR kooptiert, sehr zum Missfallen Eisners, Mühsam, später Landauer, und organisiert die Bildung eines Münchner Arbeiterrats sowie eines Landesarbeiterrats.

Im *Franziskaner* in der Hochstraße 7 spricht vor einer großen Menge am Donnerstag, dem 21. November, Josef Sontheimer, nach ihm Erich Mühsam unter brausendem Beifall. Ein der Stenographie mächtiger Sozialdemokrat schreibt mit und übermittelt die Abschrift dem sozialdemokratischen Landtagsabgeordneten Franz Schmitt:

»… Mühsam: Ehe ich auf das eigentliche Thema eingehe, möchte ich einem Gefühl des Dankes Ausdruck geben, des unauslöschlichen Dankes für diejenigen, die es möglich gemacht haben, dass wir heute über das Thema hier reden. Dieser Dank gebührt in erster Reihe den Kieler Matrosen, die den Anfang gemacht haben mit der Revolution.

In zweiter Linie den übrigen Soldaten Deutschlands, dann aber auch den Männern, die als Organisatoren der Revolution tätig waren, die unter Einsetzung ihres Lebens und ihrer Freiheit es unternommen haben, die Massen aufzurufen und sie herrlich geführt haben. Ich stelle alles zurück, was mich theoretisch trennt von den Führern. Kurt Eisner hat sich vor der Geschichte ein unsterbliches Verdienst erworben (Stürmischer Beifall), deshalb ist es nötig, ihm und seinen Helfern den Dank auszusprechen und ihm zu sagen, dass dieser Dank niemals erlöschen wird und dass das deutsche Volk über Generationen hinaus seinen Namen hochhalten wird.

Und nun zum eigentlichen Thema. Kommunismus heißt die Schaffung der sozialen Gerechtigkeit in der Welt. Die französische Revolution hatte als ihre Parole die drei Worte gewählt: Freiheit, Gleichheit, Brüderlichkeit. Wir haben ein wichtiges Wort hinzuzufügen: Gerechtigkeit. Die ganze Gesellschaft, die wir gehabt haben, war geleitet von Ungerechtigkeit, aufgebaut auf Vorrechten einzelner. Die Arbeit, die geleistet wurde, kam nicht zugute denen, die sie leisteten, sondern denen, die im Besitze der Produktionsmittel waren, die die Arbeit vergaben. Das, was die Revolution seit 14 Tagen geleistet hat, ist unermesslich groß. Aber ich glaube, wir können denen, die jetzt an der Spitze stehen, keinen größeren Gefallen erweisen als dadurch, dass wir dauernd hinter ihnen stehen, anspornend, mahnend, drängend, mehr zu tun. Wir wollen nichts gegen diese Personen unternehmen, wir wollen sagen, macht Ihr es, es ist schön von Euch, dass Ihr da steht, tut, was in Eurer Kraft steht, wir wissen, dass es ungeheuer viel ist, was Ihr tut. Aber wir wollen, dass die Revolution an keinem Punkte stehen bleibt, dass sie unablässig weitergeht und sich auswächst zu einer sozialen, zu einer sozialistischen Republik.

Zur Frage der konstituierenden Versammlung: Die Forderung nach einer Nationalversammlung ist heute der gemeinsame Ruf der vereinigten Reaktion. Das Mittel der Revolution heißt nicht Parlament … Es sind Prinzipien aufzustellen, welche enthalten das Verlangen nach der Vergesellschaftung des Grund und Bodens. Die Großgrundbesitzer sind heute noch voll im Besitze ihrer ganzen Macht. Die Ausbeutung funktioniert, wie sie bisher funktioniert hat. Gegen die Ausbeuter haben sich die aufzustellen, die ausgebeutet werden. Wir haben zu verlangen die Sozialisierung der Arbeit in den Fabriken. Der Unternehmer soll dahin geführt werden, seinen Unternehmungsgeist anzustrengen für das Wohl des ganzen Volkes … Die Soldaten, die uns dahin geführt haben, dass wir endlich an Gerechtigkeit denken können, die sollen, wenn sie die Waffen ablegen, an ihrer Arbeit

Freude haben, wie sie vorher keine Freude daran hatten. Freude an der Arbeit kann aber nur haben, wer für sich selbst arbeitet … Nicht darauf kommt es an, dass wir sagen Gewalt, nein, je radikaler wir unsere Forderungen stellen, um so sicherer werden wir sie gewaltlos durchsetzen. Diejenigen, die jetzt die Einberufung einer National-versammlung verlangen, treiben uns zur Gewalt, treiben uns dazu, sie auseinander zu jagen. Das wollen wir verhüten. Es ist genug Blut geflossen, wir wollen keine Morde mehr, wir wollen Frieden und die-sen können wir nur erreichen, wenn wir geradewegs losmarschieren auf den Sozialismus, die Verteilung der Güter, die nicht mechanisch vorgehen soll, aber auf die Möglichkeit, dass der Arbeiter den Ertrag seiner Arbeit hat und über die Arbeitsmittel verfügt. Niemand darf von der Benutzung der natürlichen und geschaffenen Produktions-mittel ausgeschlossen werden. Den Ausbeutern muss die Möglichkeit zur Ausbeutung genommen werden. Das geschieht, indem man gleiche Forderungen an die Unternehmer stellt auf Verkürzung der Arbeitszeit, die dem Arbeiter schon jetzt Rechte geben, die successive aber nicht zu langsam auf die Umwandlung der Privatunternehmen in Produktivgenossenschaften hinausgehen. Das muss im Prinzip mindestens erreicht sein, in jedem Kopfe drinnen sein, bevor man anfangen kann, gesetzgebende Körperschaften zu wählen und Ele-menten, die jetzt noch auf Gegenrevolution ausgehen, irgend ein Stück der Verwaltung in die Hand zu geben (Sehr richtig!) Wir wis-sen, dass noch große Teile der Verwaltung in den Händen reaktionä-rer Elemente sind. Ich mache daraus der heutigen Regierung keinen Vorwurf, man kann in 14 Tagen nicht alles beseitigen. Aber es muss darauf gedrungen werden, dass Vertrauensmänner der Revolution überall dabei sind …«[35]

Eisner weiß, dass eine Revolution immer nur so gut ist wie die Mehrheit, die sie trägt. Mühsam weiß, dass jeder Mensch den in-neren Revolutionär befreit und aktiviert, wenn er seinen Panzer abwirft. Mühsam erkennt nicht, dass Eisner etwas völlig Neues denkt und es in die Tat umzusetzen plant. Eisner sprengt das dicho-tomische Schema und denkt integrierend, was traditionell als ge-gensätzlich gilt. Für ihn ist eine repräsentative, auf Gewaltenteilung beruhende Volksherrschaft mit einer Rätedemokratie vereinbar. Ein zentraler Rätekongress hat die Entscheidungen des Parlaments zu überprüfen. Eisners Antipoden jedoch lassen sich nicht auf dieses neue, unerhörte Modell ein.

[35] Abschrift, Nachlass Franz Schmitt in: BayHStA Abt. V.

Mühsam will etwas anderes als Eisner. Er sieht, wie unzeitgemäße, verhärtete Konventionen längst überständig sind, will das vereiste, erstarrte Gefüge der Gesellschaft verflüssigen, will die kontrollierten Verhältnisse zum Tanzen bringen.

Mühsam und Eisner mögen sich nicht. Eisner lehnt die Agitation ab, die Begeisterung entzündet und zur Tat verleitet, ohne Zeit und Ort zu analysieren. Eisner mag Mühsam nicht, weil er ihm vorwirft, er würde die Verantwortung für die Folgen seines Handelns nicht übernehmen. Mühsam aber verachtet eine Politik, die – aus dem Parteiengekungel notwendig entstehend – das Proletariat verdummt, vertritt und verrät.

Dass Eisner seinen schärfsten Widersacher Erhard Auer aus taktischen Gründen zum Innenminister gemacht hat, verzeiht ihm Mühsam nie. Taktieren heißt verschleiern, lügen, heißt dieselben Methoden anzuwenden wie diejenigen, die man vorgibt zu bekämpfen. Eisner bezeichnet diese Position als Politikunfähigkeit.

Eisner steht zwischen Mühsam und Auer.

Sontheimer beruft unter dem Titel »Alles gehört allen« für den folgenden Mittwoch, den 27. November, eine Tagung in den *Wagnerbräu* in der Lilienstraße 29 ein. Mühsam redet in der Diskussion, fordert zur Bildung einer revolutionären Gruppierung auf. Am 30. November gründet er mit Hilde Kramer, Joseph Merl, Friedrich Albert Fister und anderen die »Vereinigung Revolutionärer Internationalisten« (VRI) im *Braunauer Hof*, Frauenstraße 3.

Am 27. November fordert der »Vollzugsausschuss des Münchner Arbeiter-, Soldaten- und Bauernrates« die Absetzung der Reichsregierung Friedrich Ebert/Philipp Scheidemann. Am darauf folgenden Tag verlangt der Parteiausschuss der SPD die schnelle Einberufung der Nationalversammlung. Am 2. Dezember bestehen Auer und zwei Ministerkollegen von Eisner ultimativ auf einem Termin für Landtagswahlen. Mühsam spricht am 5. Dezember im *Schwabingerbräu* in der Leopoldstraße 82 gegen die Einberufung der Nationalversammlung, nimmt aber ausdrücklich Eisner in Schutz. Auch die Wahlen zum Landtag sollten vertagt werden. Doch Eisner hat sich am Tag zuvor dem Druck seiner mehrheitlich sozialdemokratischen Ministerriege gebeugt.

Mühsam hat schon lange vor dem Ersten Weltkrieg einen scharfen Blick für die großen und vielen kleinen Verdrehungen der Wahrheit in den Tageszeitungen bekommen. Die Hetze gegen Eisner setzt sehr früh ein. Der *Bayerische Kurier*, das Organ des Zentrums bzw. der

Arbeiter und Soldaten!

Die bürgerliche Presse arbeitet gegen die Revolution!!

Wie diese Zeitungen bei Kriegsausbruch mit kleinen, gehässigen Lügen von „vergifteten Brunnen" und „ausgestochenen Augen" die Völker kaltblütig zum Haß aufhetzten, so hetzen sie heute gegen die Revolution und ihre Männer, indem sie verleumden und lügen, wo sie können. Die „800 Millionen" der A.- und S.-Räte, die „Greueltaten" der Ententesoldaten in der Pfalz und am Rhein, der drohende Einmarsch, die „2000 bewaffneten Spartakusleute im Anmarsch": das alles ist erfunden und aufgebauscht, nur um zu beunruhigen und zu hetzen.

Diese Gesellschaft, die bisher die Vaterlandsliebe allein gepachtet hatte, sie schämt sich nicht einmal, die Feinde zu Hilfe zu rufen gegen die deutsche Revolution.

Sie verbreitet die Lüge: Die Entente verlange die Auflösung der A.- und S.-Räte.

Das ist nicht wahr!!

In Trier hat der amerikanische Kommandant die Arbeiterräte anerkannt. Die Nachricht, daß die Entente die A.- und S.-Räte in der neutralen Zone aufgelöst hat, ist falsch. Der Arbeiter- und Soldatenrat in Frankfurt a. M. hat das kräftig dementiert. Und so ist es in vielen Orten. Die bürgerliche Presse aber lügt weiter und hetzt die Entente gegen die deutschen A.- und S.-Räte.

Man kann unmöglich jede einzelne Lüge prüfen und widerlegen, denn diese Lügen zählen nach Tausenden

Erinnert Euch an die Flut von Lügen,

von Gemeinheit und Schmutz, den diese selbe bürgerliche Presse während des Krieges ausgespieen hat.

Ist nicht die Welt in diesem Strom von Blut und Unrat fast ertrunken?

Wer hat die Schuld??
Die bürgerliche Presse!!

Und diese Presse ist nicht über Nacht plötzlich rein und unschuldig geworden. Vergeßt ihre Verbrechen nicht!

Glaubt ihr nicht!

Seid vorsichtig gegen Nachrichten der bürgerlichen Presse, bevor sie nicht amtlich bestätigt sind! Mißtraut der bürgerlichen Presse! Sie verdient kein Vertrauen!

Sie hat vier Jahre lang gelogen!
Sie lügt auch heute noch!!

Seid auf der Hut!

Vollzugsrat des Arbeiter u. Soldatenrats

Abb. 7: Flugblatt von Anfang Dezember 1918

späteren Bayerischen Volkspartei, berichtet bereits am 13. November 1918, Eisner sei »jüdisch-galizischer Abstammung«, und betont, dass »israelitische Damen mit fremdländischem Akzent die Staatsmaschinerie in Gang halten« wollen und es »in den Büros der neuen Gewalthaber von Juden und Jüdinnen sozusagen wimmelt«[36].

Der SPD scheinen die häufigen Diffamierungen Eisners ebenfalls nicht unwillkommen zu sein. Ihre Redakteure korrigieren es nicht, wenn ein bürgerliches Blatt Artikel des sozialdemokratischen *Vorwärts* über Eisner nachdruckt und dabei Verunglimpfungen wie »Ostjude« und »Kosmanowsky« gebraucht. Obwohl von einer Flut

[36] Zit. in: Freya Eisner, *Kurt Eisner: Die Politik des libertären Sozialismus*, Frankfurt/M. 1979, 98.

unablässiger Invektiven aus den Stuben der schreibenden Zunft bedrängt, denkt Eisner nicht an staatliche Zensur.

Am Abend des 6. Dezember spricht Mühsam in den *Kolosseums-Bierhallen* gegen die aktuellen Lügen der bürgerlichen Presse. Nach weiteren Versammlungen im *Schwabingerbräu*, im *Mathäser* in der Bayerstraße 5 und im *Odeon* in der Briennerstraße 4 demonstrieren Tausende und besetzen die Räume des *Bayerischen Kurier*, der *Münchner Neuesten Nachrichten*, der *München-Augsburger Abendzeitung* und der *Münchener Zeitung*. Mühsam erklärt das anwesende Setzer-, Stereotypie- und Druckerpersonal zu Mitbesitzern der Gazetten. Durch geduldiges Zureden erreicht der herbeigeeilte Eisner, dass sich die Demonstranten zurückziehen.

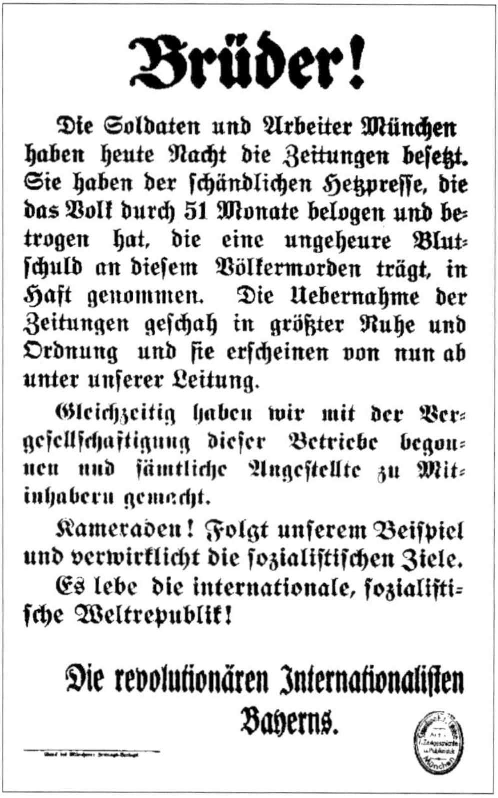

Brüder!

Die Soldaten und Arbeiter Münchens haben heute Nacht die Zeitungen besetzt. Sie haben der schändlichen Hetzpresse, die das Volk durch 51 Monate belogen und betrogen hat, die eine ungeheure Blutschuld an diesem Völkermorden trägt, in Haft genommen. Die Uebernahme der Zeitungen geschah in größter Ruhe und Ordnung und sie erscheinen von nun ab unter unserer Leitung.

Gleichzeitig haben wir mit der Vergesellschaftigung dieser Betriebe begonnen und sämtliche Angestellte zu Mitinhabern gemacht.

Kameraden! Folgt unserem Beispiel und verwirklicht die sozialistischen Ziele.

Es lebe die internationale, sozialistische Weltrepublik!

Die revolutionären Internationalisten Bayerns.

Abb. 8: *Am Abend des 7. Dezember 1918 in der Druckerei der* Münchner Neuesten Nachrichten *hergestellte Plakat*

Am Mittwoch, dem 11. Dezember, ruft der Spartakusbund zu einer Versammlung in den *Wagnersaal*. Gegen Max Levien, der zugleich Mitglied bei der VRI ist, wenden sich u.a. Eisner, Landauer und Mühsam, der den Schutz der Revolution ohne Gewalt fordert.

Politische Eliten fühlen sich bedroht, wenn sie spüren, dass ihnen die Kontrolle entgleitet. Schon am 18. November versuchte Auer eine »Bürgerwehr« um die rechtsnationalistischen Exponenten Rudolf Buttmann, Christian Roth und Julius Friedrich Lehmann aufzubauen. Am 26. November empfing der Minister für militärische Angelegenheiten im Kabinett Eisner, Albert Roßhaupter, Vertreter dieser »Bürgerwehr« sehr wohlwollend. Auer und sein Parteifreund, Justizminister Johannes Timm rufen am 27. Dezember zur Gründung einer »Bürgerwehr mit ehrenamtlichem Charakter« auf.

Diesen wiederholten Versuchen setzt die Linke die Ankündigung entgegen, eine »Rote Garde« zu gründen. Am Montag, dem 30. Dezember, fordert die VRI in den *Kolosseums-Bierhallen* die Bewaffnung des revolutionären Proletariats. Mitglieder der VRI bilden den Stamm der neu gegründeten Münchner KPD. Die VRI verliert an Bedeutung; Mühsam findet – obwohl unorganisiert – über die KPD Möglichkeiten zur propagandistischen Betätigung.

In den Morgenstunden des 10. Januar 1919 lässt Eisner, der Störungen der Wahlvorbereitungen fürchtet, zwölf Personen, darunter Levien, Sontheimer, den Führer der Münchner KPD Eugen Leviné, Hilde Kramer und Mühsam verhaften. Am Nachmittag versammeln sich etwa 1.000 bis 2.000 Demonstranten, die zum verschanzten Außenministerium am Promenadeplatz marschieren und die Freilassung der Verhafteten verlangen. Matrose Egelhofer klettert hinauf, springt durch ein geöffnetes Fenster im ersten Stock, stürmt Eisners Arbeitszimmer und bedroht ihn mit einem Schießeisen; der erscheint am Fenster und schreit erregt: »So holt sie euch, in Gottes Namen! Sie sind enthaftet!« Gegen Abend sprechen im vollbesetzten *Mathäser* Leviné und Mühsam. In der Nacht kommt es zu Zusammenstößen auf dem Bahnhofsplatz.

Am 12. Januar wird der neue Landtag gewählt, am 19. die Verfassunggebende Deutsche Nationalversammlung. Dem Aufruf zum Wahlboykott, von Anarchisten und KPD propagiert, folgt kaum jemand. Levien, der eine aufreizende Rede gehalten hat, wird verhaftet. Landauer, August Hagemeister und Mühsam zwingen am 9. Februar Justizminister Timm, Levien wieder freizulassen. Am Abend im *Deutschen Theater* in der Schwanthalerstraße 13:

»… Wegen der Bedeutung der Sitzung – handelte es sich doch um die Verteidigung des Grundrechts der freien Meinungsäußerung – waren die Vertrauensleute der Münchener Betriebe eingeladen worden, der Sitzung des Arbeiterrats beizuwohnen. Sie füllten die Tribünen des Erdgeschosses und des ersten Stockwerks, während die Galerie im zweiten Stock dicht besetzt war von Kommunisten. Als der ›Revolutionäre Arbeiterrat‹, Levien unter der roten Fahne an der Spitze, in geschlossenem Zuge in den Saal einrückte, brach auf den Tribünen frenetischer Jubel los. Die Sitzung selbst verlief äußerst dramatisch. Levien hielt eine zündende Rede, in der er betonte, dass man ihn zwar aus Angst vor der Wut des Proletariats jetzt freigelassen habe, dass aber das Strafverfahren gegen ihn weitergeführt werde. Währenddem zeigten mir zwei Genossen Vorladungen vor den Untersuchungsrichter als Zeugen in einer Strafsache gegen mich, aus denen hervorging, dass die Regierung jetzt nach zwei Monaten noch wegen der Besetzung der Zeitungen am 6. Dezember einen Landfriedensbruchs-Prozess inszenieren wollte. Ich teilte das der Versammlung mit, und nun wurde stürmisch eine Demonstration verlangt, die die Zusicherung von der Regierung erzwingen sollte, die alten politischen Strafbestimmungen unter keinen Umständen gegen Revolutionäre anzuwenden. Die Debatte über die Demonstration verlief sehr erregt, und als wir Radikalen verlangten, dass zugleich die Abdankung Auers, Timms und Roßhaupters sowie die Nichteinberufung der Nationalversammlung verlangt werden sollte, entstand ein Tumult, bei dem die Sozialdemokraten, die die große Mehrheit des Münchener Arbeiterrats bildeten, unter Protest den Saal verließen. In diesem Moment sprang Landauer auf den Vorstandstisch und forderte die Vertrauensleute der Betriebe auf, als die wahren Vertreter des Proletariats sogleich die freigewordenen Sitze einzunehmen. Unter dem brausenden Beifall der Tribünen und während ich am Rednerpult die rote Fahne schwenkte, vollzog sich die Umgruppierung. Darauf wurde der einmütige Beschluss gefasst, die Demonstration am 16. Februar stattfinden zu lassen. Sie sollte als positive Forderung die Nichtanwendung der politischen Paragraphen durchsetzen und im übrigen die revolutionäre Entschlossenheit des Proletariats der Regierung und dem ganzen Volk vor Augen führen …«[37]
12. Februar: Roßhaupter, fordert auf, dem antibolschewistischen

[37] E.M., *Von Eisner bis Leviné*. Die Entstehung der bayerischen Räterepublik. Persönlicher Rechenschaftsbericht über die Revolutionsereignisse in München vom 7. Nov. 1918 bis zum 13. April 1919, Berlin-Britz 1929, 28 f.

»Volksheimatschutz« beizutreten. Am 16. Februar demonstrieren Tausende auf der Theresienwiese gegen Auer und Roßhaupter und für das Rätesystem. Kurt Eisner nimmt an dieser Demonstration teil. Levien und Mühsam halten die Schlussansprachen.

Abb. 9: Kain, Nr. 6 vom 15. Februar 1919, Titelblatt

Der Putsch von 600 bewaffneten Matrosen unter Conrad Lotter wird am 19. Februar niedergeschlagen. Mühsam ist in diesen Tagen auf einer Agitationstour; er spricht am 21. Februar in Mannheim. Nach seiner Rede stürmen die Mannheimer Arbeiter die Gefängnisse und proklamieren die Räterepublik.[38] Eine Generalprobe für München!

---

[38] Vor Mannheim haben nur Bremen am 10.1. und Cuxhaven am 11.1.1919 die Räterepublik ausgerufen.

Erst am nächsten Morgen wird die Ausrufung nach Verhandlungen wieder zurückgenommen. Mühsam spricht noch in Heidelberg und kehrt erst am 24. Februar nach München zurück.

Am 21. Februar will Eisner anlässlich der Eröffnung des neuen Landtags seinen Rücktritt einreichen. Auf dem Weg dorthin erschießt ihn der 22jährige Leutnant Anton Graf Arco-Valley. Alois Lindner, Mitglied des Revolutionären Arbeiterrats, stürmt daraufhin in den Landtag, feuert auf Erhard Auer, der lebensgefährlich verletzt wird, und auf Major Paul Ritter von Jahreis, der seiner Verwundung am folgenden Abend erliegt.

Jetzt oder nie

»D er März ist der klassische Monat der Revolutionen. Wenn die Starre des Winters bricht, wenn die Keime der jungen Natur gewaltsam aus der Erde drängen, wenn die Sonne mit verstärktem Feuer dem Wachstum alles Werdenden Raum schafft, das Eis auftaut und die Bäche in reißenden Strömen aus ihren Ufern treibt, dann ist auch in den Herzen der Menschen die Bereitschaft am größten, Fesseln abzuwerfen, Befreiung zu schaffen von Druck und Starrheit.

Die Iden des März ließen im alten Rom die Verschwörung gegen die Tyrannei Julius Cäsars reifen, der 18. März ist der Tag der Berliner Revolution von 1848 und der Pariser Commune von 1871, der 12. März 1917 leitete in Russland die ungeheure Bewegung ein …

Deutschland ist das Land ohne Revolutionen. Abgesehen von den Bauernkriegen des späten Mittelalters hat keine Erhebung des deutschen Volkes den Anspruch auf die Bezeichnung Revolution. 1848 blieb es beim Aufstand, und was seit dem November 1918 bei uns am Werke ist, soll sich als Revolution erst ausweisen. Bis jetzt haben wir nur die Nervenzuckungen einer gepeinigten Nation erlebt, die psychischen Auswirkungen eines physischen Zusammenbruchs, die Versuche einer Minderheit von Begeisterten und Entschlossenen, die Umwälzungen herbeizuführen, deren Notwendigkeit offenbar ist, der sich jedoch das zwar kranke und faulige aber massige Gefüge eines Interessenklüngels und seiner der Denkträgheit und Gefühlsarmut der Volksmehrheit umpanzerten scheinrevolutionären Sachwalter entgegenstemmt …«[39]

---

[39] »März«, undatiertes Manuskript, vermutlich Anfang März 1919 verfasst, in: Staatsanwaltschaft München I, 2131/3, STAM.

Normalität ist Summe von Gewöhnung; Normalität ist von Angst umstellt. Mühsam diagnostiziert, ähnlich wie sein Freund Gross, den deutschen Zwangscharakter, plädiert für radikale Aufweichung der betonierten Abwehr, begründet, warum der Patient ohne schmerzhafte Operationen unrettbar verloren ist.

Nach den Schüssen im Landtag laufen die Abgeordneten in Panik auseinander; der RAR erklärt den Belagerungszustand, der Generalstreik wird ausgerufen. An strategisch wichtigen Plätzen in der Stadt werden Maschinengewehre und Minenwerfer in Stellung gebracht. Gerüchte über einen konterrevolutionären Putsch kursieren.

Es gärt in der Arbeiterschaft. Die drei Arbeiterparteien konstituieren noch am 21. Februar einen neuen Rätekongress und einen »Zentralrat der Bayerischen Republik«, der die vollziehende Gewalt übernimmt. In der Nacht kommt es zu Schießereien und Plünderungen. In den folgenden Tagen widerspricht Mühsam all denen, die auf den Weg der legitimen Rechtsfindung beharren, und plädiert für revolutionäre Spontaneität. Erst müsse die Grundlage für das neue Recht geschaffen werden, dann könne man sich legitim verhalten.

Am Vormittag des 27. Februar spricht Mühsam im Rätekongress: »… Jetzt ist der Augenblick, wo wir uns zu entscheiden haben für den Sozialismus, für den Anfang einer neuen Gesellschaft oder für ein Weiterwursteln in Provisorien. Was dies aber bedeuten würde, wenn wir wieder einen Beschluss fassen, in dem es heißt, ›bis zur Regelung endgültiger Verhältnisse‹, das malen Sie sich aus. Das würde bedeuten, die Nervosität zu einem Definitivum zu machen, sie dauernd zu steigern, die Unruhe, die gegenwärtig im Volke ist, zu einem Zustande zu machen. Unruhe ist das Moment der Bewegung, der Revolution selbst, ist Mittel und nicht Ziel … An dem Freitage, an dem Eisner fiel, an dem die übrigen Attentate hier im Hause verübt wurden, war Bayern ohne Regierung. In diesem Augenblick hat der Landtag, der sich als souverän ausgab, wenn er souverän war, die Pflicht gehabt, sofort zuzugreifen, sofort das zu tun, was zu geschehen hatte. (Rufe: Sehr richtig!) Und was tat er? Er lief auseinander. Dieser Landtag ist desertiert. Wir haben ihn zu behandeln als einen Deserteur, (Rufe: Sehr richtig!) der nicht wieder zurückkehren darf. (Beifall.) Und zu wessen Gunsten hat der Landtag auf seine Macht verzichtet, wem hat er alle Macht in die Hand gegeben? Uns, den Räten; denn jemand anders war nicht da … Es gibt kein Zögern, es geht nicht an, zu sagen, man wolle die weitere

Entwicklung abwarten. Jedes Entwicklungsabwarten bedeutet, dem Hund den Schwanz stückweise abschneiden in der Meinung, dass er dann weniger Schmerz erleide. Wenn der Schwanz gekappt werden soll, dann auf einmal …«[40] Es folgt der Aufruf zur Proklamation der Räterepublik Bayern, dann geht die Diskussion nach Rednerliste und Tagesordnungspunkten gegliedert weiter.

Während der Nachmittagssitzung des Kongresses dringen Soldaten der »Republikanischen Schutztruppe« in das Landtagsgebäude ein und verhaften Levien, Landauer, Mühsam und drei weitere Personen. Die Landtagswache befreit die sechs, Levien, Landauer und Mühsam halten wenig später vor dem Landtagsgebäude Ansprachen vor demonstrierenden Soldaten und Arbeitern. Das Karussell dreht sich schneller und schneller. Die Protagonisten außer Atem!

Wiederholt versucht Mühsam seine Kolleginnen und Kollegen im Rätekongress davon zu überzeugen, dass es notwendig ist, den autoritären Kommandanten der Bahnhofswache, Aschenbrenner, und den Stadtkommandanten Dürr, der gegenrevolutionäre Kräfte in der »Republikanischen Schutztruppe« deckt, abzulösen. Vergeblich. Am 28. Februar stellt er erneut einen Antrag auf Errichtung der Räterepublik, der mit 243 zu 70 Stimmen abgelehnt wird. Vor dem Landtagsgebäude demonstrieren die Massen für die Räteidee; sie wollen das Landtagsgebäude stürmen. Mühsam tut es später leid, dass er beschwichtigt und bremst.

Der Rätekongress versucht, sich ein eigenes Gremium ähnlich dem Kabinett eines Landtags zu wählen. Sofort beginnt das Geschacher der einzelnen Parteifraktionen um Ämter. Mühsam am 1. März vor dem Kongress: »… Ich muss Ihnen jetzt ein Geständnis meiner Unfähigkeit ablegen. Mir ist es nicht beschieden zu begreifen, worin eigentlich in dem neuen Volksstaate Bayern der Unterschied liegt zwischen Zentralratsmitglied, Minister, Staatskommissär und Aktionsausschussmitglied und wie die Dinge alle heißen. Ich sehe ungeheuer viel Ämter aus dem neuen Volksstaate hervorwachsen, aber ich sehe keine Möglichkeit zu einer revolutionären Aktion hervorwachsen …«[41]

Am 7. März verlangt Mühsam vor dem Rätekongress erneut die Proklamation der Räterepublik: »… Wir haben nur das eine Mittel, Revolution zu treiben, indem wir uns in Permanenz erklären, d. h.

---

[40] Stenographischer Bericht über die Verhandlungen des Kongresses der Arbeiter-, Bauern- und Soldatenräte vom 25. Februar bis 8. März 1919, Berlin o.J., 45.
[41] Ebd. 92.

nicht in Permanenz, indem wir hier in diesem Saale bleiben und noch Wochen oder Monate lang debattieren, sondern in Permanenz für die Jahre und für die Ewigkeit. Genossen, jetzt ist es noch Zeit, vermeiden Sie den Kampf, der unbedingt folgen muss, wenn wir den Platz wieder dem alten Parlamentarismus räumen ...«[42] Dieser ist inzwischen nicht untätig. Unter dem Sozialdemokraten Johannes Hoffmann kommt es zu Verhandlungen zwischen führenden Gremien von SPD, USPD und den bürgerlichen Parteien.

Am 8. März steht der »Nürnberger Kompromiss« zur Abstimmung, neun Punkte, ausgehandelt zwischen SPD, USPD und Bauernbund. Mühsam spricht dagegen: »... Ich bitte Sie, lassen Sie einmal alle Ihre Parteivorurteile vollständig beiseite, fühlen Sie sich nur einmal als Arbeiterräte, Soldatenräte und Bauernräte und überlegen Sie sich dieses: Im Rätesystem kommt alles darauf an, dass jeder einzelne Selbstverantwortlichkeit besitzt. Gerade das parlamentarische Prinzip, das hier wieder in sein Recht eingesetzt werden soll, führt ja doch zur Ausschließung des eigenen Urteils und des eigenen Willens ...«[43] Der Kongress stimmt ab und unterstützt damit die Regierung Hoffmann. Mühsam ruft in den Saal: »Herr, vergib ihnen, denn sie wissen nicht, was sie tun.«[44]

Doch das Blatt wendet sich wieder. Führende Vertreter des Landtags halten sich nicht an die ausgehandelten Vereinbarungen. In den Massenversammlungen, zu denen die SPD einlädt, werden die Funktionäre niedergeschrien, wird der Regierung der Kampf angesagt. Am 17. März tritt der neue Landtag zusammen. Er bestätigt nicht alle vom Rätekongress am 1. März gewählten Minister. Der vom Rätekongress abgelehnte Ernst Schneppenhorst (SPD) soll dem Militärministerium vorstehen. Eine Provokation! Zwei Machtzentren bestehen nebeneinander.

Hektische Betriebsamkeit – kaum ein Abend, an dem Mühsam nicht in einer Versammlung spricht, von einer zur anderen hetzt. Die Arbeiter, egal welcher Partei sie angehören, wollen in der überwiegenden Mehrzahl die Räterepublik.

Die Wortwechsel wiederholen sich:
Die Revolution ist uns in den Schoß gefallen wie ein reifer Apfel. Aber war das eine Revolution? Eine richtige? – Jetzt wird es Zeit!

[42] Ebd. 179.
[43] Ebd. 183.
[44] *Von Eisner bis Leviné*, ebd., 43.

Freiheit kann man sich nicht schenken lassen, die nimmt man sich. Wir wollen auf eigenen Füßen stehen – aus eigener Kraft!

Aber, Erich, wir sind zu wenige. Du, Landauer, Hagemeister … Lindner ist untergetaucht. Es sind nur ein paar tausend, oft sehr junge Arbeiter und Soldaten, die hinter uns stehen. Die Kommunisten separieren sich, sind unfähig zur Zusammenarbeit. Willst Du's denn wirklich mit den Sozialdemokraten versuchen?

Recht hast Du, wir sind zu wenige. Aber überlege: Die sozialdemokratischen Arbeiter wünschen sich, dass der Kapitalismus abdankt. Zugleich tun sie seit Jahrzehnten alles, damit er weiter herrscht. Gerade deshalb dürfen wir nicht zögern, wir müssen sie mitreißen. Wir tun das Richtige! Die Münchner Sozialdemokraten sind heute genauso begeistert für die Räte wie morgen dagegen. In der direkten Demokratie werden auch sie zu Räterepublikanern. Dann fallen sie nicht mehr um! Und schau, den Eisner hat das Bürgertum gemordet. Daran siehst Du, wie verunsichert es ist.

Erich, wir stehen mit dem Rücken an der Wand! Die Weißen werden uns ins Irrenhaus stecken oder umbringen. Denk an die Pariser Kommune!

Mag sein. Wenn wir nichts tun, dann töten sie uns auch oder werfen uns ins Zuchthaus. Wenn wir etwas tun, haben die Arbeiter eine Chance. Eine kleine.

Am Abend des 4. April treffen sich im Ministerium für militärische Angelegenheiten an der Ludwigstraße 14 etwa 30 Personen, darunter 14 Mitglieder des RAR, Mitglieder des Kabinetts Hoffmann, Vertreter von SPD, USPD und Bauernbund, der Polizeipräsident und der Stadtkommandant. Wie sich verhalten, wenn der Landtag unter Bruch des Abkommens mit dem Rätekongress für den 8. April einberufen wird, in vielen Versammlungen die Proklamation der Räterepublik stürmisch gefordert wird und die Augsburger Arbeiter sich sogar im Generalstreik befinden? Am nachdrücklichsten fordert Schneppenhorst die sofortige Proklamation der Räterepublik. Die anwesenden Landwirtschaftsminister Steiner, Innenminister Segitz, Handelsminister Simon und der ehemalige Minister für soziale Fürsorge im Kabinett Eisner, Hans Unterleitner, werden als Volksbeauftragte der Räterepublik vorgeschlagen, um die gleichen Ressorts zu übernehmen, die sie in der Regierung Hoffmann innehaben. Alle fordern die Proklamation der Räterepublik. Die Vertreter der KPD widersprechen, man könne nicht mit den Sozialdemokraten eine Räteregierung bilden, die dann, wenn es ernst würde, umfallen. Die Absage wirkt wie eine kalte Dusche.

Die Kommunisten vertreten die Weisungen aus Berlin. Die Berliner Zentrale wittert den Abfall Bayerns vom Reich. Zudem haben die Kommunisten, wie sie glauben, das Patentrezept für eine Räteherrschaft; jetzt sollen sie allenfalls mitmachen dürfen und spielen nicht die erste Geige, noch dazu bei einem Modell, das ihren Vorstellungen in entscheidenden Punkten widerspricht.

Mühsam eigensinnig: »Ich vertrat demgegenüber sofort den Standpunkt, dass zunächst die Räterepublik ausgerufen werden solle, die Massen hätten am nächsten Tag Gelegenheit, die ihnen genehmen Formen zu schaffen. An ihrer Zustimmung sei bei ihrem bisherigen drängenden Verlangen nach der Räterepublik ohnehin nicht zu zweifeln, es handle sich für mich nicht um die Führer, sondern vor allem um die Einigung der Massen und Überwindung der Parteien über die Köpfe der Führer hinweg, auch dürfe man nicht im voraus Verräterei vorwerfen, wenn noch keine solche begangen sei.«[45]

Schließlich wird die Ausrufung vertagt. Am 5. April fahren Mühsam, Hagemeister, Landessoldatenrat Fritz Sauber, Simon, Schneppenhorst und andere nach Nürnberg und Würzburg, um in Sondierungsgesprächen herauszufinden, inwieweit die Räterepublik auch in Nordbayern eine Basis besitzt.

In der Nacht vom 6. zum 7. April tagen die Gremien im *Wittelsbacher Palais*. Der Zentralrat, der aus Sozialdemokraten, Mitglieder der USPD und des RAR besteht, ruft gegen das Votum der KPD-Vertreter die Räterepublik aus, ein verfrühter Akt ohne ausreichende Vorbereitung, wie Mühsam Jahre später einräumt. Er und Gustav Landauer verfassen die Proklamation.

Mühsam übernimmt kein Kommissariat, arbeitet aber für Franz Lipp, den Volksbeauftragten für auswärtige Politik, kümmert sich um die Probleme der in Bayern zurückgehaltenen russischen Kriegsgefangenen, vermittelt zwischen dem RAR und dem Rat der Volksbeauftragten, organisiert atemlos, agitiert. »... Er erinnerte mich an meinen Freund Bodenheim in Chicago, abgesehen davon, dass in seinen Augen ein wahnsinniges Funkeln lag. Die hatten den wildgewordenen Blick von Zartheit und Unschuld ...«[46], so der US-amerikanische Journalist Ben Hecht.

[45] Angeschuldigten-Verhör in der Voruntersuchung gegen Waibel und Genossen vom 23.4.1919 in: Staatsanwaltschaft München I, 2131/I, STAM.
[46] Ben Hecht, *Revolution in der Teekanne*. Geschichten aus Deutschland 1919, Hofheim 1989, 58.

Am 8. April kreisen Aeroplane über der Stadt. Einzelne Gewehrschüsse machen ihnen nichts aus. Sie werfen Flugblätter ab, Verlautbarungen des nach Bamberg ausgewichenen Ministeriums Hoffmann aus gefahrloser Entfernung: »Werktätiges Volk Münchens! Willst Du Dich noch länger von verkommenen Literaten und Revolutionsbummlern terrorisieren lassen! ... von einem Dr. Levien, dessen Gehirnsyphilis schon unter der Regierung Eisners zu einem Haftbefehl wegen gemeingefährlicher Geisteskrankheit führte, ... von einem Erich Mühsam, diesem verlumpten Kaffeehausliteraten, der in seinem ganzen Leben noch nie gearbeitet hat ...«

Im »Nürnberger Aufruf« heißt es, »eine meist von Nichtbayern geführte, skrupellose Minderheit«, ein »hasserfüllter und grausamer Feind« versuche, mit »bolschewistischem Terror und kommunistischer Diktatur«, durch »Bürgerkrieg, Mord und Plünderung« nach »russischem Muster« den »Volkswillen« zu »vergewaltigen ...«[47] Schließlich wird in einer beispiellosen Hetzkampagne kolportiert, die Revolutionäre würden die Münchner Frauen »sozialisieren«.

Die Dämonisierung der Münchner Revolutionäre lässt den gesetzten Bürger erschauern. Räteherrschaft assoziiert er mit »jüdischem Intellekt«, Sprengstoff, russischem Terror, moralischer Zügellosigkeit, plünderndem Mob und folglich der Unterminierung der deutschen Ordnung. Erste Truppenkontingente werden zusammengestellt, die nach München marschieren sollen, um den »roten Terror« abzuwürgen.

Die Räterepublik existiert gerade eine Woche – lediglich Ankündigungen und Absichtserklärungen z.B. zur Sozialisierung der Banken, zur Beschlagnahme von Wohnraum, zur Entwaffnung der Bürger etc. sind aufgetaucht, aber keine durchgreifenden Maßnahmen von der Räteregierung getroffen worden –, da veranlassen auf »Bamberger Weisung« hin Alfred Seiffertitz mit seiner »Republikanischen Schutztruppe« und Bahnhofskommandant Aschenbrenner um ½ 4 Uhr in der Frühe des 13. April 1919 die Verhaftung von Mühsam.

Es ist noch dunkel. Die Straßen sind verwaist. Vor dem Bahnhof bleiben zwei Dienstmänner stehen. Ein Soldat ruft: »Geht's weiter, hier gibt's nichts zu sehen! Weitergehen!« Mühsam wird mit zwölf weiteren festgenommenen Genossen in einem Zug nach Eichstätt verschleppt.

---

[47] Flugblätter, Privatsammlung.

Vergeltung

»... Ich protestiere schon jetzt dagegen, dass diese Vernehmung nicht, wie es das Gesetz verlangt, binnen 24 Stunden nach Erlassung der Haftbefehle erfolgt ist ...

Ich beschränke mich also in dieser Beschwerde auf den Einspruch gegen den Haftbefehl als solchen und gegen das ungesetzliche, ja verbrecherische Verfahren, durch das meine Inhaftierung ermöglicht wurde.

Der Haftbefehl wurde erst am fünften Tage nach meiner tatsächlichen Festnahme erlassen und soll die bisher als Schutzhaft bezeichnete Einschließung in eine im ordentlichen Strafverfahren vorgesehene Untersuchungshaft umwandeln. Auf welches gesetzliche Recht sich die Justizbehörde bei der Verhängung der Schutzhaft stützte, ist mir bisher nicht bekannt gegeben worden. In der Tat sieht kein reichsdeutsches oder bayerisches Gesetz die Maßnahme der Schutzhaft für andere Fälle vor als solche, in denen der Häftling zum Schutz für seine eigene Person in Gewahrsam genommen werden kann ... Die Anordnung von Schutzhaft für politisch missliebige Personen wurde nur während des Krieges von kommandierenden Generälen auf Grund des reichsdeutschen Kriegszustandsgesetzes getroffen ... Die willkürliche Verhängung der Schutzhaft gegen mich durch das in Bamberg versammelte Rumpfministerium Hoffmann entbehrt demnach jeder gesetzlichen Unterlage und ist, falls nicht ein Akt strafbarer Freiheitsberaubung angenommen werden soll, jedenfalls auf einen Rechtsirrtum zurückzuführen. Denn dass das Bamberger Ministerium aus der Revolution selbst das Recht zu Maßnahmen selbstherrlicher Art ableiten sollte, muss wohl als ausgeschlossen gelten, da es sonst unmöglich die nur auf die frühere monarchische Verfassung zugeschnittenen Paragraphen des alten Strafgesetzbuches zur Verfolgung sozialistischer Revolutionäre heranziehen könnte.

... Die Verhaftung einer solchen Person, bloß weil sie nun einmal in den Machtbereich der verfolgenden Behörde gelangt ist, würde in der ganzen Welt als unsittliche Handlung und als Rechtsbruch verurteilt werden. Daher muss, bevor irgendwelche Schritte gegen mich unternommen werden dürfen, zuerst die Schutzhaft rückgängig gemacht und die von unberufenen Leuten verbrecherisch ins Werk gesetzte Verhaftung durch meine Rückbeförderung nach München wieder gut gemacht werden.

Sollte danach immer noch die Meinung bestehen, dass die Strafverfolgung notwendig sei, so sind auch dann die Bedingungen zu einer Verhaftung nicht gegeben. Ich habe keineswegs die Absicht, von München zu flüchten. Ich bin noch stets für das eingestanden, was ich getan habe und bin zu allen Prozessverhandlungen, die ich früher schon wiederholt habe über mich ergehen lassen müssen, stets pünktlich erschienen, bin sogar einmal (1906) eigens vom Ausland zu einem Prozess, in dem ich wegen Aufreizung verurteilt wurde, eingetroffen.

Verdunkelungsgefahr liegt also erst recht nicht vor. Alles, was ich während der gegenwärtigen Revolution getan habe, geschah in breitester Öffentlichkeit, und ich habe selbst das stärkste Interesse daran, alles, was jetzt Gegenstand der Anklage bildet, so klar zu stellen, dass vor der Geschichte jeder Beteiligte ins rechte Licht gerückt wird.

Daher beschwere ich mich über den Haftbefehl und verlange meine unverzügliche Freilassung und Rückführung nach München.

Zuchthaus Ebrach, den 19. April 1919.

Erich Mühsam«[48]

Mühsam ahnt, dass er kaum etwas ausrichten kann. Sogar Kriegsgefangene haben Rechte, aber er geht davon aus: Das Recht im Klassenstaat wird so gebogen, dass es zur scharfen Waffe derer wird, die im Besitz der Macht sind. Trotzdem wehrt er sich:

»… Ich behalte mir vor, Strafanzeige gegen die Mitglieder des Bamberger Rumpfkabinetts Segitz, Schneppenhorst und Steiner zu stellen, weil sie an allem, was mir zur Last gelegt wird, in gleicher Weise beteiligt waren.«[49]

Der Prozess vor dem Münchner Standgericht dauert vom 7. bis zum 12. Juli 1919. Soldaten mit Stahlhelmen auf dem Kopf stehen in den Gängen. Es wimmelt von Offizieren. Das Standgericht ist ein Militärgericht. Mühsam ruft angeekelt: »Ich fühle mich fortlaufend dadurch provoziert, dass ich Uniformen vor mir sehe … Ich sehe in den Uniformen die Gegenrevolution vor mir und das bringt mich in Wut …«

[48] »Beschwerde gegen den wider mich erlassenen Haftbefehl« in: Staatsanwaltschaft München I, 2131/I, STAM.

[49] Angeschuldigten-Verhör in der Voruntersuchung gegen Waibel und Genossen vom 23.4.1919 in: Staatsanwaltschaft München I, 2131/I, STAM.

Wenn er sich aus der Anklagebank empor schraubt, um in eigener Sache zu sprechen, wenn er schräg dasteht und mit fahrigen Handbewegungen seine Sentenzen unterstreicht, dann vereinen sich Gestik, Mimik und Rede zu einem einzigen Protest gegen den zackigen Auftritt der Militärjustiz. Dem Staatsanwalt und den Richtern hält er mit heroischer Attitüde entgegen:

»… Der Staatsanwalt widerspricht sich, wenn er sagt, ich hätte die Diktatur des Proletariats proklamiert, und wenn er fortfährt, das heiße das ganze Volk ausschalten. Nein, das bedeutet: das ganze Volk einschalten. In der Tat ist das ganze Volk ausgeschaltet durch die Diktatur der Demokraten in Bamberg, die Diktatur der Bourgeoisie oder, wenn ich mich gröber ausdrücke: durch die Diktatur der Indifferenten über die Aktiven. Ich sehe darin die Diktatur der Passivität über die Aktivität. Nun ist aber die Diktatur des Proletariats keineswegs unser letztes Ziel. Sie ist nur ein Mittel … Ich fühle mich nicht verantwortlich vor Ihnen, meine Herren; verantwortlich fühle ich mich vor dem Volke, für das ich lebe und arbeite und das allein über mich zu richten hat. Ich bestreite, dass der Hochverrat überhaupt begangen ist … Ich bitte nicht um mildernde Umstände oder darum, mir irgend eine besonders freundliche Gesinnung entgegenzubringen. Ich habe nicht zu bitten, ich habe zu verlangen und zwar den Freispruch …«[50]

Unmöglich, sich diesem eindeutigen Protest ungerührt zu entziehen. Das Urteil lautet: 15 Jahre Festungshaft wegen Hochverrats.

Mühsam verfasst in der Haft Denkschriften, Protestnoten, korrespondiert und rechnet damit, schon bald freizukommen. Verwirrung allenthalben, anarchistische Genossen sind entsetzt, denn er erklärt mit dem Argument der Einheit der Arbeiterklasse seinen Beitritt zur KPD im September 1919. Ursprünglich sieht er im Vorgehen der Bolschewiki eher die direkte Aktion, Bakunins Handschrift, weniger die organisierende von Marx. Er setzt viele Hoffnungen in Lenins praktische Politik.

Ende November verlässt er die Partei wieder mit der Begründung, die KPD habe sich mit ihren Heidelberger »Leitsätzen« dem bürgerlichen Prozedere unterworfen, nehme jetzt an Parlamentswahlen

[50] Rekonstruiert in: Kurt Kreiler, *Die Schriftstellerrepublik. Zum Verhältnis von Literatur und Politik in der Münchner Räterepublik.* Ein systematisches Kapitel politischer Literaturgeschichte, Berlin 1978, 176 ff.

teil und hätte die Opposition und damit auch ihn hinausgeworfen. Diese Erfahrung muss jeder immer wieder neu machen: Von innen heraus ist ein hierarchisch-autoritär gestaltetes Gebilde nicht zu verändern. Noch aber hofft er auf die KPD.

Mühsam wird in die Festung Ansbach verschubt. Als am 26. September ihm und den Mitgefangenen eröffnet wird, dass nach der Flucht mehrerer anderer Festungsgefangener nachts die Zellen verschlossen bleiben müssten, regt sich Mühsam furchtbar auf und ruft den beiden Staatsanwälten, den Überbringern der Nachricht, zu: »Der Müller-Meiningen ist ein ehrloser Lump, sagen Sie es ihm!« Nach dieser Beleidigung des bayerischen Justizministers muss er für zwei Monate ins Gefängnis und kommt dann wieder nach Ansbach zurück.

Der Kapp-Putsch vom 13. März 1920 scheitert an einem reichsweiten Generalstreik, der in Gefechte zwischen einer neu entstandenen Roten Ruhr-Armee und Reichswehrtruppen übergeht. Neue Hoffnungen auf eine Revolution! Mühsam schreibt eine Postkarte:

»Ansbach, d. 23. März 1920. Landgerichtsgefängnis.
Lieber Herr Dr. Halbe!
Mit herzlichem Dank bestätige ich den Empfang des 2. Bandes Ihrer gesammelten Werke. Ich bekam ihn in die Gefängniszelle, in der ich jetzt meine 2 Monate für die Beleidigung des Herrn Müller-Meiningen abbrumme. Ich benutze die Zeit mit dem Schreiben eines Buches, das aber mit Literatur nichts zu tun hat. Eine theoretische Abhandlung über revolutionäre Organisationsfragen. Titel (erschrecken Sie nicht): ›Die Einigung des revolutionären Proletariats im Bolschewismus‹. Tendenz: Sturm gegen die Kommunistische Partei von links her. Nächste Woche hoffe ich fertig zu sein, dann geht's an die Erholung. Zunächst an die Lektüre Ihres Buches. Und dann erledige ich Korrespondenzen. Sehen Sie C. G. gelegentlich? Grüßen Sie ihn bitte. Seinen ›Grundgescheiten Antiquarius‹ finde ich vortrefflich. Ich werde ihm noch ausführlich darüber schreiben, sobald ich die Arbeit vom Halse habe. Was macht die Unterströmung? Grüßen Sie sie (mit den Ausnahmen, die Sie kennen). Und wie geht's bei Ihnen daheim? Meine herzlichste Empfehlung. Ich denke übrigens, meine restlichen 14 Jahre und 1 Monat werden ziemlich rasch herumgehen. Ich wittere Morgenluft. Daher ist meine Stimmung die denkbar beste, übrigens werde ich auch im Gefängnis mit jeder Rücksicht behandelt. Aber

über jeden Gruß von draußen freue ich mich sehr. Das bestellen Sie bitte allen denen, die noch meine Freunde sind. Gruß der Ihre Erich Mühsam.«[51]

Am 19. April durchsuchen die Gefängnisbeamten Mühsams Zelle, beschlagnahmen alle seine Manuskripte, darunter auch die Schrift »Die Einigung des Proletariats im Bolschewismus«, verfügen eine Postsperre und verhängen weitere Strafverschärfungen. Der Gefangene tritt in Hungerstreik.

Nach Mühsams Verhaftung war die Wohnung in der Georgenstraße infolge einer Denunziation von weißen Truppen gestürmt und verwüstet worden. Zenzl entkam der Lynchjustiz dadurch, dass zufällig der mit Mühsam befreundete Philosophieprofessor Aster Augenzeuge wurde und einschritt. Sie lebt jetzt in der geplünderten und zerschossenen Wohnung gemeinsam mit dem kommunistischen Stadtrat Fritz Weigel, ebenfalls ein Freund Erichs.

Im ganzen Land herrscht Pogromstimmung; Schauergeschichten über die Räterepublikaner machen die Runde. Über ein Wochenende sind Zenzl und Fritz an den Ammersee gefahren. Fritz spricht vor einer Versammlung von Bauern. Zenzl schreibt am 28. März an Mühsam:

»… Einer frug mich, ob ich dem Weigel seine Frau bin, ich sagte, ja i trau mir nit sagn, wer i bin. – Na warum nit. – Ja weil ihr mich dann kaputt schlagen tät's. – Ja freili, da hört sich doch alles auf. Ich lachte und sagte, soll ich es sagen, Weigel? – Ja, Zenzl.

Dann sagte ich, dass ich Deine Frau bin. Erst waren sie platt, von den Artikeln, die Schandperson, das Rätsel des Hauses Mühsam. Ich erklärte dann den alten Bauern, wie es war. – Ja, wo san's denn her, Frau Mühsam? – Von der Holledau. – Da is in der Zeitung gstandn, a fremdlandisches Gsindel.

Ich weiß nicht, Erich, oft steigen einem die Tränen in die Augen, ich weine nicht leicht, wie aber ein ganz alter Bauer zu mir sagte, i hab auf Sie gschimpft, dan's mas halt net übel nehmen, da konnte ich nicht mehr.

Ob man es mir vergeben wird, ich begleitete Weigel nur, um aus der Stadt zu kommen, um am Ammersee Luft zu schnappen, aber schließlich kann mir niemand es übel aufnehmen, wenn ich mich

---

[51] Nachlass Max Halbe, Mon. Mühsam hat gerade Carl Georg von Maassens *Grundgescheuten Antiquarius* gelesen. Unterströmung: Max Halbes Kegelgesellschaft, an der Mühsam gerne teilnahm.

rechtfertige, dass Du nie die Frauen hast verstaatlichen wollen, dass wir keine 9 ½ Millionen Rubel bekommen haben, dass ich nicht aus meiner Wohnung geschossen habe, dass ich keine Kämpfe organisierte und so weiter …«[52]

Erich macht sich Sorgen um seine Frau. Er meint, sie solle aus München fortziehen. Am 15. Oktober 1920 wird er von der Festungshaftanstalt Ansbach in die Festungshaftanstalt Niederschönenfeld überstellt. Überall heißt es, die Festungsgefangenen werden befreit. Vier Häftlinge entkommen aus dem Amtsgerichtsgefängnis in Günzburg. Am 24. Januar 1921 entspringt der Festungsgefangene Anton Waibel (»große Hornbrille, kurz geschnittene Haare«) auf der Verschubung von Neuburg an der Donau nach Niederschönenfeld dem Zug. Fünf, die entkommen können. Ein Polizei-Informant berichtet über »den Schweden Andersen-Nexö, der zur Zeit in Meersburg am Bodensee wohnt und im Auftrage Lunatscharski's an der Befreiung Mühsams arbeitet, da sich Lenin sehr für diesen interessiert«.[53] Gerüchte und Nachrichten verbinden sich zu einer brisanten Mischung.

Bei Mühsams Überstellung entdecken die Beamten ein weiteres Exemplar der Schrift »Die Einigung des Proletariats im Bolschewismus«. Offenbar hat Zenzl inzwischen eine Zweitschrift aus Ansbach herausgeschmuggelt und nach Berlin an Franz Pfemfert für den Abdruck in dessen Zeitschrift »Aktion« weitergeleitet.

Akribisch wertet die Polizeidirektion beschlagnahmte Schriften aus, vergleicht verschiedene Fassungen, exzerpiert Manuskripte. Dem Text vom März fügte Mühsam im Mai ein deprimiertes Nachwort hinzu: »Die KPD hat beim Ruhraufstand auf tätige Mitwirkung verzichtet und produzierte ein neues Tätigkeitsprogramm, in dem sie den Kommunismus in aller Form abdankte. Die KPD stellte als Ziel der Aufstandsbewegung die Bildung einer Regierung aus linken Sozialpatrioten und rechten Unabhängigen, der sie ›loyale Opposition‹ versprechen. Damit ist die KPD keine revolutionäre Partei mehr. Die Linie muss links von ihr gezogen werden …«[54]

---

[52] Zenzl Mühsam. Eine Auswahl aus ihren Briefen, hg. von Chris Hirte und Uschi Otten. Schriften … 9, Lübeck 1995, 41 f.

[53] P. Bericht vom 28.1.1921 in: Pol. Dir. 15590/4, STAM

[54] Betreff: Manuskript von Erich Mühsam »Die Einigung des revolutionären Proletariats im Bolschewismus« in: Pol. Dir. 15590/4, STAM.

Abb. 10: Räterepublikaner in der Festungshaftanstalt Niederschönenfeld (von links nach rechts): Markus Reichert, Toni Waibl, August Hagemeister, Rudolf Hartig, Mühsam, Paul Graßl, Wilhelm Olschewsky, Josef Renner, um 1920

Zenzl arbeitet in der »Frauenhilfe für politische Gefangene« mit, leitet im Herbst 1921 die Nähstube für die »Russenhilfe« in der St. Anna-Schule. Gemeinsam mit Weigel organisiert sie zugleich in Berlin Solidaritätsveranstaltungen, sogenannte »Mühsam-Abende«.

Nachdem Gustav Radbruch, ein Schulfreund Mühsams, Reichsjustizminister geworden ist, schöpfen viele Festungsgefangene Hoffnung. Mühsam schreibt am 11. November 1921 an Zenzl:

»… Hier im Hause ist heute allgemeine Niedergeschlagenheit infolge der Enttäuschung an Radbruch. Seine erste Äußerung als Minister: ›Gegen die Amnestie‹ – Marxisten hier rühren mich direkt. Immer haben sie ihre Theorie bei der Hand, dass der Mensch von den Verhältnissen abhängt, in die er gestellt ist, – und dann sind sie ganz verschmettert, wenn es sich als richtig erweist. Wem Gott ein Amt gibt, dem gibt er auch den Verstand dazu, d.h. er konfisziert ihm die Seele. Ich habe es von der ersten Stunde an bedauert, meinen alten Freund solchen Posten besteigen zu sehen. Jetzt darf er nicht mehr, wie er möchte, sondern er muss, wie es die Situation verlangt. Wäre die Situation anders, so könnte ein alldeutscher

59

Justizminister in die umgekehrte Lage kommen: Alle Sozialisten amnestieren zu müssen …«[55]

Fast alle Mitgefangenen Mühsams sind Kommunisten. Er diskutiert mit ihnen, betont, dass aus ihrem zentralistischen Politikkonzept zwangsläufig immer der Obrigkeitsstaat und damit zugleich der Kapitalismus neu entstehen werde und dass als einzige Alternative kommunale Autonomie, föderale Räteorganisation und dezentrale kleine Einheiten in Frage kämen. Auf einige von ihnen übt er Einfluss aus und spaltet die Gruppe. Ein Mitgefangener, dessen Brief von der Zensur beschlagnahmt wird, schreibt:

»… Mit Karl P. stehe ich in Briefwechsel. Mühsam hat den jungen Menschen versaut, so dass es ihm schwer fällt, sich zurecht zu finden. Politisch haben wir uns getrennt wegen der Politik Otto Rühles, der bei uns infolge seiner anarchistischen Konfusionspolitik keinen Platz mehr hat. Ich persönlich stehe zur Zentrale Berlin …«[56]

Gerüchte, die KPD-Funktionäre gegen Erich und Zenzl in die Welt setzen, um ihr eigenes Parteisüppchen zu kochen, vergiften das Zusammenleben in der Festung und in München. Mithäftlinge intrigieren. Den Behörden ist es recht, wenn sich die Gefangenen untereinander bekriegen. Zenzl und Erich können sich gegen die Unterstellungen nicht wehren. Erst Anfang 1922 hört das Denunzieren auf.

Kassiber werden geschmuggelt, Befreiungspläne geschmiedet, auf Amnestie gehofft. Auch die Behörden sind nicht untätig. Briefe werden abgefangen:

»Der Festungsgefangene Erich Mühsam schrieb unterm 6.8.1922 einen Brief an seine Ehefrau Kreszenz Mühsam in München, Adalbertstraße 37/III. Dieser Brief enthielt Geheimschrift (Chiffreschrift), die von mir entziffert wurde, nachdem mir vorher von einem Festungsgefangenen (Vertrauensmann) der Schlüssel verraten worden war.

Als Zeichen dafür, dass der Brief Geheimschrift enthielt, war die Ziffer 6 im Datum auffallend klein geschrieben. Diese Ziffer bildete zugleich den Schlüssel der Geheimschrift. Jedes 6. Wort im angefangenen Satz war zu lesen, so dass es heißen muss: ›Fritz, (hier ist der komm. Stadtrat Weigel gemeint) muss sofort Stadtrat alarmieren wegen Thierauf, da Bayern Reichsamnestie für Mitteldeutsche nicht durchlässt. Seppl (hier ist der frühere Festungsgefangene Joseph Wittmann gemeint) soll Hanna (Ritter) veranlassen, Presse, Ge-

---

[55] Abschrift in: Pol. Dir. 15590/5, STAM.
[56] Johann Elbert an Max Weber am 11.12.1921 in: Pol. Dir. 15590/5, STAM.

werkschaften, Norddeutschland, Anwälte anzuregen, angestrengte Arbeit schnellstens notwendig.‹ Der Brief wurde beschlagnahmt, ohne dass Mühsam hievon verständigt wurde. Eine Abschrift dieses Briefes gestatte ich mir beizulegen.

Als Vermittler der Vereinbarung der Chiffreschrift zwischen den Eheleuten Mühsam kommt der am 16.4.1922 aus Festungshaft entlassene Joseph Wittmann in Frage. Wittmann ist der Intimus des Mühsam und hat auch nach seiner Entlassung aus der Festungshaftanstalt einige Zeit bei Frau Mühsam gewohnt …«[57]

Am 16. Januar 1923 stirbt August Hagemeister. Willkürliche Anordnungen der Anstaltsleitung, Strafverschärfungen und unterlassene Hilfeleistung des unfähigen Anstaltsarztes lassen den isolierten Gefangenen jämmerlich krepieren. Verbitterung und Wut machen sich breit.

Im Herbst 1923 brodeln Gerüchte, Putschabsichten von rechts, nationale Revolution, eine bayerische Staatsregierung mit undurchsichtigen Plänen: für die Linke Grund, Abwehrmaßnahmen zu ergreifen. »… Es darf mitgeteilt werden: … dass die Ehefrau des Festungsgefangenen Mühsam ihrem Manne hier dieser Tage schrieb, er solle ohne Sorge sein, sie habe alles Sichernswerte, insbesondere an Literatur, aus ihrer Wohnung fort und in Sicherheit gebracht, weil man nicht wissen könne …«[58]

In Bayern werden Linke verhaftet. Es kommt sogar zum Verbot der *Münchener Post*. Die Stimmung im Land steigt bis zum Siedepunkt. Die Presse fordert die »Ausweisung landfremder Juden«. Die nationale Rechte trommelt für den »Marsch auf Berlin«. Der bayerische »Diktator«, Generalstaatskommissar Gustav Ritter von Kahr, setzt das Republikschutzgesetz außer Kraft, bricht die diplomatischen Beziehungen zu Sachsen ab und erlässt auch die Verfügung, dass Wohnungen straffällig gewordener Juden, die gar nicht oder weniger als zehn Jahre das bayerische Heimatrecht besäßen, zu beschlagnahmen und sie auszuweisen seien. Erich ist erst seit 1916 Bayer. Zenzl, beständig unter Polizeibeobachtung, befürchtet neue Bedrohungen.

---

[57] Bericht aus Niederschönenfeld vom 18. August 1922 in: Pol. Dir. 15590/5, STAM.

[58] Verwaltung der Festungshaftanstalt Niederschönenfeld an die Abteilung VIa der Polizeidirektion München am 15.10.1923 in: Pol. Dir. 15590/5, STAM.

Abb. 11: Erich und Zenzl Mühsam nach der Entlassung aus der Festungs-haft am 21. Dezember 1924

Am 8. November kommt es zum Schuss in die Decke des *Bür-gerbräukellers*. Zenzl Mühsam zieht gemeinsam mit Weigel am 29. November endgültig von der Adalbertstraße nach Berlin, Lützowstraße 10/0 um; seit Ende September hatte sie sich bemüht, die Münchner Wohnung gegen eine Berliner Wohnung zu tauschen, und inzwischen einen großen Teil des Hausrates bei Berliner Verwandten von Erich eingestellt.

Zenzl intensiviert nach dem Umzug ihre Aktivitäten zur Freilassung der politischen Gefangenen. Die Münchner Polizei findet eher zufällig anlässlich einer Haussuchung einen Brief von Zenzl an Münchner Genossen und leitet dessen Inhalt an die Berliner Kollegen weiter: »… Am 11.10. muss ich in Köpenick sprechen vor ungefähr 5.000 Arbeitern, Pieck und ich werden reden. Wie ich das erste Mal öffentlich vor der Arbeiterjugend in Berlin sprach, waren die Plakatsäulen groß: Die Gattin des Dichters Erich Mühsam spricht: Niederschönenfeld und Bayern. Da war der Saal so voll; alles schwitzte, ich aber auch … Wenn Erich nicht kommen sollte (aus der Festung), dann reise ich mit Toller durch ganz Deutschland, wir beide sind eine leise Sensation. Also das wird für die Gefangenen ausgenützt …«[59]

Schließlich soll der komfortabel einsitzende Hitler amnestiert werden. Da macht es einen schlechten Eindruck, wenn nicht auch Linke entlassen werden. Am 20. Dezember 1924 kommen Mühsam, Wilhelm Olschewski, Fritz Sauber und Eugen Karpf frei.

Vorzeichen

*N*ur die Partei ist schlagkräftig, Genosse Mühsam. Nur hier bündelt sich der Wille des Proletariats, setzt sich um in die Tatkraft der Besten und holt zum großen Schlag aus. Ohne politische Klassendisziplin gibt es keine erfolgreiche Revolution.

Und hier, bei der Demonstration, lassen wir uns jagen wie die Hasen!? Sonst sabotiert Ihr von vornherein jede Initiative, die nicht von Eurer Partei ausgeht. Und hier? Nein, Genosse, die Partei mit ihren Befehlen von oben, homogen, bürokratisiert und deshalb inhaltsleer, ist der Grundfehler. Ihr seid berechenbar bis zum Erbrechen. An euch wächst der Staat.

Wie kann ein Einzelner entscheiden!? Das kann nur die Partei. Die Partei hat immer Recht. Wenn wir die Macht haben, dann seid ihr anarchistischen Phraseure überflüssig!

Ich weiß — und trotzdem habt ihr unrecht! Ihr seid dann um keinen Deut besser, seid zu dem geworden, was ihr ursprünglich

---

[59] Polizeipräsidium München an die Abteilung Ia des Polizeipräsidiums Berlin am 17.10.1924 in: Pol. Dir. 15590/6, STAM.

bekämpft habt, nein, schlimmer noch. Am Ende wird eure anma-
ßende Überheblichkeit dafür sorgen, dass ihr eure Herrschaft nur
mit Angst und Schrecken absichern könnt.

Mühsam, komm zu uns; sonst bist Du einer der ersten, der an
der Wand steht, wenn wir erst an der Macht sind.

Das glaube ich sofort, aber dann sind wir nötiger denn je! Begreifst
Du denn nicht, dass wir aus dem Regelwerk ausbrechen müssen, dass
wir nur dann in die Offensive gehen können, wenn wir aussteigen aus
den Mechanismen der bürgerlichen Gesellschaft. Solange der Gegner
weiß, wie wir uns verhalten, benutzt er uns wie einen Sparringspart-
ner, rüstet auf, verfeinert seine Gesetze, kann für die Zukunft planen.
Er müsste uns für diesen Dienst entlohnen. – Lassen wir uns doch
nicht vorschreiben, was wir zu wollen und wie wir zu denken und zu
handeln haben! Schau, wenn uns der Gegner schlägt, dann hat er
mehrere Motive. Er will uns vielleicht töten, demütigen, abschrecken,
verwirren, einschätzen, kontrollieren; er will sich ausprobieren, be-
weisen, üben, endgültig durchsetzen; vielleicht will er auch herausfin-
den, wozu er uns benötigt. Alle diese Motive erfordern unterschied-
liche Antworten. Und immer noch können wir nur eins: antworten.
Dabei sind wir diejenigen, die eine andere, bessere Welt wollen. Wir
sind nicht dazu da, zu antworten, wir sind die, die fordern!

Die Dialoge wiederholen sich. In Niederschönenfeld wurde disku-
tiert bis zur Erschöpfung. Und jetzt wieder.

Kaum freigelassen, war Erich zu Zenzl nach Berlin übersiedelt. Er
spricht auf Massenversammlungen, hält allein bis Februar 1925
achtzehn Ansprachen. Am wichtigsten ist den beiden jetzt, für die
gefangenen Genossen einzutreten. Wo Pfennige übrig sind, werden
sie gegeben. Gesundheit und persönliche Bedürfnisse zählen nicht.
Für die Rote Hilfe agitiert Erich, organisiert Protestresolutionen,
bombardiert Behörden mit Beschwerden. Er reist gemeinsam mit
Sauber und weiteren Genossen durch Deutschland und veranstaltet
Amnestiekundgebungen für die immer noch über 6.000 inhaftier-
ten politischen Gefangenen und die 30.000 Angeklagten, die auf
ihren Prozess warten, so am 11. Januar 1925 in Chemnitz, am 18.
Januar in Düsseldorf …

Am 20. Mai 1925 und am 14. März 1926 spricht er in Berlin. Das
Berliner Tagblatt vermeldet: »… Erich Mühsam ist sehr verlegen
vor so viel Beifall und sagt Fetzen einer Rede: seit er entlassen sei,
gelte seine Arbeit allein der Befreiung seiner Genossen aus dem
Zuchthaus, und: er freue sich des Beifalls, wenn auch die Klatscher

nicht gewillt seien, mit ihm und auf seine Weise zu leben; drei, vier weibliche Zwischenrufe: ›Doch!‹ Die Stimmung für Mühsam kommt von Herzen ...«[60]

Am 15. März spricht er in Braunschweig. Die Broschüre »Gerechtigkeit für Max Hoelz« erscheint. Im Oktober 1926 beginnt er mit der Herausgabe einer neuen anarchistischen Monatsschrift. Der *Völkische Beobachter* registriert: » ... Damals hieß seine Zeitschrift ›Kain. Zeitschrift für Menschlichkeit‹. Eine zarte Anspielung auf die menschliche Art seines Vorfahren, als er seinen Bruder Abel niederknüppelte. Jetzt hat sich Erich Mühsam anders besonnen. Er wird sein Unternehmen ›Fanal‹ nennen. Aber auch dieses wird sehr schöne Kainszeichen aufweisen ...«[61]

1928 inspiriert Mühsam die Bildung der »Anarchistischen Vereinigung« und tritt für eine Einheitsfront mit Kommunisten und Sozialisten gegen den Faschismus ein. Er reist durchs Land, die Informanten immer dabei. Zwei von unzähligen Berichten:

»Auszug aus dem Bremer Bericht vom 5.6.29. 15 B. Nr. 1014/29 geh. Vertraulich!
Anarcho-Syndikalisten.
Die anarcho-syndikalistische Bewegung macht sich in letzter Zeit in Bremen wieder stärker bemerkbar. So veranstaltete sie am 8. Mai im Café Lehmkuhl eine Kundgebung ›Gegen Faschismus und Diktatur‹, an der sich etwa 450 Personen beteiligten ... Nach einer Pause, die durch Vorträge des Arbeitergesangsvereins ausgefüllt war, sprach Erich Mühsam über die Vorgänge in Berlin und die Schuld der Berliner Polizei. Der 1. Mai sei eben der Weltfeiertag des Proletariats und die Demonstration für seine Ideale könne dem Arbeiter nicht einfach verboten werden. Man möge zur KPD und zum RFB stehen wie man wolle, aber man müsse anerkennen, dass sie hier den einzig richtigen Weg eingeschlagen hätten. Schwindel seien die Märchen der Polizei von der Bewaffnung der Arbeiterschaft. Die Polizeibeamten hätten dagegen wie wildgewordene Bestien gewütet. Weiter sprach Mühsam über den drohenden faschistischen Umsturz in Deutschland. Wenn die Arbeiterschaft die Gefahr nicht noch in letzter Stunde erkennen würde, sei sie unrettbar verloren.

---

[60] *Berliner Tagblatt* 123 vom 15. März 1926, polizeilich vermerkt in: Pol. Dir. 15590/6, STAM.
[61] *Völkischer Beobachter* 202 vom 2.9.1926, polizeilich vermerkt in: Pol. Dir. 15590/6, STAM.

Der Plan des faschistischen Umsturzes sei völlig fertig und der Umsturz könne über Nacht erfolgen. Die Arbeiterschaft müsse sich zu einer geschlossenen Abwehrfront gegen den Faschismus vereinigen und sich nicht gegenseitig mit Dreck bewerfen ...«

»Auszug aus dem Bericht des Stadtpolizeiamtes Ludwigshafen a. Rh. vom 12.8.29, Nr. 1325.

Geheim!

Die Antikriegskundgebung der Anarcho-Syndikalisten und der deutschen Friedensgesellschaft betr.

... Nachdem er der Veranstaltung (6.8.29) einen guten Verlauf gewünscht hatte, erteilte er dem Redner des Abends, Erich Mühsam, das Wort. Dieser führte aus, dass er zunächst das Zusammengehen der Anarcho-Syndikalisten mit der Deutschen Friedensgesellschaft in der Frage der Bekämpfung des Krieges begrüße. Die heutigen Verhältnisse seien wieder so zugespitzt, dass die Frage der Kriegsgefahr akut geworden sei.

Die Revolution vom Jahre 1918 habe dem Kapitalismus, dem Sieger des 4½ jährigen Massenmordens, nicht den Todesstoß versetzt. Die Arbeiterschaft habe auch aus dem Kriege nichts gelernt und habe sich in allen Formen des jahrzehntelang geführten Kampfes zurückwerfen lassen. Der Krieg habe das Kapital vor neue Aufgaben gestellt und zeige sich der heutige Kollektivkapitalismus deutlich in der Rationierung und Ausbeutung. Die Arbeiterschaft könne heute schlecht ankämpfen, da der Kapitalismus zu festen Boden gefasst habe. Es gelte daher, alle revolutionären Arbeiter zur Bildung einer Einheitsfront aufzufordern, um dadurch den Klassenkampf zu verstärken. Ein Todfeind der Arbeiterklasse sei auch der Faschismus, der sich heute überall breit mache und in manchen Ländern schon zur Diktatur führte. Dem Faschismus könne nicht scharf genug entgegengearbeitet werden. Auch das Geschrei der Kommunisten nach einer Diktatur des Proletariats sei grober Unfug, was man an den russischen Verhältnissen deutlich wahrnehmen könne. In Russland sei von dem gepriesenen Sozialismus keine Spur zu entdecken und biete auch die russische Staatsform keine Garantie gegen den wachsenden Kapitalismus. Auch in Russland herrsche das kapitalistische System trotz der angeblichen Diktatur des Proletariats; auch dort sei der Arbeiter, der die schmutzigste Arbeit verrichte, am schlechtesten bezahlt. Ebenso schlecht sei es auch mit der russischen Sozialisierung von Grund und Boden bestellt. Russland habe Verträge mit kapitalistischen Ländern und unterhalte auch genau wie diese ein stehendes Heer. Dass dieses

Heer den Namen ›Rote Armee‹ trage, sei gleichgültig. Ein Heer bedeute Polizeigewalt und Polizeigewalt richte sich gegen die Arbeiterklasse. Diktatur des Proletariats sei nichts anderes als Niederhaltung der anderen und Diktatur der Bonzen ...«[62]

Nicht alle Massenmeetings verlaufen erfolgreich. Die in den Weimarer Jahren periodisch auftretende Verfolgung, Kriminalisierung und daraus folgende Illegalität üben Druck aus. Wenn dieser in hohem Maße ansteigt, dann müssen sich Ventile öffnen. Dann machen sich Ängste in Aggressionen Luft. Die sich als radikal verstehende Linke ist in diverse Gruppen zersplittert, die mehr Energie darauf verwenden, sich erbittert zu bekämpfen als den politischen Gegner.

Mühsams öffentliches Bekenntnis schützt ihn nicht vor Angriffen aus den eigenen Reihen. All denen, denen der Anarchismus zur reinen Lehre geworden ist, wird er zum Inbegriff des Abweichlers. Der vormals anarchistische Held und Heilsbringer stürzt tief und muss folglich gekreuzigt werden.

Der Hamburger Anarchist Carl Langer erinnert sich nach 1945: »... Ich habe Mühsam nach Hamburg kommen lassen, auf seinen Wunsch. Er sprach nicht zum Thema, sondern für die Rote Hilfe, so dass ich aus Protest das Podium verließ, und die auf der Bühne zurückblieben, waren nur die auf seinen Vorschlag gewählten KPD-Leute ... Es waren 1.800–2.000 Personen anwesend. Mühsams Ausführungen über Russland und die KPD forderten den Widerspruch unserer Kameraden heraus und bald kam es zu einer anständigen Keilerei, in deren Verlauf wir unsere Gegner hinausprügelten, dass ihnen Hören und Sehen verging. Am anderen Tage habe ich Mühsam das Reisegeld gegeben und kaum zehn Worte mit ihm gesprochen ...«[63]

Wenn sich Mühsam mit Mut und innerer Autonomie in Wort und Schrift für andere einsetzt, denkt er zugleich daran, eine Mehrheit jenseits parteilicher Beschränkungen aufzubauen, die den aufkommenden Faschismus stoppen kann. Und so stellt sich dieser einsame und doch unüberhörbare Rufer in der Wüste hin, sagt ohne Um-

[62] Beide Berichte Pol. Dir. 15590/6, STAM. – Der Berliner Polizeipräsident Zörgiebel (SPD) verbot 1929 die Demonstration zum 1. Mai. Seine Beamten schossen in die sich dennoch versammelnden Arbeiter (33 Tote); RFB: Roter Frontkämpferbund (Wehrorganisation der KPD).

[63] Zit. in: Günter Bartsch, *Anarchismus in Deutschland*. Band I. 1945–1965, Hannover 1972, 119.

schweife das, was den Hörern weh tut, und kassiert dafür Prügel. Er scheitert an der Unfähigkeit seiner eigenen Genossen.

Gespräche mit Kommunisten:
Komm, Genosse Mühsam, komm in unsere Partei. Wir brauchen Dich und Du kannst mehr bewirken.
Das glaubst Du wirklich!? Nein, dann bin ich kastriert.
Aber Du sprichst ja schon für uns, für die »Rote Hilfe«.
Für die »Rote Hilfe« ja, nicht für die KPD! 1919 war ich ein paar Wochen Mitglied, und in der kurzen Zeit habt ihr eure Opposition mundtot gemacht.
Das ist heute anders, wir sind Revolutionäre!
Nein, eine revolutionäre Partei ist ein Widerspruch in sich. Eine Partei im bürgerlichen Staat wird, wenn sie sich etabliert, immer zum Spiegelbild desselben. Das liegt in der Natur der Sache. Glaube mir, auch die KPD wird nicht mehr sein als eine Fußnote in der Geschichte.

Ende

M ühsam ist ein frühes Opfer der Nazionalsozialisten. Er, der Einzelkämpfer, der sich gerne zwischen alle Stühle setzt, und zugleich ein Kristallisationspunkt ist für alle Unangepassten, eine Institution im Niemandsland, die jeder kennt, rothaariger Jude, kompromisslos aufrichtig, fröhlicher Individualist in der Massengesellschaft, Dichter, Anarchist voller Leidenschaft, militanter Antimilitarist, beharrlicher Freigeist, Grenzgänger ohne Pass und Visum, Herold der Subversion und Revolte und ohne den schützenden Mantel einer großen Partei.

Im Nachhinein gibt ihm die Geschichte Recht. Gerade deshalb wirkt er bedrohlich, gerade deshalb hasst man ihn. Die, vor denen er am meisten warnte, quälen ihn 17 Monate lang viehisch und bringen ihn am 10. Juli 1934 im Konzentrationslager Oranienburg bei Berlin grausam um.

Brannenburg im Landkreis Rosenheim erhielt seinen Namen von den Brandrodungen, mit deren Hilfe vor Jahrhunderten das Siedlungsgebiet gewonnen wurde. Über der nördlichsten Talweitung des Inntales vor den Ausläufern der Alpen gelegen, dient es auch militärstrategischen Gesichtspunkten. Hier wohnt unter der Anschrift Brannenburg 42½ die 1890 in Ingolstadt geborene, getrennt lebende Postschaffnersfrau Viktoria K., die sich zu ihrer kläglichen Pension ein Zubrot verdient, indem sie untervermietet.

Josef Elfinger, geboren am 7. März 1881 in Haslach, Bezirksamt Mainburg, ein Maurer, wohnhaft im Münchner Westend in der Parkstraße 10/II, 2. Aufgang, arbeitet 1936 bei der Firma Held & Franke, die in Brannenburg neue Kasernen errichten lässt. Er ist nicht glücklich, zweifelt, trinkt und legt sich auch mit seiner Zimmerwirtin Viktoria K. an.

Als er am 21. Mai gegen 18 Uhr von der Arbeit nach Hause kommt, sieht er ihren Sohn in der Uniform der Hitler-Jugend, meint, es graust mir, wenn ich die braunen Fetzen sehe und schimpft weiter über seinen schlechten Verdienst. Frau K. denunziert am 26. Mai ihren Untermieter bei der Gendarmerie-Station, er habe abfällige Äußerungen über Hitler, die SA etc. in ihrer Wohnung gemacht. Im August ergänzt und präzisiert sie ihre Angaben: Scheiß-Hitler habe der Elfinger auch gesagt.

Drei Männer mit verschlossenen Gesichtern holen ihn am 11. Juli 1936 mit einem Automobil ab. Sie fahren ihn in das KZ Dachau. Viktoria K. erweitert ihre Aussage am 6. August. Am 28. Januar 1937 wird Elfinger vom Sondergericht mit 6 Monaten Gefängnis bestraft. In der Urteilsbegründung heißt es: »... Er hat im Jahre 1915 geheiratet und dabei ein Kind angeheiratet. Aus der Ehe sind drei Kinder hervorgegangen. Eine Schwester des Angeklagten war die Ehefrau des Kommunisten Erich Mühsam und befindet sich seit dessen Tod in Russland. Sie hat dorthin einen Sohn des Angeklagten mitgenommen. Dieser Sohn schrieb dem Angeklagten, dass er in Moskau studiere. Auch der angeheiratete Sohn befindet sich in Russland und zwar als Mechaniker.«[64]

Mit seiner KZ-Haft sei allerdings Elfingers Strafe verbüßt. Nur sechs Monate dauert seine Freiheit. Er wird am 10. Juli 1937 wieder ins KZ eingeliefert und bleibt dort bis zum 21. November 1938.

Die Denunziantin lebt nach dem Krieg in Kaltwies, Gemeinde Happing, Landkreis Rosenheim. Ihre Lebensverhältnisse sind be-

---

[64] Staatsanwaltschaften 8513 Sondergericht Strafverfahren gegen Elfinger Josef, Maurer in München, z. Zt. im Konz. Lager Dachau, STAM. Der 1915 geborene Sohn Elfingers, ebenfalls Josef geheißen, ist ab 1937 in der Sowjetunion verschollen. Der Neffe Ludwig Elfinger (1910 – 1980) arbeitet 1932–1958 als Ingenieur in Tscheljabinsk und siedelt dann in die DDR um.

scheiden. Schließlich kommt sie vor die Spruchkammer. Das Urteil: Gruppe der Belasteten II, 15 Monate Sonderarbeit, 25% Vermögenseinziehung und fünf Jahre Berufsbeschränkung.

Viktoria K. ist sich keiner Schuld bewusst. Sie ficht das Urteil an. In der Revisionsverhandlung am 16. Mai 1950 wird ihr mit einer Bewährungsfrist von neun Monaten untersagt, ein Unternehmen zu leiten; als Arbeitnehmerin habe sie nur gewöhnliche Arbeiten auszuführen; außerdem dürfe sie nicht als Lehrer, Prediger, Redakteur, Schriftsteller oder Rundfunkkommentator [65] tätig werden. Sie hat DM 50.- in einen Wiedergutmachungsfond zu zahlen und wird in die Minderbelastetengruppe III eingestuft.

Zenzl Mühsam, die nach Erichs Tod am 16. Juli 1934 in die Tschechoslowakei geflüchtet war, 1935 in die Sowjetunion reiste, 1936 verhaftet wurde, erlebte dort schlimmste Jahre. Eingesperrt in Gefängnis und in sibirischen Lagern, konnte sie erst zwei Jahre nach Stalins Tod die Sowjetunion verlassen. In der DDR lebte sie ab 1956 von einer kleinen Rente und starb am 10. März 1962.

Abb. 12: Zenzl Mühsam in den 30er Jahren

[65] Spruch der Revisionsverhandlung vom 16.5.1950, ebd.

Texte von Erich Mühsam

Texte vor 1919

Widernatürlichkeiten*

Der Herr Staatsanwalt bedenkt
Wie er die Moral erhalte.
Auf die Kunst den Blick er lenkt,
Die geschriebne und gemalte.
Da ist Fidus, der das Nackte
Mit dem Zeichenstifte packte,
Dieser Frevler wird geangelt,
Weil es ihm an Züchten mangelt
Fidus, Fidus, bester, Liebster!
Von Verderbnis nie beschwipster!
Dieses macht mich irr und dumm,
Dass der Staatsanwalt in Leipzig
Feststellt, dass die Zote treibt sich
Selbst in Deiner Kunst herum!
Doch auch vor der Poesie
Macht der Argusblick nicht halt.
Was verderblich vom Genie
Konfisziert der Staatsanwalt.
Schiller war ein deutscher Dichter,
Eins der größten Geisteslichter.
»Freundschaft« nannt' er ein Poem,
Das dem Anwalt unbequem.
Seine Strafbarkeit ergibt sich
Leicht laut hundertfünfundsiebzig.
Schiller! Ach, vor hundert Jahren
Warst Du noch so unerfahren,
Dass Du meintest, niemals sei die
Freundschaft so gemein, dass – heidi!
Man sie wo verwechseln könnte
Mit dem Liebeselemente,
Das in Deutschland so verpönt,

* Zu Datierung und Textnachweis siehe jeweils Anmerkungen im Anhang.

Dass man es sich abgewöhnt. –
Drum, ob klassisch, ob modern,
Eure Malerei und Dichtung, –
Deutsche Künstler jeder Richtung,
Haltet euch der Zote fern!
Redet nicht vom Künstlertempel,
Das rührt keinen Staatsanwalt. –
Dieser hasst den ganzen Krempel,
Den ihr dichtet oder malt.
Schiller, Goethe, Fidus, Heine,
Böcklin, Mühsam – haltet Zucht!
Dass kein Staatsanwalt euch Schweine
Oder noch ganz anders flucht!

Abb. 13: Erich Mühsam, um 1900

Nun endlich …

Nun endlich stehst du weiß und nackt
vor süßen Sünden zitternd hier –
und meines Pulsschlags wilder Takt
schlägt rasend an die Sinne dir.
Und meine Augen halten dich
wie straffe Seile fest umspannt. –
In meinen Willen hab ich dich
nach langem Werben nun gebannt.
Dein Weinen schürt die Fibern mir –
dein keuscher Widerstand wird matt. –
Ich packe dich – und meine Gier
frisst sich an deiner Reinheit satt.

Angst …

Angst packt mich an.
Denn ich ahne, es nahen Tage
voll großer Klage.
Komm du, komm her zu mir! –
Wenn die Blätter im Herbst ersterben
und sich die Flüsse trüber färben
und sich die Wolken ineinander schieben –
dann komm, du, komm!
Schütze mich –
stütze mich –
fass meine Hand an.
Hilf mir lieben!

Der friedliche Michel

Hört man nicht in allen Reden
feierlich den Krieg befehden?
Und besonders bei Visiten
an den Höfen fremder Fürsten –
fühlt man in den Redeblüten
nicht die Welt nach Frieden dürsten?
Stets gebärdet Michel sich
ringsherum freundnachbarlich.

Ja, das Deutsche Reich entschieden
ist beflissen auf den Frieden.
Doch wenn die Hereros wollen
nicht gehorchen bis aufs Jota,
sie die Frechheit büßen sollen,
und man schickt den Herrn von Trotha!
Dennoch aber sag ich euch:
Friede sinnt das Deutsche Reich!

Ja, der Kriegsgott liegt am Bändel,
und wir suchen nirgends Händel.
Dieses ward jüngst in Saarbrücken,
in Karlsruh und Mainz gepredigt,
und wir sehn, wie mit Entzücken
alles friedlich wird erledigt.
Kriegsschiff und Kanone ruht –
wenn der andre uns nichts tut!

Doch, da haben wir den Haken!
Unterm weißen Friedenslaken
schlummern so geheime Kräfte,
wo wir niemals wissen können,
ob man nicht als Flintenschäfte
sie wird eines Tags erkennen. –
Drum, ob man auch milde spricht
ich – trau diesem Frieden nicht!

Bundeslied der Schweizerischen Antimilitaristischen Liga

Schwielhändig, rußgeschwärzt
Steht die Armee beherzt
Zur blutigen Tat.
Arbeitsmann, wem zu Nutz
Trägst Du den Waffenputz?
Ach, nur fürs Kapital
Bist Du Soldat!

Arbeitsmann, Proletar!
Gegen der Brüder Schar
Zielt Dein Gewehr!
Leih nicht die Arbeitshand
Trüg'rischem Vaterland,
Das nur die Reichen schützt
Bleib fern dem Heer!

Wer's mit der Freiheit meint,
Der kennt nur einen Feind,
Das Kapital!
Willst Du ein Kämpfer sein,
Sei's in der Brüder Reihn.
Kämpf gegen Druck und Not
Und Hungersqual!

Gürtest Du um das Schwert,
Prüf ob das Ziel auch wert
Leben und Blut.
Wer für die Freiheit ficht,
Wer Sklavenketten bricht,
Nur der soll Krieger sein –
Des Kampf ist gut.

Boheme

… Um den Begriff der Boheme zu definieren, ist das Wort zunächst von den Schlacken zu säubern, die ihm die Sensationslust und die Unterscheidungsunfähigkeit grinsender Banausen angesetzt haben, und die es besonders der Renommierwut durch irgendein Talentchen in die Künstlerschaft verirrter Philister verdankt. Ein Kartoffelhändler entdeckt eines Tages seine Stimme, lässt sich zum Konzert-Tenor ausbilden und hält sich von Stund' an für einen Bohemien. Ein entlassener Kommis, der an das Stubenmädel seines Prinzipals Gedichte richtet, setzt sich abends in ein Literatencafé, trinkt Absinth und nennt sich, wenn ihn jemand fragt, »Schriftsteller«; Des Sonntags aber spielt er sich beim Onkel Töpfermeister als »Bohemien« auf. Ein verbummelter Student schmeißt sich einem Künstler an den Hals, schmarotzt ihn aus und glaubt sich auch zur Boheme zählen zu dürfen …

… Ich persönlich, der ich bei der Untugend der Deutschen, jeden Menschen, mit dem sie sich abzugeben haben, auf eine bestimmte Note festzulegen, das Pech habe, wo immer von mir die Rede ist, mich als das Musterexemplar eines Bohemiens bezeichnet zu finden, verwahre mich entschieden und ausdrücklich gegen diese Charakterisierung, solange sie von den äußeren Symptomen meines Wesens, etwa von meiner Haartracht oder meiner nicht eben übermäßig eleganten Toilette hergeleitet wird.

Was in Wahrheit den Bohemien ausmacht, ist die radikale Skepsis in der Weltbetrachtung, die gründliche Negation aller konventionellen Werte, das nihilistische Temperament, wie es etwa in Turgenjeffs »Väter und Söhne« zum Ausdruck kommt, und wie es Peter Krapotkin als das Charakteristikum der russischen Nihilisten in den »Memoiren eines Revolutionärs« schildert …

Verbrecher, Landstreicher, Huren und Künstler – das ist die Boheme, die einer neuen Kultur die Wege weist.

Ausbeutung

Ausgezehrt, vergrämt und abgerissen
schafft des Arbeitsvolks geschundne Zahl.
Hungernd schiebt es knusprig fette Bissen
in den weiten Gierschlund Kapital.
Und es schmatzt der aufgesperrte Rachen;
stillbeglückt vollzieht sich die Verdauung.
Glück ist ausgepumptes Blut der Schwachen,
das ist altbewährte Weltanschauung.

Doch das Kapital hat eine Schwester,
welche man bewundert weit und breit,
– gleichfalls aus der Gegend von Manchester –
und ihr Name ist die Sittlichkeit.
Wie das Kapital die Schwindsucht fördert,
dadurch im Besitz des Wohlsein festet,
wird von ihr der Liebe Glück gemördert
und die Welt mit Syphilis verpestet.

Was nicht legitim ist, zu entfernen,
das bestrebt das Sittlichkeitsgeschrei.
Sehnt ihr euch – so geht in die Kasernen
schamvoll tolerierter Kuppelei.
Die Moral hat einen guten Riecher
für die Würde feister Spekulanten.
Wägt man Mädchen ab als Unzuchtsviecher,
freun sich alle Riehls und Kuppeltanten.

Frühling

Das Fell der Erde schäumt in Wellen.
Aus Bäumen und aus Schollen quellen
des Frühlings Knospen auf wie Gischt. –
Dröhnt, Fluten – zischt!
Schlagt an die Dünen meiner Brust!
Treibt Frühlingsgrün aus meinen dürren Hängen!
Macht Leid zu Lust
und meine Liebe zu Gesängen!

Zur Naturgeschichte des Wählers

… Jeder Wähler ist ein Tröpfchen von dem Öl, das die große Staatsmaschine schmiert. Was er wählen darf, ist allein das Ölkännchen, aus dem er in das Räderwerk tröpfeln darf, und von dem je nach der Größe des Behälters ein Schuss mehr links oder ein Schuss mehr rechts in den Apparat gegossen wird, dessen Hauptwalze sicher und exakt funktioniert, unbeirrt darum, welche von den vielen kleinen Seitenrädchen sich etwas schneller und welche sich etwas langsamer um ihre Achse drehen. Die Stimmabgabe des einzelnen Wählers hat also für den Gang der Geschicke eines Volkes ebensoviel zu bedeuten, wie der Rauch einer Zigarre, der sich im weiten Raum einer Wolke beimischt, für den Niederschlag eines Gewitters.

Für den Psychologen sind alle Wähler konservativ. Sie haben ausnahmslos das Bestreben, in das Rädchen zu fließen, das dem mächtigen Staatsrad am schnellsten vorwärts hilft. Sie erkennen damit die Notwendigkeit des Bestehenden und den Wert seiner Erhaltung an …

Wer da glaubt, die ursprüngliche causa movens des Wählers sei politisches Interesse, sei die ernste Sorge um die Verwaltung des Vaterlandes, der irrt. Das Parteigefühl ist in fast allen Fällen erst nachträglich als Beweggrund zum Wählen eingeschoben. Aber soviel Selbstpsychologe ist der Staatsbürger nicht, um zu erkennen, dass er in der Wahrung seiner vornehmsten Rechte kleinlicher Eitelkeit folgt. Er konstruiert erst aus der Handlung, die er gern tut, das Motiv, das ihm diese Handlung erst recht weihevoll erscheinen lässt. Es geht ihm so wie Nietzsches bleichem Verbrecher, der den von ihm Ermordeten beraubt, um vor sich selbst einen Grund zum Mord zu haben. Der Ausfall der Wahl regt den Wähler kaum anders auf, als das Ende eines Wettrennens den, der auf ein bestimmtes Pferd gesetzt hat. Dass es sich bei dem Wettenden um Geld handelt, während sich der Wähler ideelle Interessen einbildet, macht keinen Unterschied. Denn erstens stehen alle Staatsbürgerideale auf materieller Grundlage und werden erst in der politischen Abstraktion ideell verklärt, und zweitens verquickt sich bei dem Startsetzer das Interesse an der riskierten Summe sosehr mit der Aufregung des Zuschauens, dass es sich zu einer wirklich begeisterten Spannung auswächst.

… In Deutschland wird das allgemeine, gleiche, direkte und geheime Wahlrecht seit 40 Jahren ausgeübt, ohne dass der Sozialismus die allermindeste Förderung dabei erfahren hat. All das führt die anarchistische Taktik gegen die der Sozialdemokratie an …

Das wär' …

Das wär' ein rechter Schweinehund,
dem je der Sinn für Heine schwund!

Erziehung

Der Vater zu dem Sohne spricht:
Zum Herz- und Seelengleichgewicht,
zur inneren Zufriedenheit
und äußeren Behaglichkeit
und zur geregelten Verdauung
bedarf es einer Weltanschauung.
Mein Sohn, du bist nun alt genug.
Das Leben macht den Menschen klug,
die Klugheit macht den Menschen reich,
der Reichtum macht uns Herrschern gleich,
und herrschen juckt uns in den Knöcheln
vom Kindesbein bis zum Verröcheln.
Und sprichst du: Vater, es ist schwer.
Wo nehm ich Geld und Reichtum her?
So merk: Sei deines Nächsten Gast!
Pump von ihm, was du nötig hast.
Sei's selbst sein letzter Kerzenstumpen –
besinn dich nicht, auch den zu pumpen.
Vom Pumpen lebt die ganze Welt.
Glück ist und Ruhm auf Pump gestellt.
Der Reiche pumpt den Armen aus,
vom Armen pumpt auch noch die Laus,
und drängst du dich nicht früh zur Krippe,
das Fell zieht man dir vom Gerippe.
Drum pump, mein Sohn, und pumpe dreist!
Pump anderer Ehr, pump anderer Geist.
Was andere schufen, nenne dein!
Was andere haben, steck dir ein!
Greif zu, greif zu! Gott wird's dir lohnen.
Hoch wirst du ob der Menschheit thronen!

Lumpenlied

Kein Schlips am Hals, kein Geld im Sack.
Wir sind ein schäbiges Lumpenpack,
auf das der Bürger speit.
Der Bürger blank von Stiebellack,
mit Ordenszacken auf dem Frack,
der Bürger mit dem Chapeau claque,
fromm und voll Redlichkeit.

Der Bürger speit und hat auch recht.
Er hat Geschmeide gold und echt. –
Wir haben Schnaps im Bauch.
Wer Schnaps im Bauch hat, ist bezecht,
und wer bezecht ist, der erfrecht
zu Dingen sich, die jener schlecht
und niedrig findet auch.

Der Bürger kann gesittet sein,
er lernte Bibel und Latein. –
Wir lernen nur den Neid.
Wer Porter trinkt und Schampus-Wein,
lustwandelt fein im Sonnenschein,
der bürstet sich, wenn unserein
ihn anrührt mit dem Kleid.

Wo hat der Bürger alles her:
den Geldsack und das Schießgewehr?
Er stiehlt es grad wie wir.
Bloß macht man uns das Stehlen schwer.
Doch er kriegt mehr als sein Begehr.
Er schröpft dazu die Taschen leer
von allem Arbeitstier.

Oh, wär ich doch ein reicher Mann,
der ohne Mühe stehlen kann,
gepriesen und geehrt.
Träf ich euch auf der Straße dann,
ihr Strohkumpane, Fritz, Johann,
ihr Lumpenvolk, ich spie euch an. –
Das seid ihr Hunde wert!

Das Werk

Es schwillt die Kraft. Der Arm greift aus.
Die Sense schwingt sich übers Feld.
Der Schweiß quillt aus der Stirn heraus.
Doch nicht erlahmt die starke Hand
Des Arbeitsmanns. Es denkt der Held:
Freiheit und Land!

In Schwaden liegt das Korn gemäht.
Der es geackert, fährt es heim.
Noch einmal schweift sein Auge, späht,
Wo hoch und stolz die Ähre stand.
Noch einmal formt sein Mund den Reim:
Freiheit und Land!

Die Sonne überstrahlt die Flur,
die sich nach neuem Samen sehnt.
Zum Menschen flüstert die Natur,
zum Menschen, der die Garben band,
Dem Sehnsucht alle Muskeln dehnt:
Freiheit und Land!

Mitternacht

Traurig trollen sich und träge
Menschen heim, bedrückt von Sünden,
Und es heulen hohl die Schläge,
Die die Mitternacht verkünden; –
Heulen von den Kirchenkuppen,
Klagen, wimmern und verbluten
In den Geisterschrei der Hupen,
Die durch bleiche Straßen tuten …
Vor der Haustür stockt der rasche
Schritt. Es bellen rings die Hunde,
Und die Hand fährt in die Tasche,
Klirrend mit dem Schlüsselbunde.
Oben steht das Bett bereitet,
Das kein heißes Weibchen hütet, –
Und ein windiger Schatten gleitet,
Der verruchte Träume brütet.
Schatten wühlt mit kalten Händen
In des Schläfers wirren Haaren.
Aus den engen Zimmerwänden
Wachsen grässliche Gefahren. –
Nein, die Haustür bleibt geschlossen,
Und der Fuß, gehetzt von Grauen,
Eilt zurück zu den Genossen,
Eilt zu Wein und Lärm und Frauen.

Anarchie

Anarchie bedeutet Herrschaftslosigkeit. Wer den Begriff mit keinem Gedanken verbinden kann, ehe er ihn nicht zur Zügellosigkeit umgedeutet hat, beweist damit, dass er mit den Empfindungsnerven eines Pferdes ausgerüstet ist.

Anarchie ist Freiheit von Zwang, Gewalt, Knechtung, Gesetz, Zentralisation, Staat. Die anarchische Gesellschaft setzt an deren Stelle: Freiwilligkeit, Verständigung, Vertrag, Konvention, Bündnis, Volk.

Aber die Menschen verlangen nach Herrschaft, weil sie in sich selbst keine Beherrschtheit haben. Sie küssen die Talare der Priester und die Stiefel der Fürsten, weil sie keine Selbstachtung haben und ihren Verehrungssinn nach außen produzieren müssen. Sie schreien nach Polizei, weil sie allein sich nicht schützen können gegen die Bestialität ihrer Instinkte. Wo ihr Zusammenleben gemeinsame Entschlüsse verlangt, da lassen sie sich vertreten (die deutsche Sprache ist sehr feinfühlig), weil sie den eigenen Entschlüssen zu trauen nicht den Mut haben.

Das politische Leben der zivilisierten Völker erschöpft sich – um den Pferdevergleich wieder aufzunehmen – im Ersinnen immer vollkommenerer Zügel, Sättel, Deichseln, Kandaren und Peitschen. Nur darin unterscheidet sich der arbeitende Mensch vom arbeitenden Pferd, dass er selber hilft, verbesserte Systeme seiner Fesselung zu erfinden und sich anzulegen. Doch gleichen sich beide im Zutrauen zu ihrem starken Eisenbeschlag und in der Verhinderung seiner Anwendung durch Scheuklappen.

Wissenschaftliche Läuterung hat die arbeitenden Menschen darüber aufgeklärt, dass die kapitalistische Verfassung sie des Ertrages ihrer Arbeit beraubt. Sie werden ausgebeutet und wissen das. Sie kennen auch den Weg, der zum Sozialismus leitet: die Überführung des Landes mithin aller Arbeitsmittel aus den Händen Privilegierter in den Besitz des Volkes. Sie kennen den Weg seit einem halben Jahrhundert, aber sie haben ihn bis heute mit keinem Fuße betreten.

Das Mittel zur Abänderung als schlecht erkannter Zustände heißt immer Aktion. Aber die Menschen unserer Zeit sind aktionsfaul. Um nichts tun zu müssen, haben sie die Theorie aufgestellt, dass sich die Geschichte nach materialistischen Notwendigkeiten entwickelt. Die Zeit funktioniert automatisch; die arbeitenden Menschen aber warten ab, bis es der Zeit gefällig sein wird. Inzwischen flicken

und putzen sie ihr Geschirr, schimpfen und wählen. Diese Interims-
beschäftigung ist ihnen zur Gewohnheit geworden, zum Bedürfnis,
zum Lebenszweck. Dass sie auf etwas warten, haben sie darüber
vergessen. Weh dem, der sie erinnert! ...

Anarchie ist die Gesellschaft brüderlicher Menschen, deren
Wirtschaftsbund Sozialismus heißt. Brüderliche Menschen gibt es.
Wo sie beieinander sind, lebt Anarchie; denn einer Herrschaft be-
dürfen sie nicht. Was ihnen zu schaffen bleibt, ist Sozialismus. Die
Aktion, die zum Sozialismus führt, heißt Arbeit: Wer nicht mit-
schaffen will, in brüderlicher Gemeinschaft sozialistische Arbeit zu
verrichten, wer abwarten will, wie sich die Verhältnisse ohne sein
Zutun entwickeln, der flick und putze immerhin sein Geschirr, der
schimpfe und wähle. Aber er nenne sich nicht Sozialist. Vor allem
urteile er nicht über Anarchie. Denn die ist eine Angelegenheit der
Herzen, und davon versteht er nichts.

Widmung

An allen Früchten unbedenklich lecken;
vor Gott und Teufel nie die Waffen strecken;
Künftiges missachten; Früheres nicht bereuen;
den Augenblick nicht deuten und nicht scheuen;
stets Spielkind sei, neugierig noch im Leiden;
am eignen Schicksal unbeteiligt sein:
Das heißt genießen und geheiligt sein.

Das Wasserrohr

Nachts braust ein hohles Rauschen an mein Ohr.
Schrill tönt mein Schritt, der banges Leben kündet.
Tief unterm Erdreich liegt ein Wasserrohr:
Weiß nicht, wo's herkommt – weiß nicht, wo es mündet.

So tief wie eine Ahnung rollt der Schall,
wie bange Märchen, die wir schaudernd träumen.
Mein Fuß erschrickt – und weiß, dass überall
tief unter meinen Wegen Wasser schäumen.

Gegen die Polizei

Manchmal aber geht ein Ruck durch die Gemüter der Indifferenten und Faulen, und es ist, als ob plötzlich die Einsicht von revolutionären Notwendigkeiten alle selbstzufriedene Gleichgültigkeit und allen überlegenen Eigendünkel in den Fugen erschüttere. Wenn nämlich der Übermut der nie bezweifelten Autorität sich überschlägt, wenn die keine Abwehr gewöhnte Faust es müde ist, drohend unter den Nasen friedliebender Leute zu fuchteln und zustößt, dann scheint es manchmal, als ob die verhaltene Wut, der unter das Bewusstsein zurückgestaute Hass emporwolle, und als ob die Freiheitssehnsucht, die irgendwo im Herzen eines jeden Menschen lagert, Atem finde.

Dann werden mit einem Male wir, die wir jahraus jahrein diesen Hass und diese Wut zu schüren bemüht sind, wir Wühler und Aufrührer, Respektspersonen. Dann drücken uns mit kameradschaftlicher Sympathie die Hand, die sonst nur ein ironisches Lächeln haben für unser ohnmächtiges Aufbegehren und für unsere ungestümen Weckrufe. In uns aber türmt der Zorn sich bergehoch – gegen die neuen Weggenossen, gegen die erwachten Schläfer und zur Rebellion Bekehrten. Denn wir wissen, dass das Lodern ihrer Seelen Strohfeuer ist, dass morgen ihr Grimm verraucht sein wird, dass sie wieder als fromme Bürger die Faust unter der Nase werden fuchteln lassen, sobald nur der lädierte Kiefer von einer liberalen Salbe verschmiert ist, – und übermorgen werden wir wieder die Prediger in der Wüste sein.

Von allen deutschen Städten ist München die der rückständigsten Polizeiwirtschaft. Nirgends ist der Wille des Einzelnen so jammervoll in die Klammern behördlicher Vormundschaft gepresst wie hier. Die Jagow-Stadt Berlin ist ein Eldorado der Freiheit im Vergleich mit München. Filehne und Krotoschin, Crimmitschau und Gräfen-Hainichen, Oppeln, Pirna und Ratzeburg sind, an Münchener Verhältnissen gemessen, Hochburgen freiheitlicher Kultur.

Gewiss, in Berlin bedrohen jeden, der das Unglück hat, mit einem Polizisten in Händel zu kommen, die Jagowschen Schießerlasse an Leib und Leben. Das ist hier nicht der Fall. Dort aber kennt man nicht alle die Schlingen und Fallstricke, in die in München jeder gleitet, der das Recht auf eigenen Geschmack, auf persönliche Gewohnheiten, Neigungen, Bedürfnisse beansprucht. Die Organe der sogenannten öffentlichen Sicherheit verfügen hier über eine Macht, die jedes Eigenleben tötet, jeden Versuch, auf eigene Fasson selig zu werden, erstickt, jede fröhliche Gemeinsamkeit erwürgt, – und sie üben diese Macht in einem Umfange aus, der keinem Fremden glaubhaft scheinen kann.

Von der rigorosen Handhabung der Polizeistunde war hier oft die Rede. Wer seine Stunden anders eingeteilt hat, als es die Diktatur der Weinstraße für wünschenswert hält, mag sehen, wo er bleibt. Dass jemand zwischen 3 und 4 Uhr nachts einen Kaffee trinken möchte – und es gibt in dieser Dreiviertelmillionenstadt jede Nacht Hunderte, die es möchten –, fügt sich nicht in die Paragraphen-Besessenheit derer, deren Wille uns Befehl zu sein hat. Die Sorge, es könnte jemand etwa im Bahnhofrestaurant die Tasse Kaffee, nach der er verlangt, doch finden, geht soweit, dass das Betreten des Bahnhofs nur dem gestattet wird, der mit einem gültigen Fahrtausweis versehen ist. Wünscht jemand seiner Frau ihre Koffer in den Zug zu reichen, so wird er sie schon veranlassen müssen, am Tage zu reisen. Löst er sich aber, um es nachts tun zu können, selbst eine Fahrkarte, die er dann nicht benutzt, so wird er – es liegen rechtskräftige Urteile dieser Art vor – mit Strafbefehlen bedacht.

Das aber ist nur eine geringfügige Gefälligkeit nach der Seite der um das Seelenheil der Münchener Bevölkerung besorgten Frömmlinge. Viel ärger steht es in dieser Kunststadt um die Bestrebungen der vereinigten Pfaffen und Polizisten zur Kujonierung der Kunst. Wer einmal eine Studie über die Grotesk-Akrobatik der Sittlichkeit schreiben will, dem sei in dieser gesegneten Zeit ein kurzer Aufenthalt in München anempfohlen. Er wird sein hellblaues Wunder erleben.

Allerlei sonderbare Fälle von polizeilicher Fürsorge in dieser Richtung habe ich meinen Lesern im Laufe der verflossenen acht Monate schon mitteilen können. Erinnert sei hier nur an die bodenlosen Chikanen, mit denen unter dem aneifernden Gejohle Kausenscher Schreibsöldner die unumschränkte Zensurbefugnis des Herrn v. d. Heydte und seiner Gehilfen unausgesetzt an der hohen Kunst der Wedekindschen Dichtungen herumzwickt. Die Hälfte dieser Werke ist der öffentlichen Mitteilung von den Bühnen her entzogen, und der geniale »Totentanz« darf nicht einmal vorgelesen werden. Als Rückendeckung für solche Unglaublichkeiten hat sich der Herr Polizeipräsident einen »Zensurbeirat« engagiert, der ihm helfen muss, säuberlich zwischen Moral und Schmutz zu trennen, dessen ethischer Ästhetik das Kunstbedürfnis kultivierter Menschen ausgeliefert ist, und dessen Rat stets berücksichtigt wird, wenn er mit der Ansicht seines Auftraggebers übereinstimmt.

Frank Wedekind hat im »Kain« Dokumente veröffentlicht, aus denen ersichtlich ist, wie gewisse Herren des Zensurbeirats ihre Obliegenheit auffassen. Die Polizei wurde von Ästhetikern, die moralische Urteile abgeben sollten, als Ablagerungsstätte ästhetischer Wertungen benutzt. Man konnte in Wedekinds Dramen moralische Gefahren nicht erkennen, daher dokumentierte man vor der Polizei seine Unfähigkeit von den dichterischen Offenbarungen des Dichters ergriffen zu werden. So, von den zünftigen Ästhetikern selbst zur ästhetischen Instanz erhoben, verbot die Polizei die ihr von den Ästhetikern als Ethiker zur Freigabe empfohlene Aufführung und selbst die öffentliche Vorlesung.

Kann man sich da über das geschwollene Selbstbewusstsein der Weinstraße wundern, wenn sie (vgl. »Kain« Nr. 3 »Die nervenschwache Polizei«) behauptet, ihr obliege die Wahrung des guten Geschmacks? Kann man sich wundern, wenn sie sogar ein Stück wie »Oaha« verbietet, in dem selbst der enragierteste Sexualschnüffler kein »unsittliches« Motiv finden wird, das als Vorwand zur gewünschten Unterdrückung dienen könnte? Nein, der »gute Geschmack« der Polizei wird bemüht – und jetzt Gnade uns Gott! Ich will hier ein heiliges Gelübde ablegen: Sollte ich je im Leben etwas schreiben, sagen oder denken, was den guten Geschmack der Polizei nicht in Konfiskationsstimmung versetzt, so will ich in meinem Testament verfügen, dass aus meinen Knochen Leim gekocht werden soll, mit dem polizeiliche Aktenmappen geklebt werden mögen!

Die guten Münchener – Künstler, Schriftsteller, Professoren, Bürger und Arbeiter – haben bisher die Moral und den guten Geschmack der Polizei willig über sich ergehen lassen. Wohl haben sich einmal etliche tüchtige Männer zu einem Protest gegen die an Wedekind verübten Rigorositäten der Münchener Zensur aufgeschwungen und haben Unterschriften dafür gesammelt. Damals schrieb ich (»Kain«, Heft 4): »Bei der Schlafmützigkeit, die das Verhalten der Geistigkeit gegen das Herumwühlen subalterner Seelen in kulturellen Werten allgemein kennzeichnet, bedeutet der Aufruf für Wedekind einen ersten männlichen Vorstoß. Nur möchte man wünschen, dass die Kundgebung nicht in einer Namenstabelle mit lediglich statistischem Wert umkomme.« – Du arme Seele! Die Warnung war überflüssig. Es ist noch nicht einmal eine Namenstabelle mit lediglich statistischem Wert herausgekommen. Noch immer wird den Programmen für Wedekindsche Aufführungen und Vorlesungen der Aufruf beigelegt, und immer noch sieht man die gleichen Namen wie anfangs darunter, – keinen einzigen mehr. Ob wirklich niemand sonst seine Zustimmung ausgedrückt hat, oder ob zunächst die erste Auflage des Aufrufs weg sein soll, ehe weitere Namen bekannt gegeben werden, erfährt man nicht. Daran, dass sich an den Aufruf einmal eine energische Protestaktion anschließen könnte, denkt heute kein Pferd mehr. – Wenn man nicht den Willen und nicht die Fähigkeit hat, eine begonnene Tat zu Ende zu führen, dann soll man doch lieber ganz die Finger davon lassen. Sonst macht man sich vor aller Welt lächerlich und ermutigt Pfaffen und Polizei zu umso ungenierterer Betriebsamkeit.

Durch die stillen Auen der Münchener Kultur weht wieder einmal ein betuliches Säuseln. In der Geisteskinderstube bleibt das Spielzeug liegen. Proteste flackern auf. Was ist geschehen?

Herr Dr. Robert, der Direktor des Lustspielhauses, hatte sein Theater an die Tänzerin Frl. Adorée Via-Villany verpachtet, die dort an fünf Abenden einem sorgfältig ausgewählten, geladenen Publikum ihre Künste zeigen sollte. Eine Privatveranstaltung also, in die (sollte man denken) kein Mensch, kein Pfaff, kein Kausen, keine Polizei hineinzureden hätte. Aber wir leben in München und zu dem Programm der Dame gehören Nacktttänze. (Pfui!)

Ich habe die Darbietungen des Fräuleins Villany leider nicht gesehen. Daher kann ich mich in der Beurteilung ihrer Kunst nur auf die Zeugnisse solcher Leute berufen, die mir sachverständig scheinen, und auf die Prinzipien, von denen ich meine Stellung zu kulturellen Dingen bestimmen lasse. Das Urteil derer, die die Tänze sahen, geht einmütig dahin, dass nur ein total moralverklebtes Hirn Unzucht und Geilheit in ihnen finden könnte. Alle die Künstler und Ästheten, die gekommen waren, Kunst zu genießen, erlebten Kunst. Sie alle – und es sind darunter die bedeutendsten Kunstexperten, die München hat – rühmen die dezente Schönheit des Körpers, der sich ihnen zeigte, und die Grazie der Bewegungen und Stellungen der Künstlerin.

Die hohe Polizei war nicht eingeladen; aber sie kam. Am dritten Tage wurde die Aufführung von der beamteten Macht unterbrochen, die Künstlerin von der Bühne weg verhaftet und mit ihrem Impresario und dem Direktor Dr. Robert zum Polizeipräsidium abgeführt. Gegen alle drei ist ein Verfahren nach § 183 des Strafgesetzbuches eingeleitet und gegen Dr. Robert auch noch eins auf Entziehung der Theaterkonzession. (Natürlich: denn das Lustspielhaus hat sich in der letzten Zeit ganz erheblich künstlerisch gebessert. Es bietet jetzt in der Tat gute Vorstellungen, und hat sich mit den Aufführungen von Tschechows »Möwe« und Strindbergs »Vater« wirkliches Verdienst erworben. Seit sich Dr. Robert auch noch – vergeblich – bemüht, Wedekindsche Stücke frei zu bekommen, droht sein Theater im Ernst zu einer Kulturinstitution zu werden.)

Zu einer solchen Gewalttat musste es also erst kommen, bis sich endlich, endlich in den Gefühlen der Geistigen etwas wie Trotz regte. Die Polizeiplempe musste ihnen erst über das Gesicht fahren, ehe ihnen die Röte an die Schläfen stieg. Nun regt sich's in Protesten und Kundgebungen, nun werden Unterschriften gesammelt und wohl auch Reden gehalten. Aber wie lange? Wird die Erregung vorhalten? Wird sie auch nur dauern, bis die verantwortliche Person, die die Polizeiaktion vor der Öffentlichkeit vertritt, aus dem Amte muss?

Herr v. d. Heydte scheint guten Mutes zu sein. Er publiziert eine Erklärung, worin er die Meinung vertritt, dass derartige Unternehmungen seiner Erlaubnis bedürfen, und worin er beteuert, dass, solange er den Posten des Münchener Polizeipräsidenten bekleide, die Erlaubnis zu ähnlichen Darbietungen verweigert würde. Das zeigt, gegen wen der Kampf gehen muss. Was ich immer und immer betone, woran ich die Künstlerschaft hier wieder und wieder gemahnt habe – wird es jetzt endlich klar? Leuchtet es endlich ein, dass es mit der ewigen Atelier-Turmwächterei nicht weiter geht? Dass der Künstler an den öffentlichen Einrichtungen interessiert ist, wie nur einer? Die Künstlerschaft gehört in den sozialen Kampf! Sie ist bestimmt, die Freiheit des geistigen Lebens zu schützen und zu behüten gegen Polizeibedrohung und Polizeigewalt! Sie gehört auf die Seite der Unzufriedenen und Revolutionäre! – Allein mit Protesten und witzigen Schreibereien wird sie nichts ausrichten gegen die, die verbündet stehen mit den pfäffischen Hütern der Dummheit und Unkultur. Nur im Bunde mit denen, die die Polizeimacht an anderen Stellen, aber nicht minder schmerzhaft zu spüren bekommen, kann der Geist erreichen, was sein Lebensrecht verlangt. In den Kampf, Künstler! Auf die Tribüne! Auf die Straße! Tua res agitur!

Der Fall, um den es heute geht, ist nur ein Symptom, immerhin aber ein wertvolles: Vor hunderten von Augen hat sich der Vorgang abgespielt, vor Augen, die meist blind sind für die Wirklichkeiten unseres vortrefflichen Staatsbetriebes. Hunderte von Menschen, die ein Recht haben, auf ihren Menschenwert stolz zu sein, sind von der Staatsgewalt beschimpft worden, indem ihnen gesagt – nein, indem ihnen eingebläut wurde, dass schmierige Lüsternheit sei, was sie als ihr Kulturbedürfnis ausgeben. Wollt ihr euch das gefallen lassen, Künstler?

Dass schöner Frauentanz die Seele kunstfreudiger Menschen erhebe, wird von der Polizei allenfalls zugestanden. Dass nackte Frauenleiber, in Stein gehauen, von schönheitsdurstigen Menschen bewundert werden, kann sie nicht verbieten. Aber dass leibhaftiges Leben, das Edelste, Wundervollste, was die Natur geschaffen hat, dass ein formschönes nacktes Weib im Rhythmus des Tanzes ihren höchsten Ausdruck sucht, das soll Schweinerei sein, das sollt ihr, ihr Künstler, als Schweinerei anerkennen! Pfaff und Polizei behaupten, es sei Schweinerei, behaupten, ihr seid geile Lüstlinge, weil ihr Freude daran habt! – Habt ihr keine Scham, dass ihr euch nicht empört?

Jedes letzte Naturvolk unterscheidet zwischen Geilheit und Sinnenfreude. Botokuden, Australneger und Zulukaffern freuen sich an den Tänzen ihrer nackten Frauen, und keinem von ihnen fällt es ein, mit anderen Empfindungen als mit denen erhöhter Lebenslust hinzuschauen. Ihr aber, ihr Künstler, ihr westeuropäischen Kulturträger, – ihr sollt die Ferkel sein, die beim Anblick einer entkleideten Tänzerin vor Brunst schwitzen. Steigt euch nicht die Galle hoch, da man euch das vorwirft? Fühlt ihr keinen Ekel, keine Wut, keinen Hass? …

Man kann mir glauben, ich will keinem Menschen sein München verekeln. Ich liebe diese ergreifend schöne Stadt, wie wenn sie meine Heimat wäre, und ich möchte – trotz all des Widerwärtigen, das einem hier die Freude am Dasein vergällen kann – nicht mehr in einer andern deutschen Stadt leben. Aber muss es denn sein, dass diese Stadt, die von Natur und vom Geschmack der Menschen so gut behandelt ist wie wenige, sehr wenige andere, – muss es sein, dass diese Stadt von pfäffischem Geist, von muckerischem Wesen, von polizeilichen Unerträglichkeiten geknebelt und geknechtet wird?

Menschen, Künstler, besinnt euch doch! Das unverhältnismäßig starke Kontingent, das die Geistigkeit gerade in München stellt, müsste euch doch Mut machen, stolz auf euern eigenen Willen zu bestehen! Mit Protestieren, mit Artikelschreiben, mit Parlamentswählereien ist es nicht getan. Der gleiche Landtag, der eben aufgelöst ist, vertrat Nürnberg so gut wie München. Und Nürnberg ist bisher noch ohne Polizeizensur ausgekommen. Der neue Landtag mag aussehen, wie er will: durch seine Zusammensetzung wird sich weder in München noch in Nürnberg etwas ändern.

Auch zu Gewalttätigkeiten rate ich keinem Menschen. Damit wäre nichts zu erreichen als Elend und Verzweiflung. Worauf es ankommt, ist starkes Zusammenhalten, klare und laute Betonung des eigenen Werts, Erkennung der feindlichen Mächte und den Willen, sie zu brechen.

Man mache den Versuch. Man fordere so laut, so scharf wie möglich die Beseitigung des Polizeipräsidenten, der den Münchener Künstlern vorgeworfen hat, sie fälschen in Kunst um, was nichts als Unzucht sei. Man mache dem Manne begreiflich, dass er die Autorität, auf die er Anspruch erhebt, bei dem gesamten kulturellen Teil der Münchener Bevölkerung nicht besitzt. So wird er weichen müssen. Hat man das erreicht, so bemühe man sich um die Erkenntnis des ganzen Systems, das man Polizei nennt. Man begreife, dass dieses System die Herrschaft der rohen Gewalt über alle geistigen Mächte bedeutet, – man bekämpfe sie in der Erscheinungsform, die Zensur heißt, und in jeder andern Erscheinungsform.

Ich glaube – lache über diesen Glauben, wer will – dass der Geist stärker ist als der Säbel. Ich glaube, dass wir ohne Polizei friedlicher, gesicherter, nutzbringender leben können als mit ihr, und ich glaube, dass für alle Kultur, für alle Freiheit, für alle Menschenwohlfahrt viel gewonnen ist, wenn aus Künstlerblut endlich Rebellenblut würde, und wenn aus dem öden Tagesschwatz der Politik die laute Stimme der Geistigkeit heraustönt: Gegen die Knechtung! Gegen den Staat! Gegen die Polizei!

Versammlungsbericht

Am 30. November 1911 hielt im Namen der Gruppe »Tat« des Sozialistischen Bundes der Herausgeber dieser Hefte in der Schwabinger Brauerei einen öffentlichen Vortrag über »Staat, Kirche, Polizei und Abhilfe«. Der etwa 1.000 Personen fassende Saal war überfüllt. Was der Redner sagte, wird sich der Leser des »Kains« ungefähr vorstellen können, wenn er gebeten wird, sich den Inhalt des Eingangsartikels dieser Nummer als Leitmotiv zu denken. Die Versammlung setzte sich aus Künstlern, Schriftstellern, Anarchisten, Bürgern, sehr vielen Studenten und dem Chefredakteur der »Münchener Neuesten Nachrichten« zusammen. Der Redner fand großen Beifall; auch wurde auf Hausschlüsseln gepfiffen. An der Diskussion beteiligten sich mehrere Akademiker und ein revolutionärer Arbeiter. Im Schlusswort fertigte der Referent die Lausbuben ab, die den Ort, wo erwachsene Menschen über sehr ernste Dinge verhandelten, als Stätte ihres geistlosen Bierulks benutzten, bedauerte die Herzenskälte derer, die angesichts der Widerwärtigkeiten der behördlichen Bevormundungen mit logischen Gründen den Appell an das revolutionäre Gewissen freiheitlicher Menschen widerlegen wollten und forderte noch einmal zum Zusammenschluss derer auf, denen das Leben unter den bestehenden Verhältnissen zum Ekel und unerträglich geworden sei.

Es schien angemessen, an dieser Stelle einen Bericht über die Versammlung zu bringen, damit auch Leute etwas von ihrem Verlauf erfahren, die persönlich nicht anwesend waren. Der Herausgeber dieser Zeitschrift hatte die »Münchner Neuesten Nachrichten« und die »Münchener Zeitung« gebeten, die Tatsache, dass er einen Vortrag halten wolle, vorher mitzuteilen. Zugleich hatte er beide Zeitungen eingeladen, Vertreter hinzuschicken. Der klerikalen Presse wollte er aus im Thema begründeten Bedenken nicht zumuten, eine ihr so unbequeme Notiz zu bringen. Die sozialdemokratische »Münchener Post« um eine Gefälligkeit zu ersuchen, wollte er sich selbst nicht zumuten. Die liberalen Blätter brachten aber in stillschweigender (oder telephonischer?) Übereinstimmung die Ankündigung auch nicht. Sie müssen wohl gedacht haben, dass jetzt kein Mensch etwas erfahren könnte.

Sie brachten auch nachher keine Silbe über die Versammlung. Mich kränken sie damit nicht. Das Publikum muss aber einmal gefragt werden, warum es eigentlich diese Art Zeitungen liest. Vermutlich doch, um zu erfahren, was in der Öffentlichkeit vorgeht. Verschweigt ihm die Münchener Presse eine Veranstaltung, an der über tausend Personen (und ein Chefredakteur) teilnehmen, so ist das Publikum um eine Tatsache, für deren Mitteilung es sein Abonnementgeld bezahlt, betrogen. Psychologisch erklärt sich die Diskretion der Blätter so: Die alldeutsch-nationalliberal-demokratische Presse hat eine Heidenangst vor allem, was nach Charakter und Wahrheit riecht. Sie traute ihren Reportern die Fähigkeit nicht zu, den Bericht über den Vortrag soweit zu fälschen, dass nicht doch, Gott behüte, ein einleuchtender Gedanke stehen geblieben wäre. Schweigend lügt sich noch leichter als referierend. Ich persönlich aber fühle mich, je töter ich geschwiegen werde, desto lebendiger.

M.N.N.

Nördlich von Augsburg wohnen die Preußen, östlich von Rosenheim die Schlawiner. Der von diesen beiden Völkerschaften flankierte Winkel begrenzt den Wirkungsbezirk der »Münchener Neuesten Nachrichten«.

Man könnte meinen: Zeitung ist Zeitung, Schmock ist Schmock, die »MNN« aber sind eine lokale Münchener Angelegenheit, die jenseits von Augsburg und Rosenheim keine Seele interessiert. Mich dünkt jedoch die Aufgabe lohnend, einmal an einem Musterbeispiel aufzuzeigen, welche Jämmerlichkeit in den Bergen Lesepapiers gespeichert ist, aus der der deutsche Bürger beim Frühstück, beim Abendbrot und bei der Verdauung seine geistige Nahrung zieht.

Um meine Ansicht über das Münchener Zentral-Intelligenz-Organ vorweg in einem Satze zusammenzufassen: Die »Münchner Neuesten Nachrichten« schlagen in intellektueller Hinsicht an Dummheit, in ethischer Hinsicht an Gesinnungslosigkeit unter allen deutschen Zeitungen jeden Rekord. Diese Meinung spreche ich unter ausdrücklicher Wahrung meiner sehr geringschätzigen Beurteilung sämtlicher übrigen in München oder sonst wo erscheinenden Tagesblätter aus. – Und ich gehe noch weiter und behaupte: Die Kümmerlichkeit und Indolenz der »Münchner Neuesten Nachrichten« trägt als wesentliches Moment zur Stagnation im Münchener Geistesleben bei. Vom Ochsen kann man bekanntlich nicht mehr verlangen als Rindfleisch, von einer liberalen Zeitung also nicht mehr als schwankenden Charakter. Von einer einigermaßen intelligenten Redaktion sollte man aber erwarten dürfen, dass schneller Wechsel in der Beurteilung dieser oder jener Angelegenheit durch allmähliche Übergänge wenigstens notdürftig verdeckt wird. Hat z. B. das »Berliner Tageblatt« einmal eine Weile in orgiastischer Arbeiterfreundlichkeit geschwelgt, und es entsteht in irgendeinem Gewerbe ein Konflikt zwischen Arbeitgebern und Arbeitnehmern, so geschieht die von der Rücksicht auf die kapitalkräftigen Abonnenten gebotene Schwenkung so vorsichtig und geschickt, dass später an der Börse kein Mensch mehr weiß, wie eng das gesinnungstüchtige Blatt noch vor kurzem den begehrlichen Massen verbündet war. Auf der Redaktion der »MNN« aber wird mit der rechten Hand schon ein konservativer Artikel geschrieben, wenn die linke noch von roter Tinte klebt …

Am wüstesten sieht es im Feuilleton aus. Die Langweiligkeit der Abhandlungen in allen Ehren. Das Publikum soll wohl darauf aufmerksam gemacht werden, dass die Essays lediglich dem Zweck der Raumausfüllung zu genügen haben. Dass die Romane unter dem Strich minderer Durchschnitt sind, mag auch hingehen. Gute Romane, noch dazu Erstdrucke, kosten viel Geld, und das spart man am besten da, wo Kulturbedürfnisse berücksichtigt werden müssen. Aber man überwinde sich einmal und sehe sich an, in welcher Weise die Kunststadt München von ihrer größten Zeitung über die aktuellen Vorgänge im künstlerischen Leben orientiert wird. Den einzelnen Kritikern soll gar kein Vorwurf gemacht werden. Man hat oft den Eindruck, als ob sie es viel besser wüssten, als sie es aussprechen dürfen. In den Berichten über Theater, Musik und bildende Künste werden Eiertänze aufgeführt, die jeden Varieté-Jongleur beschämen können. Niemals ein freies, kräftiges Wort für etwas Neues, Unerhörtes, Besonderes, niemals ein männliches Eintreten für einen Verkannten, niemals eine Derbheit gegen ein überschätztes Werk, gegen einen Charlatan und Bluffer. Was der Geschmack der Masse gebilligt hat, ist sakrosankt, was er ablehnt, ist Tabu. Kultiviertere Nerven empfangen aus den Ausschleimungen solcher Kritiken nichts als Ekel und Wut.

Häufig liest man in den Zeitungen die geschwollene Selbstanpreisung, dass aus ihren Urteilen der Geschmack der Menge geläutert und gebildet werde. Das Gegenteil trifft zu. Die Meinung der Käsehändler wird aufgefangen, mit einer gebildeten Sauce übergossen und solchen, die lernen möchten, die unsicher sind in ihren künstlerischen Urteilen, als letzte Wahrheit serviert ...

Anarchistisches Bekenntnis

... Dass ich – aus ähnlichen Gründen wie der Anarchist Tolstoj – die aggressive Gewalt im Prinzip verwerfe, berechtigt niemanden, meinen Charakter als Anarchisten in irgendeiner Form anzuzweifeln, umsoweniger als meine Ablehnung der Gewalt engstens in meiner anarchistischen Gesinnung begründet ist und von der großen Mehrheit meiner anarchistischen Genossen durchaus gutgeheißen wird ...

Kalender (1913)

Januar:
Der Reiche klappt den Pelz empor,
und mollig glüht das Ofenrohr.
Der Arme klebt, dass er nicht frier,
sein Fenster zu mit Packpapier.

Februar:
Im Fasching schaut der reiche Mann
sich gern ein armes Mädchen an.
Wie zärtlich oft die Liebe war,
wird im November offenbar.

März:
Im Jahre achtundvierzig schien
die neue Zeit heraufzuziehn.
Ihr, meine Zeitgenossen, wisst,
dass heut noch nicht mal Vormärz ist.

April:
Wer Diplomate werden will,
nehm sich ein Muster am April.
Aus heiterm Blau bricht der Orkan,
und niemand hat's nachher getan.

Mai:
Der Revoluzzer fühlt sich stark.
Des Reichen Vorschrift ist ihm Quark.
Er feiert stolz den Ersten Mai.
(Doch fragt er erst die Polizei.)

Juni:
Mit Weib und Kind in die Natur,
zur Heilungs-, Stärkungs-, Badekur.
Doch wer da wandert bettelarm,
den fleppt der würdige Gendarm.

Juli:
Wie so ein Schwimmbad doch erfrischt,
wenn's glühend heiß vom Himmel zischt!
Dem Vaterland dient der Soldat,
kloppt Griffe noch bei dreißig Grad.

August:
Wie arg es zugeht auf der Welt,
wird auf Kongressen festgestellt.
Man trinkt, man tanzt, man redet froh,
und alles bleibt beim Status quo.

September: Vorüber ist die Ferienzeit.
           Der Lehrer hält den Stock bereit.
           Ein Kind sah Berg und Wasserfall,
           das andre nur den Schweinestall.

Oktober: Zum Herbstmanöver rücken an
           der Landwehr- und Reservemann.
           Es drückt der Helm, es schmerzt das Bein.
           O welche Lust, Soldat zu sein!

November: Der Tag wird kurz. Die Kälte droht.
           Da tun die warmen Kleider not.
           Ach, wärmte doch der Pfandschein so
           wie der versetzte Paletot!

Dezember: Nun teilt der gute Nikolaus
           die schönen Weihnachtsgaben aus.
           Das arme Kind hat sie gemacht,
           dem reichen werden sie gebracht.

Pöle Poppenspäler

Münchens bestes Theater hat seinen Gründer und Leiter verloren. Ich war noch in dem allerliebsten Bau an der Blumenstraße, als Papa Schmid – schon über die Neunzig – zum letzten Male das Kasperle im Urfaust sprach: etwas zahnlos zwar und nicht in jedem Wort verständlich, aber so herzlich beteiligt noch, so lebhaft und kräftig in seinem münchnerischen Dialekt, dass es eine reine, helle Freude war. – Die Kunst des Puppentheaters ist in den letzten Jahren wieder sehr in Übung gekommen. Paul Brann leistet mit seiner modernen Marionetten-Bühne Ausgezeichnetes. Das Bestreben, Puppen in künstlerischer Plastik herzustellen, gewinnt mehr und mehr an Geltung. (Erinnert sei hier nur an die wundervollen graziösen Wachspuppen der Lotte Pritzel.) Ich glaube, dass an allen diesen Beweisen eines ausgebildeten Geschmacks Papa Schmid redlichen Anteil hat. Seine Figürchen waren bei aller Naivität der Ausführung vorzüglich charakterisiert, das Repertoire seines Theaters entsprach zugleich dem primitiv-kindlichen Verlangen eines wenig verwöhnten Publikums und dem raffinierten Geschmack künstlerisch sehr anspruchsvoller Menschen. In Papa Schmids Lebenswerk manifestiert sich das Bindeglied zwischen einer uralten sehr wertvollen Kultur zu einer höchst verfeinerten, auf ganz sensible Nerven abgestimmten Kunst. – Pöle Poppenspäler ist tot. Das Andenken des lieben Alten und sein künstlerisches Vermächtnis wird länger währen als sein reiches Leben gedauert hat.

Herz und Hals

Die Asphaltfläche schimmert feucht.
Wenn Pferdehufe sie beklopfen,
und wenn ein Auto drüberkeucht,
dann spritzen rings die Regentropfen.

Der Kragen, hochgeklappt, vermummt,
dicht unterm Schirm die Menschenlarven.
Die Telegraphenleitung summt
im nassen Wind wie Aeolsharfen ...

Mich schrecken Sturm und Regen nicht.
Hinaus, wo sich die Bäume biegen!
In meinem Herzen ist es licht:
die Liebe lehrt den Herbst besiegen.

Ich knöpf' den Mantel auf, ich Narr,
und lauf' ins Freie, plan- und ziellos.
Die Folge ist ein Halskatarrh.
(Die Wirklichkeit ist poesielos.)

Patrioten

Das Vaterland, als Ding an sich betrachtet, ist gewiss eine schöne Sache. Nur wissen wir von seines Wesens Besonderheit nicht viel mehr, als was uns der Barde E. M. Arndt in seinem Trutzliede versichert: Es muss größer sein. Der beliebte Dichter spricht dabei zwar nur vom deutschen Vaterland, und die patriotische Lyrik unseres Erbfeindes ist mir nicht geläufig, – aber es ist wohl bestimmt zu hoffen, dass auch in den Kampfgesängen der Franzosen, Engländer, Russen und Turkestaner das Vaterland als ein geographisches Gebiet gedeutet wird, das größer sein muss. Denn darin haben sich die Völker der Erde gegenseitig nichts vorzuwerfen: Haben sie sich einmal in einen Begriff verliebt, dann stehen sie dafür ein mit Leib und Leben, und es gibt keine Dummheit, die ein Volk nicht um einer Redensart willen begehen würde.

Patriotismus ist bei allen Völkern eine Voraussetzung, die keines Beweises bedarf, eine Eigenschaft, die der Kritik entzogen ist. Ich gestatte mir dennoch auf die Frage: Was ist Patriotismus? zu antworten: Ein gutes Geschäft oder eine leere Phrase.

Die wertgeschätzten Leser, die sich jetzt in ihren heiligsten Empfindungen verletzt fühlen, werden freundlichst ersucht, diese Empfindungen einen Augenblick neben sich zu stellen und ihren bewährten kritischen Verstand an deren Platz zu lassen. Dann werden sie erkennen, dass Patriotismus ein dem natürlichen Heimatgefühl künstlich aufgepfropfter Begriff ist. Ein Sentiment, das räumliche Grenzen voraussetzt, das bei uns Deutschen bis weit ins dänische, französische und polnische Nationalgebiet hineinstrebt und bei der Basler und Salzburger Zollrevision seine Wirksamkeit einstellt. Oder ist Patriotismus etwas anderes? Etwa das Bewusstsein einer nationalen Zusammengehörigkeit, einer Verschmolzenheit seelischer Interessen? Das wird zu prüfen sein.

Unsere gesellschaftlichen Einrichtungen sind solche, dass die Lebensmöglichkeit des Einzelnen sich nicht auf persönliche oder korporative Tüchtigkeit gründet, sondern durchaus nur auf die Ruderkraft der Ellenbogen im sozialen Kampf. Da eine Minderheit der Menschen im Alleinbesitz aller Produktionsmittel ist, und die Mehrheit von ihrer Gnade abhängt, um auch nur zur Arbeit zugelassen zu werden (gegen den Preis kärglicher Entlohnung und frühzeitiger Kräfteabnutzung), da diese Mehrheit ferner unterernährt zur Welt kommt, unterernährt aufwächst und alle Energie für die Möglichkeit, primitiv zu existieren und schon im Keimzustand entrechtete Kinder zu zeugen, aufwenden muss, so ist der soziale Kampf der Menschen der ungleichste Kampf im ganzen Naturgeschehen. Ausbeuter und Ausgebeutete – so setzt sich ein Volk in diesen Zeitläuften zusammen. Und unter diesen Menschen soll das Bewusstsein nationaler Zusammengehörigkeit bestehen, unter ihnen sollen irgendwelche seelischen Interessen verschmolzen sein? Wer das behaupten wollte, müsste die Augen zehnfach verbinden vor dem Hass, der Gier, der Skrupellosigkeit, mit der die Menschen des gleichen Volksstammes gegeneinander wüten. Wo aber wirkliche Interessen ineinander greifen, da sind sie nicht an den Raum gebunden. Die Verbindungen der Reichen gegen die Armen greifen über die Grenzen der Länder hinaus und zeigen den Armen damit an, dass auch sie sich international verbinden müssen, wollen sie je wieder zu menschenwürdigen Zuständen gelangen.

Versuchen wir also, der Ergründung des Patriotismus von einer anderen Seite beizukommen. In welchen Formen äußern sich die Gemütswallungen der Patrioten? In devoten Kundgebungen für das Staatsoberhaupt oder die gerade gültige Staatsform und in säbelrasselndem Selbstlob auf Kosten des »Feindes«. Daraus ergibt sich, dass Patriotismus stets eng verquickt ist mit äußerlichen Zeiterscheinungen, mit der oft zitierten »Liebe zur Scholle« aber gar nichts zu tun hat. Die Liebe zur Scholle wird als Heimatsgefühl ursprünglich in jedem Menschen leben, ist aber von politischen Grenzabsteckungen ganz unabhängig und kann als ethisches Postulat überhaupt nicht verwendet werden, weil ihre Intensität von der Fülle und der Art individueller Jugendeindrücke bestimmt ist, und weil die gesegneten kapitalistischen Einrichtungen bei vielen, die nie eine Handbreit Scholle zu eigen besessen haben, das ursprüngliche Gefühl gar nicht haben aufkommen lassen. Ergo: Patriotismus ist, wo das Wort überhaupt eine Empfindung umschließt, politisch-konservative Staatsbejahung, verbunden mit kriegerischer Eitelkeit.

Das politische Bekenntnis ist bei den meisten viel weniger im Temperament begründet als in praktischen Erwägungen. Daher ist auch der wahre Patriot der, der seinen Nutzen in der Erhaltung des bestehenden Staatssystems und in der Feindschaft der Völker gegeneinander erkennt. Wenn sich diejenigen, deren Interessen in direktem Gegensatz zum Kapitalismus und Militarismus stehen, gleichwohl ebenfalls als Patrioten bezeichnen, so ist das ein demagogischer Kniff und eine Anerkennung der Überlegenheit der Konservativen, denen es noch immer gelungen ist, ihr Geschäft mit Hilfe einer suggestiven Phraseologie zum idealen Wert der Gesamtheit zu machen.

Es genügt vollkommen, einer parlamentarischen Opposition Antipatriotismus vorzuwerfen, um sie als gekränkte Unschuld zum Greinen zu bringen. Der Begriff ist selbst den rötesten Schreiern als moralische Tugend so tief in Fleisch und Blut eingedrungen, dass sie uns, die wir uns aus Liebe zur Ehrlichkeit klar und offen als Antipatrioten bekennen, mit derselben Verachtung abschütteln, wie das die konservativsten Staatsstützen tun. Sie haben aber gegen die Loyalitätspächter den Nachteil, dass sie wider die Wahrheit Patrioten sind, und um ihre Suggestion zu erhalten, als Ideal konstruieren müssen, was den andern praktische Selbstverständlichkeit ist.

Wie sehr der Patriotismus bei seinen natürlichen Bekennern als geschäftliche Nützlichkeit gewürdigt wird, dafür hat die letzte Zeit beweiskräftiges Material in Hülle und Fülle geliefert. Und überall ergibt sich aus den Tatsachen das gleiche Bild: Der spekulative Patriotismus der Staatsinteressenten schürt den ideellen Patriotismus der phrasengläubigen Völker und macht sein Geschäft dabei …

Österreich-Ungarn. Die Donaumonarchie verfügt über ungewöhnlich gewandte Patrioten. So dumm wie unsere östlichen Bundesfreunde hat sich selten ein Volk bluffen lassen. So unverfroren wie dort ist aber auch selten der unbeteiligte Patriotismus des Volkes aufgekitzelt worden. Auf der Blutwiese des Balkankrieges wünschte auch Österreich sein Schäfchen zu weiden. Dazu empfahl es sich für das im Wesentlichen slavische Land, den Anwalt des nichtslavischen Europas zu spielen. Als der Krieg mit dem Unterliegen der Türkei ausging, mischte sich Österreich-Ungarn hinein, um die Sieger um den Ertrag ihrer Anstrengungen zu bringen und schuf den ganz Europa bedrohenden Konfliktsfall Skutari. Das darf nicht an Montenegro fallen, weil das für die Geschäfte der österreichischen Patrioten nicht opportun ist. Montenegro wehrt sich natürlich so lange es kann gegen die Herausgabe – und nun spielt Österreich den Beleidigten, spielt ihn mit so ausgezeichneter Mimik, dass die Volksseele in jedem Bürger der Wiener Josephsstadt kocht. Die Bevollmächtigten des österreichischen Patriotismus haben es allmählich so weit gebracht, dass ihnen die Opfer ihrer Spekulationen in die Ohren schreien: Es ist eine Affenschande, was ihr für Schlappschwänze seid! Wir schämen uns Österreicher zu sein, wenn ihr Euch die Frozzeleien Nikitas noch länger gefallen lasst! Wir wollen Krieg! Krieg! Krieg! – Ob Österreich-Ungarn den heldenhaften Feldzug gegen das winzige Balkanländchen unternehmen wird, oder ob es bei der Verhängung des Belagerungszustandes in den Kronländern bleibt, lässt sich, während ich dies schreibe, noch nicht übersehen.

Auch nicht, ob im ersteren Falle Österreich-Ungarn Cetinje oder Montenegro Wien okkupieren wird. Das aber lässt sich übersehen, dass das Losmarschieren der Österreicher vor der Geschichte nicht als eine Abwehrmaßregel gegen schmähliche Herausforderungen, sondern als ein ganz ordinärer Raubzug dastehen würde, dessen Folgen unabsehbar wären. Denn dass die Österreicher Patrioten sich nicht mit einer polizeilichen Aktion begnügen würden, steht doch fest. Wenn die Monarchie aber erst einmal nach Balkanland für den eigenen Bedarf langt, dann werden Russlands Patrioten gewiss nicht müßig zusehen – und dann gnade uns Gott.

Deutschland. Im Reichstag hat Dr. Karl Liebknecht einige Mitteilungen gemacht, die den geschäftlichen Charakter einer gewissen Sorte von Patriotismus magisch beleuchtet. Danach unterhält die Firma Krupp eine reguläre Spitzelorganisation, die berufen ist, mit Hilfe von Bestechungsgeldern die Absichten der Regierungsämter zu ermitteln und darauf Spekulationen zu gründen. Danach hat die Deutsche Waffen- und Munitionsgesellschaft falsche Nachrichten über neue französische Rüstungsaktionen in die französische Presse zu lancieren versucht, um die deutsche Regierung auf Kosten der Steuerzahler und zum Nutzen der Waffenindustrie zu weiteren Militärausgaben zu veranlassen. Diese Mitteilungen sind nicht gerade überraschend, aber wichtig, weil sie endlich einmal positives Material bringen. Psychologisches Interesse bietet dabei auch das Verhalten der patriotischen Presse. Die konnte zwar nicht anders, als im Brustton der Überzeugung schonungslose Aufklärung fordern, erging sich aber gleichzeitig in Beschimpfungen gegen Dr. Liebknecht und suchte mit dem bewährten (und von den Sozialdemokraten keineswegs missachteten) Mittel der persönlichen Verunglimpfung die Wucht der erbaulichen Tatsachen abzuschwächen. Die Bewilligung der von Deutschlands Patrioten als notwendig erachteten neuen Wehrmittel mit all ihren scheußlichen Nachwirkungen auf die Volkswirtschaft des Landes wird denn auch über die Kleinigkeit dieser patriotischen Schweinereien nicht stolpern. Man soll übrigens nicht ungerecht sein und die deutsche Militärindustrie für korrupter halten als die ausländische. Kein ehrlicher Mensch zweifelt daran, dass die Geschäftusancen der französischen, englischen und italienischen Waffenfabriken genau die gleichen sind. Der Patriotismus der Völker gedeiht dabei überall vortrefflich.

Wir erkennen an allen diesen Beispielen, dass die Woge der nationalen Begeisterungen einem circulus viciosus gleicht. In den Geschäftskontoren der Interessenten wird der Patriotismus erregt.

Der fertige Patriotismus schafft aus sich selbst heraus fortgesetzt Reibungen und Skandale (wie z. B. den Dummenjungenkrach in Nancy), aus den Reibungen entwickelt die Geschäftigkeit der Interessenten neuen Patriotismus. Die Völker aber, die lieber verrecken, als sich von ihrer patriotischen Phrase trennen, zahlen die Kosten.

Revolution

Revolution ist die Bewegung zwischen zwei Zuständlichkeiten. Hierbei stelle man sich nicht das Bild einer sich langsam drehenden Rolle vor, sondern eines ausbrechenden Vulkans, einer explodierenden Bombe oder auch einer sich entkleidenden Nonne.

Alle Revolution ist aktiv, singulär, plötzlich und ihre Ursachen entwurzelnd.

Revolution entsteht, wenn ein Zustand unhaltbar geworden ist: mag dieser Zustand in den politischen oder sozialen Verhältnissen eines Landes, in einer geistigen oder religiösen Kultur oder in den Eigenschaften eines Individuums stabilisiert sein.

Die treibenden Kräfte der Revolution sind Überdruss und Sehnsucht, ihr Ausdruck ist Zerstörung und Aufrichtung.

Zerstörung und Aufrichtung sind in der Revolution identisch. Alle zerstörende Lust ist eine schöpferische Lust (Bakunin).

Einige Formen der Revolution: Tyrannenmord, Absetzung einer Herrschergewalt, Etablierung einer Religion, Zerbrechen alter Tafeln (in Konvention und Kunst), Schaffen eines Kunstwerks, der Geschlechtsakt.

Einige Synonyma für Revolution: Gott, Leben, Brunst, Rausch, Chaos.

Lasst uns chaotisch sein!

Verloren

Nach all den Nächten, die voll Sternen hingen,
Nun diese dumpfe, trübe, nasse Nacht,
Als wär die Arbeit aller Zeit vollbracht
Und niemals wieder Hoffnung auf Gelingen.

Wohin die Schritte weisen, da das Ziel
Ertrank im nebeligen Grau der Wege?
Ich such' nur noch, wo ich mich niederlege,
Den stillen Platz. Verloren ist das Spiel.

Ich höre vieler Menschen Schritte tasten, –
Verirrte Menschen, einsam, müd und arm, –
Und keiner weiß, wie wohl ihm wär und warm,
Wenn wir einander bei den Händen fassten.

An die Leser des Kain!

Die über Länder und Völker hereinbrechende Katastrophe ist nicht mehr aufzuhalten. In diesem Augenblick wäre es müßiges Tun, Kritik zu üben oder Schuld auszuteilen. Die Ereignisse nehmen mir, der ich um der Menschlichkeit willen meine Zeitschrift geschaffen habe, die Feder aus der Hand.

Die Leser, die in vierzig Monaten mein Wollen erkannt haben, werden meine Stellung verstehen und billigen. Ich habe nur die Wahl, ganz zu schweigen oder zu sagen, was jetzt niemanden frommt und was unter dem geltenden Ausnahmerecht meine persönliche Sicherheit gefährden kann. Ein Drittes in unmöglich, da ich meine Überzeugungen nicht verleugnen und nicht frisieren kann. Auch den Ausweg, den Inhalt der Zeitschrift auf die Glossierung belangloser Kleinigkeiten oder auf kunstkritische Betrachtungen zu beschränken, verschmähe ich. In dieser Stunde, wo es um das Schicksal aller geht, gibt es außerdem nichts Wesentliches und nichts, was eine Zeitschrift für Menschlichkeit angeben könnte.

Deshalb habe ich mich entschlossen, die Herausgabe des »Kain« während der Dauer des Kriegszustandes zu unterbrechen. Nachher werde ich wieder auf dem Plan sein, um die Wege zu Frieden und Glück suchen zu helfen. Möge es bald sein!

Wiegenlied

Still, mein armes Söhnchen, sei still.
Weine mich nicht um mein bisschen Verstand.
Weißt ja noch nichts vom Vaterland,
dass es dein Leben einst haben will.
Sollst fürs Vaterland stechen und schießen,
sollst dein Blut in den Acker gießen,
wenn es der Kaiser befiehlt und will. –
Still, mein Söhnchen, sei still!

Trink, mein Söhnchen, von meiner Brust.
Trink, dann wirst du ein starker Held,
ziehst mit den andern hinaus ins Feld.
Vater hat auch hinaus gemusst.
Vater ward wider Willen und Hoffen
von einer Kugel ins Herz getroffen.
Aus ist nun seine und meine Lust. –
Trink von der Mutter Brust!

Freu dich, goldiges Söhnchen, und lach.
Bist du ein Mann einst, kräftig und groß,
wirst du das Lachen von selber los.
Fröhlich bleibt nur, wer krank ist und schwach.
Vater war lustig. Ich hab ihn verloren,
hab dann dich unter Schmerzen geboren –
hörst drum ewig mein bitteres Ach!
Freu dich, Söhnchen, und lach!

Schlaf, mein süßes Söhnchen, o schlaf.
Weißt ja noch nichts von Unheil und Not,
weißt nichts von Vaters Heldentod,
als ihn die bleierne Kugel traf.
Früh genug wird der Krieg und der Schrecken
dich zum ewigen Schlummer erwecken …
Friede, behüt meines Kindes Schlaf! –
Schlaf, mein Söhnchen, o schlaf …

Entlarvung

Europa hat sich abgeschminkt.
Befreit von Rouge und Puder
steht eklig da das Luder
und faucht und stinkt.

Den Schnürleib sittlicher Kultur
warf sie zum Kunstkorsette.
Statt Rippen Bajonette
hält feil die Hur.

Europa, mach das Hemde zu!
Der Anblick deiner Nacktheit
ist Gift und Abgeschmacktheit.
Krepiere, du!

Soldatenlied

I.
Wir lernten in der Schlacht zu stehn
Bei Sturm und Höllenglut.
Wir lernten in den Tod zu gehn,
Nicht achtend unser Blut.
Und wenn sich einst die Waffe kehrt
Auf die, die uns den Kampf gelehrt, –
Sie werden uns nicht feige sehn.
Ihr Unterricht war gut.

II.
Wir töten, wie man uns befahl,
Mit Blei und Dynamit,
Für Vaterland und Kapital,
Für Kaiser und Profit.
Doch wenn erfüllt die Tage sind,
Dann stehn wir auf für Weib und Kind
Und kämpfen, bis durch Dunst und Qual
Die lichte Sonne sieht.

III.
Soldaten! Ruft's von Front zu Front:
Es ruhe das Gewehr!
Wer für die Reichen bluten konnt,
Kann für die Seinen mehr.
Ihr drüben! Auf zur gleichen Pflicht!
Vergesst den Freund im Feinde nicht!
In Flammen ruft der Horizont
Nach Hause jedes Heer.

IV.
Lebt wohl, ihr Brüder! Unsere Hand,
Dass ferner Friede sei!
Nie wieder reiß' das Völkerband
In rohem Krieg entzwei!
Sieg allen in der Heimatschlacht!
Dann sinken Grenzen, stürzt die Macht,
Und alle Welt ist Vaterland –
Und alle Welt ist frei!

Texte 1919–1924

Krieg – Revolution – Friede

Der feierliche Glockenklang der Revolution tönt stark und erschütternd durch unsere Seelen. Wunderbar begeistert empfangen wir die Weihe einer neuen Zeit. Wir Vorderen, die wir uns stets als Schrittmacher der Zukunft zwischen unwegsamem Geröll, im Stich gelassen von der Welt, die wir liebten, ein wenig lächerlich wussten vor den Weisen und Abgeklärten, deren Herz nie tut, was nicht der Kopf erwogen hat, – wir fühlen mit einem Male weichen Rasen unter den Füßen, und hinter uns drängt sich freudige Gefolgschaft. Wir haben Grund zur Freude, aber keinen zum Übermut.

Der Ausbruch und der Sieg der Revolution – und der Ausbruch einer Revolution ist schon ihr Sieg, weil er die Entbindung einer Sehnsucht ist – kamen aus dem Unerträglichen, aus einem Übermaß des Leidens und der Entwürdigung, das in keiner Stunde der Freude und der Befriedigung vergessen werden darf. Wir mussten erst das finsterste, den Namen der Menschheit entehrendste Kapitel Weltgeschichte durchleben, um reif zu werden für den ersten Schritt ins Licht, für die Vortaufe zur Aufnahme in den Bund des gerechten Geistes.

Das ist der stärkste Beweis für die gewaltige Beseelung der großen Revolution, in die wir eingetreten sind, dass der Schwingenschlag dieser wunderbaren Tage uns befähigt, das Grauen und das Elend, die Entwürdigung und die Gemeinheit des Krieges, der kaum noch abgeschlossen ist, dessen fauliger Sud noch über den Saaten aller Länder dunstet, dessen ekler Ertrag an Gewinn und Verlust noch nicht berechnet ist, der gestern noch gegenwärtig war mit der ganzen Schwüle einer fressenden Pest, heute schon als ein Stück aufseufzend abgeworfener Vergangenheit zu empfinden. Aber niemals lasst uns vergessen, was wir in den vier Jahren durchlebten, die als Scham- und Schmachjahre der Geschichte den Nachfahren überliefert werden mögen. Wollen wir würdig sein der eben heraufziehenden neuen Zeit, wollen wir stolz bleiben im Willen aufzubauen auf dem Grundstein der Freiheit, der Gerechtigkeit, des Sozialismus und der Völkerverbrüderung, den wir jetzt ins Fundament senken, dann dürfen wir nicht leichtfertig abwerfen, was an grässlicher Erfahrung die sterbende Epoche uns aufgeladen hat.

Jeder Tote, der im verwüsteten Boden Frankreichs und Belgiens, Polens und Russlands, Österreichs, Serbiens, Rumäniens, Italiens, der Türkei und Palästinas, der am Grunde des Meeres oder als mittelbares Opfer des Weltverbrechens in den Friedhöfen der ganzen Welt fault, hat Anspruch darauf, mit seinem stillen Schrei nach ewigem Frieden, nach ewiger Weltversöhnung gehört und geachtet zu werden. Jeder Krüppel, der seine Glieder oder seine Augen, seine Fröhlichkeit oder seinen Verstand einbüßte auf dem Teufelsamboss der Ruhm- und Besitzgier gewissenloser Bevorzugter, hat Anspruch darauf, von Mitwelt und Nachwelt mit zerknirschter Reue und mit dem Gelöbnis gegrüßt zu werden, dass die Befreiung der Welt von den Ursachen jedes Kriegs fortab Ziel und Trieb aller gemeinsamen Kräfte sein soll. Die Tränen jeder Witwe, jeder Waise, die die Luft der Erde in diesen vier Schreckensjahren salzten, die Trichter und Löcher im Ackerboden jedes Landes, das dem Jammer dieser Tragödie zur Bühne diente, der Mörtel jedes Hauses und jeder Hütte, die verdorrten Äste jedes Baumes, die als Staub und Asche den Scheiterhaufen menschlichen Anstands und menschlicher Güte kennzeichnen, haben Anspruch darauf, von allen gegenwärtigen und allen zukünftigen Erdbürgern geheiligt zu werden als Mahnung an die Welt, den einigen Geist zu ehren, der die Empfindung der Menschen mit den eigenen Werken und mit den Gaben der Natur verbindet. Der Schmerz jedes verwundeten Pferdes, die Angst jedes liebenden Herzens, der Jammer jeder verlassenen Seele hat Anspruch darauf, am Leben zu bleiben über alle Generationen mit der einzigen Forderung: Friede! Ewiger Friede!

Das grauenvolle Kapitel: wer trägt die Schuld? – soll heute und in diesem Zusammenhange noch nicht aufgerührt werden; – nicht, weil das Gewesene vergangen wäre und weil denen verziehen sein sollte, die jetzt zum Glück der Welt entmachtet sind, – nein! niemals dürfen sie begnadigt werden vor Geschichte und Nachwelt, ihre Namen sollen gebucht werden im Merkbuch der Zeiten mit allem Blut, das sie haben fließen lassen für ihren und ihrer höllischen Idole Nutzen. Aber vertagt soll die Anklage werden bis auf kurzes, damit sie nicht allzu schroff, allzu weh die Freude dieser Stunden trübe. Sie sollen gezeichnet werden, die Schuldigen, – und wir in Deutschland wollen die deutschen Schuldigen am schonungslosesten zeichnen. Denn das sei fortab unser nationaler Stolz, wettzueifern mit den Brudervölkern, um unsern Volksnamen zu reinigen vor dem Urteil der Zeiten.

So grüßen wir die Revolution als ein Reinigungsbad in einer Stunde, in der wir der Reinigung mehr bedurften als je zuvor. Nicht als Erfüllung betrachten wir die Tage, die jetzt golden und stark über uns herrauschen, wenigstens nicht als Erfüllung der weiten großen Ziele, die vor uns stehen. Wohl aber sind sie die Erfüllung unseres tiefsten Sehnens, das dem Anfang galt. Erfüllt ist die Stunde, in der wir bußfertig und tatenfroh das Werk der Zukunft beginnen. Nicht ohne Kämpfe werden wir unsere Taten verrichten können. Aber diese Kämpfe werden geläutert sein durch den Zustrom warmen Lebens, den jetzt die Revolution durch die Herzen gießt.

Leidenschaft und Begeisterung durchströmt uns Kämpfende der Zukunft. Im August 1914 ging schon einmal solche Welle leidenschaftlicher Erregung durch das Volk. Aber damals war Angst ihr Antrieb, und wir, die wir von jener Angst in andere Empfindungen als in Begeisterung versetzt wurden, waren das Gespött, der Zorn oder das Bedauern der vielen Erhobenen. Heute ist es umgekehrt. Unser rascherer Puls gibt dem Blutlauf der Volksgenossen Tempo und Rhythmus, und wer heute nicht mit ergriffen ist von unserer Erfülltheit, die nicht Angst, sondern hoffende Liebe bewegt, dem zürnen wir nicht und dessen spotten wir nicht, aber wir bedauern ihn und mühen uns, ihm abzugeben von unserer Seligkeit und ihn zum Frieden zu stimmen für uns und für unsere Ziele.

Denn das gemeinsame Völkersehnen nach Frieden gebar die Revolution, der werdende Friede gibt der Revolution seine Musik, und Friede steht über den Pforten, die der Hammer der Revolution in die harte Mauer der Völkerfeindschaft geschlagen hat: – ewiger Friede!

Studenten 1918

Es muss gesagt werden, dass die Stunde der Erhebung in München chens geistigen Bezirken keinen erhobenen, keinen erhebenden Geist fand. Die Münchner Studentenschaft hat kläglich versagt. Den Geist und den Sinn der Revolution erfassten nur einzelne Begeisterte, im ganzen hat die Münchener Universität den geschichtlichen Augenblick der größten Umwälzung, die Deutschland je erlebt hat, unbeteiligt an sich vorbeigehen lassen. Die dem Schicksal gewachsenen Studierenden beiderlei Geschlechts betrachteten das Geschehnis mit dem verdrossenen Achselzucken eines unzufriedenen Zuschauers. Der 7. November 1918, der Geburtstag des geläuterten Bayern, der Tag, der die Augen der Soldaten und Arbeiter mit neuem Glanze füllte, war für die akademische Jugend Münchens eine peinliche Störung. Das sei festgestellt, bevor es vergessen oder abgeleugnet werden kann.

Bisher sah man in der Studentenschaft stets die Vorhut aller freiheitlichen Regungen und Hoffnungen. Die Jahre 1830 und 1848 galten uns immer als Ruhmesjahre der akademischen Jugend. Der 18. März kann nie genannt werden ohne die Erinnerung an die Begeisterung der Berliner Studenten wachzurufen. Fritz Reuters »Festungstid« ist ein unvergängliches Denkmal studentischen Freiheitssehnens und studentischer Opferfreudigkeit. Wer die Erinnerungen Herzens oder Krapotkins liest, weiß, welchen ungeheuren Anteil die russischen Studenten an der Erweckung ihres Volkes hatten, und wer erst 1905 und dann 1917 als mitlebender Zeitgenosse den Ausbruch der russischen Volkswut, die Befreiung des russischen Volkes vom Zarismus gesehen hat, der denkt ergriffen der aufopfernden Arbeit der Jünglinge und Mädchen, die von den Hörsälen der Universitäten aus ohne Rücksicht auf die eigene Freiheit, auf das eigene Leben den Geist der Revolution ins Land geworfen hatten, der denkt der zahllosen studierenden Männer und Frauen, die für die Freiheit ihres Volkes jahrzehntelang in den Kerkern des Zaren, in den Bergwerken Sibiriens ihren Idealismus büßten, der hält erschüttert Totenschau unter den Hunderten russischer Studenten und Studentinnen, die ihr Leben hingaben für die Revolution und für das, was sie als Glück ersehnten.

Die Revolution von 1918 war Alleingut der Soldaten und Arbeiter – wenigstens in München. Die Akademiker standen blasiert und degoutiert im Hintergrunde.

Dort wollen wir sie stehen lassen.

Revolutionäre, internationalistisch gesinnte, communistische Arbeiter und Soldaten!
Männer und Frauen!

Nicht alle Volksgenossen sind mit dem bisherigen Verlauf der Revolution einverstanden.

Wir sind nicht zufrieden mit der Beschränkung der revolutionären Forderungen auf politische Angelegenheiten. Wir verlangen die Verwirklichung des Sozialismus als Krönung der gegenwärtigen Volksbewegung.

Das Ende des Weltkrieges bedeutet zusammen mit der Weltrevolution den Zusammenbruch des Kapitalismus. Auf seinen Trümmern wollen wir nicht altes zu retten suchen, sondern neues aufbauen.

Wir blicken nicht auf den Weg, sondern aufs Ziel. Das Mittel der Revolution heißt Revolution. Das ist nicht Mord und Totschlag, sondern Aufbau und Verwirklichung. Mit diesem Mittel wollen wir die sozialistische Gesellschaft der Gerechtigkeit und Wahrheit bei uns durchführen, um den Brüdern der gesamten Internationale das Beispiel zu geben, das unsere russischen Kameraden uns gegeben haben. Wie sie wollen wir die Liebe zur Menschheit zur Richtschnur aller unserer Handlungen machen.

Zunächst haben wir dazu aufzuklären und die Kräfte zu sammeln, die die Rettung der Welt in der Neubelebung einer radikalen und konzessionslosen, sozialistisch-communistischen Internationale erkennen. Wir rufen das bayerische und darüber hinaus das deutsche Volk auf, mit uns gemeinsam die Verbindung mit den Völkern aller Länder herzustellen zu dem Ende, den internationalen Kapitalismus und Imperialismus von Grund aus zu stürzen und die Hand- und Kopfarbeiter zu Nutznießern des eigenen Werkes zu machen.

Es lebe die Freiheit des Volkes! Es lebe die Revolution der Welt! Es lebe die sozialistische Internationale!

Vereinigung revolutionärer Internationalisten Bayerns.

Erich Mühsam   Jos. Merl   Hilde Kramer   F. K. Fister.

Geschäftsstelle: Frauenstr. 8 (Braunauer Hof) Tel. 26358. (10—12 und 3—7 Uhr).
Publikations-Organ: „Kain", Zeitschrift für Menschlichkeit, München.

Abb. 14: Flugblatt vom 30. November 1918

Trutzlied

Nennt uns nur höhnisch Weltbeglücker,
weil wir das Joch der Unterdrücker
nicht länger dulden und die Schmach.
Lacht nur der neuen Ideale,
leert auf die alten die Pokale –
Wir geben nicht nach!

Legt nur die Stirn in ernste Falten,
schreckt auf im Bette ungehalten
und scheuert euch die Augen wach.
Fluch auf die unerwünschte Störung,
reißt's Fenster auf und schreit: Empörung!
Wir geben nicht nach!

Setzt euch nur auf die Geldkassette,
dass Gott die arme Seele rette
aus Not, Gefahr und Ungemach –
und ruft nach euern guten Geistern,
nach Polizei und Kerkermeistern –
Wir geben nicht nach!

Dass den Verrat der Teufel hole,
langt nur die Repetierpistole
samt den Patronen aus dem Fach,
und schmückt den Hut mit der Kokarde
der geldsacktreuen weißen Garde –
Wir geben nicht nach!

Lasst Volkes Blut in Strömen fließen,
lasst uns erhängen und erschießen,
setzt uns den roten Hahn aufs Dach.
Lasst Mörser und Haubitzen wüten,
um euer Diebesgut zu hüten –
Wir geben nicht nach!

Lasst euer Höllenwerkzeug toben!
Die Sehnsucht selbst hat sich erhoben
des Volks, das seine Ketten brach.
Freiheit und Recht stehn auf der Schanze.
Sieg oder Tod – jetzt geht's ums Ganze! –
Wir geben nicht nach!

Abb. 15: Postkarte, Anfang 1919 (Aufnahme: Heinrich Hoffmann)

Die Diktatur des Proletariats

… Das Volk, das sich von Mandataren mit unbegrenzten Vollmachten Gesetze geben lässt, hat … auf jede Selbstbestimmung verzichtet, hat sich unreif erklärt und wird ganz natürlich von Demagogen und Interessenagenten an der Nase herumgeführt. Davon gar nicht zu reden, dass kein noch so freies Wahlrecht davor schützt, dass jedes Parlament in einem kapitalistisch organisierten Staat notwendig die Exekutive kapitalistischer Sonderinteressen bleiben muss, da schon sein Zustandekommen auf Grund der mechanischen Auszählung von abgegebenen Stimmen immer nur die Kräfte begünstigt, die bei der Stimmenwerbung den höchsten Aufwand treiben konnten – und das sind natürlich die kapitalkräftigsten, denen die Presse, der Beichtstuhl und die traditionelle Autorität der höheren Schicht zu Gebote steht –, von der wahren Stimmung im Volke aber keinen Abglanz zeigt. Könnte man die im geheimen und allgemeinen Verfahren abgegebenen Stimmen zur Nationalversammlungswahl nachträglich nach Ständen ausmitteln, so würde sich wahrscheinlich ergeben, dass von den an die Wahlurne geschleppten Dienstmädchen mindestens 90% liberal oder klerikal gewählt haben. Bewiese das, dass die Mehrzahl der Dienstmädchen von liberalen und ultramontanen Überzeugungen erfüllt sind? Es bewiese nur, dass die Herrschaften, die ihre häuslichen Arbeiten nicht selbst verrichten, zum größten Teil ihre Interessen bei fortschrittlichen bezw. pfäffischen Abgeordneten am besten gewahrt sehen.

Das Rätesystem in seiner dezentralistischen Verzweigung schafft dagegen die lebendige Beteiligung der arbeitenden Einzelpersönlichkeit an der Verwaltung und Entwicklung des gesamten Gesellschaftsorganismus. Der Aufbau des Systems muss von unten nach oben gehen. Als Arbeiterräte kämen also in Betracht: Betriebsräte, Branchenräte, Ortsräte, Kreis- und Landesarbeiterräte. Worauf es ankommt ist, dass der Delegierte für jeden wesentlichen Entschluss das imperative Mandat seiner Auftraggeber einholen muss, dass er sich für seine Haltung in jeder einzelnen Frage vor seinen Wählern verantworten muss, und dass er jederzeit von seinem Posten zurückgezogen werden und durch eine geeignetere Persönlichkeit ersetzt werden kann. Dieses Auswechselverfahren ist das eigentliche Kennzeichen des Rätesystems im Gegensatz zum Parlamentarismus. Das Ausschreiben von Rätewahlen nach dem Proporz, wie es Herr Cohen-Reuss für den deutschen Rätekongress in Berlin dekretiert hat, ist daher ein plumper Versuch, die Einrichtung um ihren wahren

Sinn zu bringen und sie zu einer parteipolitisch verwendbaren un-sozialistischen Revolutionsbremse zu erniedrigen.

Der Sinn der Räte ist vorläufig, die kapitalistische Gesellschafts-maschinerie in eine sozialistische zu überführen. Solange das nicht erreicht ist, muss jeder Nichtsozialist und jeder, der als kapitalistischer Unternehmer Lohnangestellte beschäftigt, von der Beteiligung an den Wahlen ausgeschlossen bleiben. Die Räte zu bestimmen und durch sie die öffentliche Gewalt auszuüben, ist ausschließlich das Recht der Ausgebeuteten. Das ist die Diktatur des Proletariats. Ist das Ziel, die kommunistische Gesellschaftsform, erreicht, so fällt die Diktatur von selbst dahin, da dann die Ausbeutung in keiner Form mehr besteht und also jeder Anlass zu Entrechtungen irgendwelcher Art behoben ist.

In Russland und in Ungarn besteht die Diktatur des Proletariats. Wir haben den ernstesten Anlass, die Entwicklung des Sozialismus in diesen Ländern mit angespannter Aufmerksamkeit zu verfolgen und uns für den Tag vorzubereiten, an dem wir unter Vermeidung der dort zutage tretenden Fehler und unter Berücksichtigung der besonderen Verhältnisse bei uns aus den Vorbildern, die uns die Genossen dort bieten, die Lehren ziehen müssen.

Um aus der außerordentlichen Schwierigkeit, endlich ein geeig-netes Wahlsystem für die Arbeiterräte in Deutschland zu finden, he-rauszukommen, unterbreite ich der Öffentlichkeit im folgenden ein

Wahlreglement für Arbeiterräte,

das ich alle zuständigen Persönlichkeiten und Organe zu prüfen bitte und das ich hiermit zur Diskussion stelle. Als Unterlage be-nutze ich, allerdings unter erheblichen eigenen Veränderungen, das in Russland geltende Wahlverfahren, wie es der russische Kommu-nist J. P. Kasakow in seiner Abhandlung »Die russischen Sowjets« in der Wochenschrift »Der Arbeiterrat« (Jahrg. I, Nr. 6) darstellt. Von den verschiedenen Aufgaben der besonderen Räte soll hier nicht ge-sprochen werden. Nur die Art der Wahl steht zur Erörterung.

A. Betriebs- und Branchenräte. Da die Betriebsräte naturgemäß nur die Interessen der Arbeiter und Angestellten innerhalb der einzelnen Betriebe wahrzunehmen haben, versteht es sich von selbst, dass zum aktiven und passiven Wahlrecht nur Angehörige der betreffenden Be-triebe zugelassen werden. Diese bestimmen nach eigenem Ermessen die Zahl und Zusammensetzung der Räte. Jedoch soll grundsätzlich niemand länger als drei Monate hintereinander dem Betriebsrat an-gehören dürfen, so dass jeder Arbeiter und jede Arbeiterin nach und nach in die Lage kommt, an der Leitung des Betriebs verantwortlich tätig zu sein. Die Branchenräte werden in gemeinsamen Versammlungen verwandter Betriebe eines Orts nach den Vorschlägen der einzelnen Betriebe gewählt. Auch für sie sollen grundsätzlich in längstens drei Monaten Neuwahlen stattfinden. Die Branchenräte gleicher Art sollen sich über den Kreis oder das Land hinweg föderieren. B. Ortsräte. Auf je 1.000 Arbeiter eines Betriebs entfällt ein Mitglied für den örtlichen Arbeiterrat. Betriebe von 500–1.000 Arbeitern entsenden ebenfalls je einen Vertreter. Betriebe unter 500 Arbeiter haben sich für die Wahl eines Vertreters zusammenzuschließen. Da die Ortsarbeiterräte über die separaten wirtschaftlichen Interessen hinaus erhebliche politische Funktionen auszuüben haben, sollen nur politisch aktive Arbeiter und Arbeiterinnen an den Wahlen teilnehmen. Deshalb sollen die Wahlen in Betriebsversammlungen vorgenommen werden, die außerhalb der Arbeitszeit in öffentlichen Sälen stattfinden. Wer der Versammlung fernbleibt, geht seines Wahlrechts verlustig. Nur Kranke dürfen auf besonderen Wunsch einen Vertreter legitimieren. Das Erscheinen in der Wahlversammlung bedeutet das Bekenntnis zum Sozialismus. Nichtsozialisten sind von der Beteiligung an der Wahl ausgeschlossen, auch wenn sie Proletarier sind …

Mögen alle Demokraten nun mit gesträubten Haaren stehen und sich ob der hier entwickelten Ideen entsetzen. Es sei ihnen gesagt, dass wir auf dem Wege über ihre Demokratie niemals zur Gerechtigkeit, zum Sozialismus kommen können, dass wir aber wohl einmal zu einer anderen wahren Demokratie gelangen werden – und zwar auf dem Wege über den Sozialismus.

1919

Dem Andenken Gustav Landauers

Die das Volk bisher geleitet,
folgend dem gewohnten Lichte,
waren nicht drauf vorbereitet:
es begibt sich Weltgeschichte.
Wild schlägt der Empörung Welle
an des Staates morsche Fugen.
Krachend bersten die Gestelle,
die die alte Ordnung trugen.
Ja, ja, ihr Herrn, so geht's,
hört man die Demokraten.
Wir sagten es ja stets:
es kann nicht wohl geraten,
wenn man nach eignem Willen tut
und fragt nicht das Parteistatut.

Fürsten gleiten von den Thronen,
Völker lösen ihre Bande,
und es reiben sich Millionen
aus den Augen Schmerz und Schande.
Sie erwachen und begreifen
Gegenwart und Zukunft – beides,
und sie sehn Befreiung reifen
aus den Wurzeln ihres Leides.
Halt, liebe Leute, halt!
Vertraut bewährten Führern.
Sonst kommt ihr in Gewalt
von skrupellosen Schürern.
Folgt uns, so hilft euch gern der Staat,
wie er euch stets geholfen hat.

Finstre Mächte, die gewaltsam
Völker unter Fäuste pressten,
flüchten scheu, – und unaufhaltsam
strömt die Menge zu den Besten.
Und sie hört die neuen Lehren,
formt des Glückes Traumgebäude;
Leid scheint sich in Lust zu kehren
und die Arbeitslast in Freude.
Gewiss – nun ja – auch wir
sind Revolutionäre –
und schwingen das Panier.
Doch Umsturz ist Chimäre.
Besänftigt euern Seelenschwung
und stört nicht die Entwickelung.

Stimmen, die erst leise riefen,
tönen jubelnd wie Posaunen,
und das Volk aus seinen Tiefen
reckt die Arme hoch voll Staunen.
Wie an unsichtbaren Drähten
zieht die Wahrheit in die Geister,
und das Volk in seinen Räten
fühlt sich seines Schicksals Meister.
Arbeiter-, Bauernrat?
Wir ziehn ihn schon, den Bankert.
Es sei im Bürgerstaat
genehmigt und verankert!
Jetzt zeigt sich's doch wohl jedem Kind,
was wir für Sozialisten sind.

Das Errungene zu wahren,
neue Freiheit zu gewinnen,
sammeln sich des Volkes Scharen
zu gewaltigem Beginnen.
Die ihr Werk sich selber bauen,
fürchten keine Widerstände,
denn es stützt sich ihr Vertrauen
auf die Kraft der eignen Hände.
Nein, mit Verlaub: dies jetzt
ist nicht mehr zu gestatten.
Mit solchem Vorgehn setzt
ihr uns ja in den Schatten.
Und wir sind da, euch zu erziehn
zu Ruhe, Ordnung, Disziplin.

Stein auf Stein nach kühnen Plänen
wird das stolze Haus errichtet,
plaudernd unter Freudentränen
künftiges Glück hineingedichtet.
Aber denen, die geschäftig
ränkevoll den Bau umlauern,
drohen ein paar Fäuste kräftig,
sie verscheuchend von den Mauern.
Wir üben nur Kritik.
Ihr werdet's noch erfahren:
Ihr Recht der Republik,
doch auch sein Recht dem Zaren.
Drum halten wir's zu jeder Zeit
gesetzlich mit der Obrigkeit.

Trotzig stehen auf den Stufen
vor dem Eingang die Genossen:
Rührt am Werk nicht, das wir schufen!
Euch ist dieses Tor verschlossen.
Unser Herzblut hält die Quadern,
die das Dach des Hauses stützen.
Wagt's! – Das Blut aus unsern Adern
soll der Kinder Wohnhaus schützen!
Oho! Da hilft man schon.
Habt ihr für euern Tempel
denn auch die Konzession
und den Regierungsstempel? –
Wir sind Regierung, – sind erwählt.
Man hat die Stimmen ausgezählt.

Eignen Willens Wort zu hören,
drängt das Volk zu den Erkor'nen:
Zu den Waffen! Sie zerstören
uns das Heim der Ungebor'nen!
Wer's versucht, den soll's gereuen!
Freier Zukunft frei die Bahnen! –
Und es eilen die Getreuen
kampffroh zu den roten Fahnen.
Zu Hilfe, Bürger, schnell!
Ein Aufruhr tobt, ein frecher.
Wer selber kein Rebell,
hilft gegen die Verbrecher.
Mit Dolch und Flinte kommt zuhauf
und fahrt auch die Haubitzen auf!

In dem Glauben an das Gute,
in dem Wissen um das Rechte
steht das Volk, mit seinem Blute
Trotz zu bieten im Gefechte.
Der Berater Stimmen schallen;
aus den Augen blitzen Strahle.
Aufrecht! – Siegen oder fallen!
Hoch die Internationale!
Seht die Banditenschar
mit ihren großen Mündern,
jedweder Ehre bar,
begierig nur zu plündern!
Schuft! Räuber! Mörder! Trunkenbold!
Ein jeder käuflich nur für Gold!

Auf von ihren Schmerzensbetten
zu den Brüdern treibt's die Bleichen,
hinkend aus den Lazaretten,
die geblutet für die Reichen.
Letzte Kraft will sich ermannen.
Frauen selbst stehn auf ! zum Kampfe,
dass die Machtgier der Tyrannen
nicht der Kinder Glück zerstampfe.
Herbei, ihr Leut' zumal,
ihr Heiden, Juden, Christen!
Es geht fürs Kapital, –
und wir sind Sozialisten!
Pennäler! Bauer! Offizier!
Ran! Keiner zahlt so gut wie wir!

Rauch wölkt auf. Geschosse fliegen.
Gruppen gehen vor und weichen.
Vor dem Bau der Freiheit liegen
Kämpfer, – Leichen über Leichen.
Die sich nicht ergeben wollen,
drängen sterbend sich zusammen.
Donner der Geschütze rollen, –
und der Tempel steht in Flammen.
Heil, weiße Garde, heil!
Da liegt die ekle Horde.
Stoßt sie vors Hinterteil
für ihre feigen Morde!
Und zuckt noch wo ein solcher Wicht, –
packt ihn – und vor das Standgericht!

Jubel übertönt das Trauern.
Fahnen wehn und Salven krachen.
An der Kerkerhöfe Mauern
staut sich Blut in breiten Lachen.
Zwischen Zellenwänden siechen
die von Hass und Blei Verschonten …
Doch aus ihren Winkeln kriechen
die schon längst vom Volk Entthronten.
Willkommen, hohe Herrn!
Soziale Demokraten
stehn wir zu Diensten gern
für Sie mit Wort und Taten. –
Doch machen Sie sich nicht so breit,
nachdem wir grade Sie befreit.

Stück für Stück bricht vom Gefüge,
das des Volkes Tat gelassen.
Knebelung, Gewalt und Lüge
sind wie je des Staates Waffen.
Und dem armen Volke fehlen,
die der Rede Gabe hatten. –
Doch der Toten bleiche Seelen
halten Rat im Reich der Schatten.
Weh! Teuflischer Verrat!
Die nie erlöst aus Banden,
die schlagen jetzt den Staat
und schlagen uns zuschanden!
Hilf du uns, Volk, hilft uns nicht Gott,
vom Untergang und vom Bankrott.

Eines Tages in den Quellen
scheinbar ausgedorrter Bäche
brodeln neue Lebenswellen,
flutend an die Oberfläche.
Aller Völker Hände greifen
zu einander wie zum Beten, –
und der Morgensonne Streifen
übergolden den Planeten.

Gedichtet im Gefängnis 8. – 10. Mai 1919

O Schneppenhorst, o Schneppenhorst

O Schneppenhorst, o Schneppenhorst,
du Militärminister!
Wie gleichst du dem Chamäleon:
Du strahlst in jedem Farbenton.
O Schneppenhorst, o Schneppenhorst,
da staunen die Philister.

O Schneppenhorst, o Schneppenhorst,
wie kühn sind deine Eide!
Du schwörst im Eifer des Gefechts
bald rechts, bald links, bald links, bald rechts.
O Schneppenhorst, o Schneppenhorst,
du Bürgers Augenweide.

O Schneppenhorst, o Schneppenhorst,
du Vaterlands-Befreier!
Du schlägst mit Lieberich den Nutt,
mit Epp und Möhl das Volk kaputt.
O Schneppenhorst, o Schneppenhorst,
dein Lob singt jeder Bayer.

O Schneppenhorst, o Schneppenhorst,
ein Gruß der Hochverräter.
Aus Ebrach, Straubing, Oberhaus
tönt liebevoll dein Ruhm heraus.
O Schneppenhorst, o Schneppenhorst,
den Dank erhältst du später.

Der Gefangene

Ich hab's mein Lebtag nicht gelernt,
mich fremdem Zwang zu fügen.
Jetzt haben sie mich einkasernt,
von Heim und Weib und Werk entfernt.
Doch ob sie mich erschlügen:
Sich fügen heißt lügen!

Ich soll? Ich muss? – Doch will ich nicht
nach jener Herrn Vergnügen.
Ich tu nicht, was ein Fronvogt spricht.
Rebellen kennen bessre Pflicht,
als sich ins Joch zu fügen.
Sich fügen heißt lügen!

Der Staat, der mir die Freiheit nahm,
der folgt, mich zu betrügen,
mir in den Kerker ohne Scham.
Ich soll dem Paragraphenkram
mich noch in Fesseln fügen.
Sich fügen heißt lügen!

Stellt doch den Frevler an die Wand!
So kann's euch wohl genügen.
Denn eher dorre meine Hand,
eh ich in Sklavenunverstand
der Geißel mich sollt fügen.
Sich fügen heißt lügen!

Doch bricht die Kette einst entzwei,
darf ich in vollen Zügen
die Sonne atmen – Tyrannei!
Dann ruf ich's in das Volk: Sei frei!
Verlern es, dich zu fügen!
Sich fügen heißt lügen!

Erich Mühsam
„Volksbeauftragter" der Münchener Räterepublik.

Abb. 16: Otto von Kursell: Karikatur, aus: Auf gut deutsch 2–5. *Kursell verstärkt nur ein wenig die Krümmung der Nase und die Wulstigkeit der Lippen, um antisemitische Vorurteile in den völkischen Blättern, für die er zeichnet, subtil zu bedienen.*

Philistertrott

Zerrt in euerm Dunkelraum
alle Mann nur an der Strippe
»Recht und Ordnung«. – Seht, vom Baum
grinst das ekle Angstgerippe,
dem ihr euern Reigen tanzt –
– hottehüh am selben Fleck.
Wie sich's kratzt und laust und wanzt!
Seht, jetzt schmeißt es euch mit Dreck.
Haltet nur die Strippe fest.
Weh euch – lasst ihr sie zerreißen; –
– wer es ausdenkt, kriegt die Pest! –
haltet fest! – Lasst euch beschmeißen! –
Stinkt der Kot auch, der euch trifft,
ei, was macht's? – Seid ihr doch froh,
dass es Kot ist und nicht Gift, –
Mist für euer Schädelstroh …
Das Gerippe macht Gestank,
und der brave Bürger plärrt.
Doch die Strippe – Gott sei Dank –
ist noch da, an der er zerrt.

Brennende Erde

Zur Besprechung von Oskar Maria Graf erhalten wir folgende Zuschrift des Genossen Mühsam, der wir gerne Raum gewähren:

Lieber Genosse Thomas!
Oskar Maria Graf hat in der »Neuen Zeitung« (vom 12. Okt.) mein Gedichtbuch »Brennende Erde« einer längeren Besprechung gewürdigt. Das ehrt und freut mich, und es ist nicht meine Art, meine Bücher gegen unzufriedene Kritiker zu verteidigen (ich hab's noch nie getan). Nichts, was Graf an meinen Versen bemängelt, soll von mir gerettet werden. Es ist ein unumstößliches Recht, sie so miserabel zu finden wie denkbar, und Gott sei davor, dass ich Oskar Maria Graf etwa seiner Unlustgefühle wegen, die erregt zu haben ich beklage, totschlagen, aufhängen oder gar hassen möchte!

Dennoch bitte ich Sie, mir ein paar Zeilen zur Replik zu öffnen, nicht um meine armen Gedichte besser zu machen als Graf sie findet, sondern eines revolutionären Prinzips wegen. Denn besser machen könnte ich sie gar nicht, wenn mir wirklich gelungen ist, was Graf bestätigt: dass nämlich »ohne weiteres der Revolutionär nach solchem Aufruf greifen« wird, und dass es mir vielfach gelungen ist, »möglichst volkstümlich zu sein«. Ja, die lapidare Feststellung: »Erich Mühsams Gedichte und Manifeste« entzückt mich.

O. M. Graf spricht mir nun den Charakter als Dichter ab. Ich kämpfe nicht um meine Anerkennung als Dichter. Um mich handelt sich's gar nicht, aber um folgendes: Graf lehnt mich als Dichter und mithin meine Gedichte ab, weil hier »hantiert und paktiert« wird »mit der Unwichtigkeit einer momentanen Strömung«. Zum Teufel! Dichter hin, Dichter her – mir ist diese »momentane Strömung« verdammt nicht unwichtig. Sie ist mir Inhalt meines Lebens, Wert meines Seins, Schlag meines Herzens! Diese »momentane Strömung« – nämlich der inbrünstige Kampf für die Befreiung des Proletariats – darf nicht Antrieb künstlerischen Schaffens sein, – denn der wahrhaft revolutionäre Künstler hat ja die Kunst selbst zu revolutionieren und nicht die Gesellschaft! Dann lest meine Gedichte gefälligst nicht, weil sie »künstlerisch« wären, sondern weil sie Aufrufe und Proklamationen, Manifeste!

Graf nennt es das »Kennzeichen des Dichters«, dass er ... »auf eine ganz andere Art formt und in die Menschen greift als momentan begreifbar ist«. Also weil Gedichte eines Revolutionärs von den mitlebenden Menschen als revolutionäre Gedichte begriffen werden können, sind sie wertlos! Stimmt das, dann lege ich von heute ab den Titel eines Dichters vor aller Welt ab. Ich wünsche mit meinen Versen die arbeitenden Menschen zu revolutionieren und nicht die deutsche Grammatik. In einer revolutionären Gesellschaft mag auch die Kunst in der Richtung revolutioniert werden, die Graf anweist, nämlich bis zur völligen Befreiung ihrer Begreifbarkeit. Vorerst wirke ich in der Zeit für eine bessere!

Aus dem nachfolgenden Gedicht wird der Leser alles entnehmen, was ich Oskar Maria Graf schon in dem Buche selbst geantwortet habe, das übrigens keine Zusammenstellung früher gedruckter Verse ist, sondern zum überwiegenden Teil während des Krieges und der Revolution entstandene Gedichte enthält.

Mit revolutionären Grüßen Ihr Erich Mühsam

Rechtfertigung

Dezember 1919

Ich hab' euch wenig schmachtende Psalmen gesungen,
noch predigt' ich euch wie der Pfarrer im frommen Vereine,
Genossen der Arbeit!
Doch ist euch mein Lied durch die Haut in die Seelen gedrungen,
dann tat ich das Meine.

Mein Sang tönt nicht nach letzter ästhetischer Mode.
Nie hat er die Reime von Herzen und Schmerzen vermieden,
Genossen des Schicksals!
Doch siedet er euch das Blut auf dem Marsche zum Tode,
so bin ich zufrieden.

Virtuosen und Troubadure lasst lispelnd schalmeien.
Ich weiß es: euch flattert kein Haar bei dem sanften Geraune,
Genossen der Kampfstatt!
Ihr lauscht auf den Schall, der euch weckt, die Welt zu befreien,
darum blas ich Posaune.

Wirft mich literarischer Tross zum rostigen Eisen, –
ich hab euch entflammt, und so trotz ich der kritischen Säure,
Genossen der Zukunft!
Ihr Jugend! Ihr Jüngsten! Euch blas ich zum Sturme die Weise.
So bleib ich der Eure.

Die Betriebe werden durch Betriebsräte der Arbeiter und Angestellten kontrolliert und gemeinsam mit der Leitung verwaltet.

Alles gehört der Gemeinschaft, darum ist jede selbständige „Sozialisierung" ausgeschlossen.

Die A-, B- und S-Räte haben die Pflicht, überall für den

Schutz der Räte-Republik

und für ruhige Entwicklung zu sorgen. Sie übernehmen die örtliche Gewalt und kontrollieren die Verwaltungen. Sie sind dem werktätigen Volk für alle Handlungen und Unterlassungen verantwortlich.

Montag, den 7. April

ist

National-Feiertag

Die Arbeit ruht an diesem Tage. Die Eisenbahner, die Nahrungs-, Wasser-, Licht- u. Heizbetriebe versorgen das Volk weiter.

Der revolutionäre Zentralrat:

Niekisch, Gustav Landauer, Erich Mühsam, Gandorfer mit einem, Dr. Franz Lipp, Albert Schmid.

Der revolutionäre Soldatenrat:

Kohlschmid, Johann Wimmer, Max Mehrer.

Abb. 17: Aufruf zum »National-Feiertag« am 7. April 1919

Das neue Deutschland

(Melodie: Preisend mit viel schönen Reden …)

Den Genossen sich empfehlend
Für die nächste Reichstagswahl,
Saßen viele deutsche Sozi
Ernst bei Sklarz im Speisesaal.

Grinsend sprach der dicke Ebert
Von dem Präsidentensitz: »An mein Volk!
Du hältst die Schnauze.«
Und gleich schrie man: »Bravo Fritz!«

Drauf erhob sich Parvus Helphand
Und begehrt das höchste Lob,
Weil im ganzen Land kein Schieber
So viel in die Tasche schob.

Erhard Auer sprach aus München:
»Ich bin meines Siegs gewiss.
Mir bestätigt Lindners Kugel,
Dass ich Bayerns Volk besch…«

Plötzlich wurd' es ringsum stille,
Noske ballte seine Faust,
Und es rollten seine Augen,
Dass es den Genossen graust.

Und er sprach: »Euch lobt der Bürger,
Denn Ihr meint's ja alle gut –
Aber hier, seht meine Hände,
Jeder Finger trieft von Blut!

Ruhe, Sicherheit und Ordnung
Tun dem Kapitale not.
Drum zehntausend Proletarier
Schlugen meine Garden tot!«

Scheidemann, der mit der Glatze,
Sprach in überlegnem Ton:
»Wir erwürg'n zwar nicht die Feinde,
Aber doch die Revolution.« –

»Bravo Noske«, schrien Parvus
Helphand, Ebert, Scheidemann;
David, Hänisch, Landsberg, Heine
Stießen mit dem Sektglas an.

Heil Dir, Gustav, Held und Sieger,
Dir verneigen wir uns stumm.
Wir betrügen unser Volk nur,
Aber du, – du bringst es um.

Hybris

Ihr Herren der Welt, preist nicht zu laut
Das Werk eurer raffenden Fäuste;
Noch ist das Blutgefäll nicht gestaut,
Das eure Gier entschleuste;
Das ihr aus dem Leibe des Volkes speist,
Bereit, ihn leer zu saugen
Von allem Saft, der das Herz noch umkreist,
Und das Hirn belebt und die Augen.

Ihr Herren der Welt! Wer noch atmet und fühlt,
Der hasst auch noch unter Schlägen,
Hasst, wenn schon sein Blut in den Pressen spült,
Die euch den Wucherzins prägen.
Denkt an den Krieg, da der Hass sich ermannt;
Da der Welthass euch gellt in den Ohren. –
Und ob ihr auch alle Schlachten gewannt;
Der Krieg – der Krieg ging verloren.

Ihr Herren der Welt, preist nicht zu laut
Den Sieg eurer Peitschen und Riemen.
Ihr sätet Hass in des Volkes Haut,
Und Rache wächst aus den Striemen.
Das Blut, das euch die Schwungräder schmiert,
Die Rache lässt es gerinnen.
Und das Volk, ob es alle Schlachten verliert:
Den Krieg – den Krieg wird's gewinnen.

Der Tod des Rotgardisten

Das war in München am ersten Mai,
da ging's um Leben und Sterben.
Die Weißen tobten; es krachte das Blei,
Granaten spien Tod und Verderben.
Beim Stachuskiosk am Maschinengewehr
ein Rotgardist schoss in die Runde.
Die Kugeln pfiffen rings um ihn her.
Er blutet aus mancher Wunde:
Schießt her! Ich diene bis zum Tod
der Revolution!

Was weiß die gekaufte Söldnerbrut
vom Kampf der geknechteten Masse?
Für Freiheit und Zukunft fließt unser Blut,
wer fällt, der stirbt seiner Klasse.
Und näher rückt, näher der Weißen Schar.
Schon gehn die Patronen zur Neige.
Den Browning zur Hand! Was Tod und Gefahr!
Schießt her! Ihr seht mich nicht feige!
Hier steht und fällt ein Rotgardist
der Revolution!

Am Karlsplatz schlagen Granaten ein.
Die Kirchenfenster zersplittern.
Der Rote Soldat steht blutend allein.
Er empfängt den Feind ohne Zittern.
Da streckt ihn ein Kolbenschlag rücklings hin,
und sterbend droht er den Weißen:
Ihr könnt, ob ich selbst auch verloren bin,
den Glauben mir nicht entreißen:
Ich sterbe, doch am Leben bleibt
die Revolution!

*Abb. 18: Der zerstörte und ausgebrannte Kiosk am Karlsplatz
(Aufnahme: Fotounternehmen Aquila)*

Appell

Ihr habt euch geplagt, und euch plagte die Not,
und Plage war, was das Leben euch bot.
Ihr littet, ihr fluchtet, ihr hofftet, ihr sannt,
bis ihr den Grund zu begreifen begannt,
bis ihr gelernt, warum Weib, warum Kind
bei all euerm Fleiße so elend sind.
Und ihr fragtet ins Herz euch: muss das so sein?
Und ihr wusstet die Antwort: die Antwort hieß: Nein!
Und Lehrer und Weise brachten euch Rat.
Ihr erkanntet euch selbst: Wir Proletariat!
Und Kampflust gebar sich aus Hunger und Groll.
Ihr spürtet, wie euch der Muskel schwoll;
und ihr schriet in die Welt mit gewaltigem Ton:
Ihr Fürsten seid Mörder! Herunter vom Thron!
Ihr Priester, herab von den Kanzeln! Ihr logt!
Heraus aus der Werkstatt, du Sklavenvogt!
Wir waren Knechte die längste Zeit;
die Stunde ist da, wo das Volk sich befreit.
Die Kette zerreißt, die den Willen uns band.
Uns Brot und Maschinen! Uns Freiheit und Land!
Doch ihr plagtet euch weiter, euch plagte die Not,
und dem Herrn blieb das Land, die Maschine, das Brot.
Noch immer darben euch Weib und Kind,
und ihr wisst doch, warum sie so elend sind.
Noch nie war der Jammer so groß und das Leid,
und ihr wisst doch, dass ihr die Stärkeren seid;
und ihr wisst doch, ihr Volk, ihr Proletariat:
die Zukunft der Menschheit harrt eurer Tat! –
Wo blieb eure Tat? Oh, fragt euch laut:
habt ihr stets nur den eigenen Kräften getraut?
Nein, nein, ihr bautet auf flüchtigen Sand,
ihr gabt euer Schicksal in fremde Hand.
Ihr habt nicht gekämpft, ihr habt nur gewählt
und habt voll Stolz eure Stimmen gezählt –
und statt euch von jedem Herrn zu befrein,
nahmt Herren ihr an aus den eigenen Reihn –
und wähltet und priest eurer Stimmen Zahl
und ließet die Taten dem Kapital …
Oh, zählt nicht länger, wie viele ihr seid –

zerreißt die Ketten! Zerbrecht das Leid!
Im Sturmesbrausen der Revolution
ist *ein* Mann stärker als eine Million!
Der Ruf ertönt: Auf, Proletariat!
Millionenmal *einer*! Zum Sturm! Zur Tat!

Das Volk der Denker

Du armes Volk! Von aller Welt betrogen,
besiegt im Kampf, im Sehnen selbst besiegt,
sinnst du, das Hirn mit Wissen vollgesogen,
der Frage nach, woran dein Unglück liegt.
Und schon gelingt dir trefflich zu erklären,
warum bei so beschaffner Produktion
des einen Teil der Schweiß ist und die Schwären,
des andern Teil Theater, Sport und Spon.
Materialistisch weißt du zu begründen
der Wirtschaftsform Naturnotwendigkeit
und widerlegst den Wahn von Schuld und Sünden
als Narrenglauben der Vergangenheit.
Wie scheint der Mahner dir naiv und komisch,
der an die Seele pocht: Wach auf! Hab Kraft!
Du rechnest, wann historisch-ökonomisch
die Stunde reift auf Grund der Wissenschaft.
Du lachst des Spruchs, Tat wachse nur aus Wollen,
der manchmal noch in wirren Köpfen spukt.
Du siehst am Faden die Entwicklung rollen,
erkennst dich selbst als deiner Zeit Produkt.
Du lerntest längst nach Phasen zu begreifen
den Aufstieg der Geschichte und Kultur
und lehnst es ab, in Träumerei zu schweifen:
Kleinbürger-Utopien hemmen nur.
Du kennst die Welt, durchdenkst sie dialektisch;
empirisch ist dein Tun, dein Sinn real!
Sind deine Kinder skrofulös und hektisch –
du weißt Bescheid: so wirkt das Kapital.
Und stehn sie hungrig vor des Reichen Türen,
der dich, Rebell! – vertrieb aus der Fabrik.
Du senkst den Kopf in Bücher und Broschüren
zum Studium der sozialen Republik.
Und liest: die Erde gäbe allen reichlich,
gehörte sie nur allen; – und du liest:
der schnöden Gegenwart folgt unausweichlich
die Zukunft, die ein freies Volk genießt.
Die Zukunft kommt! Von selbst und ungerufen!
Im stolzen Trost schwelgt deine Phantasie.
Nur eine Serie von Entwicklungsstufen

steht noch bevor. – So lehrt's die Theorie.
Du liest und lernst. Den Rücken krumm gebogen,
durchwühlst du Heft um Heft und Band um Band.
O armes Volk! Von aller Welt betrogen,
betrügst du selbst dich um dein Sehnsuchtsland.

TEXTE NACH 1924

Reise an die österreichische Grenze

Der 19. März ist der Tag des Heiligen Joseph. Da sind in Bayern alle Seppl besoffen – und ihre Freunde meistenteils auch.

Am 19. März, vormittag 9 Uhr 40, sollten wir von Passau weiterfahren – nach Wien. Ich sollte dort zu Gunsten der Roten Hilfe für die politischen Gefangenen in Deutschland Vorträge halten: über das Verhalten deutscher Gerichte in politischen Prozessen, wenn sie a) Befürworter des proletarischen Klassenkampfs, b) Mordjünglinge »vaterländischer« Formationen vor sich haben; über die Behandlung politischer Gefangener a) nationaler, b) internationaler Observanz in deutschen Gefängnissen und Zuchthäusern, ferner in deutschen, zumal bayrischen Festungen mit a) räterepublikanischer, b) aristokratisch-meuchelmörderischer oder fascistisch-militärischer Belegschaft; über Amnestierungen und gebrochene Amnestieversprechen in Deutschland; und über manches noch, was vielleicht in Österreich die Sympathien für den Eintritt in eine Donauföderation unter Wittelsbacher Zepter stärken könnte. Außerdem sollte ich einige Vorlesungen aus meinen literarischen Arbeiten halten, und meine Frau freute sich auf die Möglichkeit, dadurch unsern bei der »Haussuchung« am 2. Mai 1919 in das Eigentum der Noske-Truppen übergegangenen Gesamtbesitz an Wäsche, Kleidung, Essbestecken, Schmuck und Wertsachen, da alle Ersatzansprüche an Staat und Militär kostenpflichtig abgewiesen worden sind, zu einem geringen Teil zu ergänzen. Schließlich lag auch eine Einladung in ein Wiener Sanatorium vor, wo ich nach 68 Monaten ziemlich unhygienischer Unterkunft im bayrischen Staatsgewahrsam unter der Obhut meiner Frau frische Kräfte zur Arbeit sammeln sollte.

Unser leichtes Gepäck harrte, im Koffernetz verstaut, der Zollrevision, unsre mit bar bezahltem Visum des österreichischen Generalkonsuls in Berlin versehenen vollgültigen Reiseausweise harrten der Passkontrolle. Die erschien zuerst, in Gestalt zweier Beamten der österreichischen Grenzpolizei. Man besah die Pässe, besah uns, gab sich gegenseitig Zeichen durch Augenzwinkern und befahl uns, mitsamt unsern Koffern auszusteigen und mitzukommen. Die Mitreisenden staunten, kuckten, fragten und sahen uns, wonnig erschauernd, der Dingfestmachung eines erwischten Verbrecherehepaares als Augenzeugen beiwohnen zu dürfen, zwischen den Rettern der österreichischen Republik in die Grenzwachstube des Passauer Bahnhofs verschwinden.

Dort wurde uns eröffnet, dass dem Schriftsteller Erich Mühsam »ieber Ahnohrdnung des Buhndeskahnzlerahmtes trotz Visum die Einreise nach Ehsterreich« verweigert werde. Proteste waren selbstverständlich in den Wind geredet, den der bereits nach Wien absausende Schnellzug in das kahle Amtszimmer blies. Der übrigens ganz freundliche Mann, der da das verschlossene Österreich vor uns repräsentierte, versicherte glaubhaft, dass er nur Beamter sei und an seinem Befehl nichts ändern könne. Er gestattete mir, sein Amtstelephon zu gebrauchen, um die Wiener Genossen zu verständigen, bedauerte, tröstete und verabschiedete uns. Wir standen auf Passauer Pflaster – auf bayrischem Heimatboden.

Es war, wie gesagt, der 19. März und also der Tag des Heiligen Joseph – aber noch am Vormittag. Immerhin war das Hotel »Zur Eisenbahn«, dem Bahnhof schräg gegenüber, bereits mit Guirlanden umwunden, in welche ein Schild gefügt war mit der Aufschrift »Humorator«, und als wir das gastliche Haus betraten, saßen auch schon ziemlich viele Seppls da beim Frühschoppen; aber sie waren noch nicht besoffen, und unsre Aufnahme geschah in urbanen Formen. Auch als der in Bayern von Greueln umwobene Name von Tisch zu Tisch geflüstert wurde, blieb es bei scheuen Blicken; nur die Gespräche belebten sich in Reminiszenzen an die Zeit, da man selber die Flinte geschultert hatte, um das Land von den roten Verrätern zu säubern, und die gedämpften Stimmen mussten öfter als zuvor mit Humorator befeuchtet werden. Mit sichtlichem Respekt aber zahlte der Wirt mir eine telegraphische Postanweisung aus, die gegen Mittag auf meinen Anruf hin von Wien aus eintraf. Inzwischen hatten wir in einem Angestellten des Hotels eine helfende Seele gefunden, die uns vorsichtig und geheimnisvoll die Adresse eines ehedem unabhängigen sozialistischen Abgeordneten des bayrischen Landtags zusteckte: von dem könnten wir die Namen von Kommunisten erfahren. Tatsächlich gelangten wir auf diese Weise denn auch zu einem Genossen, einem jener stillen, überzeugten und entschlossenen Proletarier, auf denen die Zukunft der Menschheit ruht. Das sind die Fanatiker der Kleinarbeit, denen Upton Sinclair in seinem Jimmy Higgins das ehrendste Denkmal gesetzt hat, sie, deren Wirken Keiner sieht und Jeder spürt. Unser Jimmy Higgins von Passau also nahm sich unser an. Er führte uns durch die wunderschöne alte Stadt, die wundervollen Wege entlang, zu den Festungsanlagen zwischen Unterhaus und Oberhaus, der frühern bayrischen Festungsstrafanstalt für Offiziere und Studenten, die dem Dauergast von Niederschönenfeld besondere Betrachtungen nahelegte, und zu der Stelle, wo in breiten Wogen der Inn und die Ilz ins Mutterbett der Donau einfließen. Als er uns zurückbrachte ans Hotel »Zur Eisenbahn«, da war es inzwischen später Nachmittag geworden, und die Seppls hatten schon ein kräftiges Stück Namenstag mit Humorator begossen.

Wir wollten nun nach neuen Telegrammen fragen, denn in Wien hoffte man, das Einreiseverbot gleich wieder rückgängig machen zu können, und Jimmy Higgins wartete so lange vor der umkränzten Tür. Die am Vormittag noch ziemlich lichten Wirtsräume hatten sich gewaltig gefüllt, mit Seppls, Seppl-Freuden und Lärm. Aber unser Eintritt wirkte, wie wenn ein Dirigent mitten im Allegro abklopft. Nur noch ein feindseliges Knurren rollte durch den Saal, und erst als wir hinausgingen, schwoll das Orchester moderato wieder an, noch gehalten von der Aufmerksamkeit, die ein Gast des Hauses durch ein kühnes Unternehmen auf sich zu lenken wusste. Wir standen zwischen Wirtsstube und Hoteleingang, als dieser Mann uns einholte und mich ansprach. Ein unappetitlicher Bürger mit Hautblasen, Schweinsaugen, roten Händen und geölten schwarzen Haaren. Über der gelbgestreiften Hemdbrust prangte eine rotgestreifte Krawatte, die ihrerseits von einem talergroßen hakenkreuzgeschmückten Stahlhelm zusammengehalten wurde. Rechts am Rock gab eine schwarzweißrote Schleife, links ein erstaunlich großes Hakenkreuz beredtes Zeugnis von seiner hitlerfesten Gesinnung. Devot und unsicher blieb er vor mir stehen: »Herr Mühsam, wenn man Sie nicht über die Grenze lassen will, ich kann Sie schon rüberschaffen.« »Was gehn Sie meine Angelegenheiten an?«, fragte ich, da die Provokation mir doch etwas zu plump schien. »Bitte, ich bin Kommunist.« »Ihre Abzeichen lassen auf ganz was Andres schließen.« »Ja, ich habe alle Abzeichen. Aber die leg ich bloß an, damit ich in Ruh gelassen werde.« »Na, hören Sie mal, wenn man seinen revolutionären Charakter maskieren will, wird man doch mich nicht hier vor Aller Augen ansprechen – aber kommen Sie mal mit raus.« Draußen fragte ich den Genossen: »Kennst du den Menschen? Er behauptet, er gehöre zu uns.« Mein Jimmy Higgins machte eine abweisende Handbewegung, die meinen Verdacht bestätigte und das wandelnde Ehrhardt-Lied bewog, sich schleunigst zu den Humorator-Seppls zurückziehen. Wahrscheinlich hat er denen Heldenhaftes von der Rede erzählt, mit der er vor mir den bajuvarischen Volkszorn repräsentiert habe.

Gegen 9 Uhr abends kehrten wir ins Hotel zurück. Aus dem großen Gastraum scholl gewaltiges Getöse der allgemach von gigantischen Humorator-Mengen gesättigten Seppls. Unbemerkt von den nunmehr königstreu Besoffenen – ein Eingeborener erklärte mir einmal: »Bis zur sechsten Maß san mir Republikaner, aber nacha, da muss an Kini her« –, gelangten wir in eine kleinere Wirtschaftsstube, deren gedeckte Tische auf ihre Bestimmung für landfremde Elemente hindeuteten. Wir bestellten und erhielten ein Abendessen. Jedoch während wir es verzehrten, trat die Kellnerin an den Tisch und richtete mir aus, der Wirt wolle mich sprechen. »Pass auf«, sagte ich zu meiner Frau, »jetzt werden wir rausgeschmissen.« Ich aß meinen Kalbsnierenbraten zu Ende und ließ mich dann in das Privatkontor des Hoteliers führen.

Leicht gerötet von Erregung und Humorator trat mir groß, breit und semmelblond Herr Georg Dorner entgegen, Besitzer des Hotels »Zur Eisenbahn« in Passau. »Herr Mühsam«, redete er mich an, »ich muss Sie in meinem und in Ihrem Interesse ersuchen, sich eine andre Unterkunft zu suchen.« »Wieso sollte das in meinem Interesse liegen?« fragte ich. »Ich kann Ihnen nur sagen, dass Sie hier nicht bleiben können.« »Sind Sie nicht verpflichtet, jedem Gast Quartier zu geben, der sich anständig benimmt und seine Rechnung bezahlt?«, »Nicht jedem, Herr Mühsam!« (mit Betonung). »Es scheint also, als nähmen Sie aus meinen politischen Ansichten das Recht, mich aus Ihrem Hotel zu weisen.« »Allerdings. Ich stehe auf einem vollständig andern politischen Standpunkt als Sie, und ich sage Ihnen noch mal: meine Gäste sind schon sehr aufgeregt, und es liegt in Ihrem Interesse ebenso wie in meinem, dass Sie keine Schwierigkeiten machen.« »Das heißt also, dass ich hier persönlich bedroht bin?« Mit einem Räuspern: »Ich habe Sie nicht bedroht.«

Ich kenne vaterländisch gehobene Bajuvaren gut genug, um zu wissen, dass sie, in Massen vereint, von Humorator befeuert, gegen ein unbewaffnetes, durch die Reise ermüdetes, unfreiwillig nach Passau versprengtes Ehepaar von unbezähmbarer Tapferkeit sein können, noch dazu am Josephs-Tage. So beschränkte ich mich darauf, von dem gesinnungstüchtigen Hotelwirt, der seine Gäste der politischen Musterung unterwirft, ehrenvolle Rückzugsbedingungen zu erwirken. Ich erklärte ihm, dass ich nicht gesonnen sei, nachts um 10 Uhr mit meiner Frau in den Passauer Straßen herumzuirren und dabei noch unser Gepäck mitzuschleppen. Ich sei bereit, auszuziehen, sobald er, Herr Georg Dorner, uns ein andres anständiges Nachtquartier besorgt habe, wohin er auf seine Kosten unsre Koffer schaffen lassen müsse. Das wurde akzeptiert, und zwanzig Minuten später stand bereits der Hausdiener mit unserm Gepäck vor uns und geleitete uns ins Innere der Stadt Passau zum Hotel »Bayrischer Löwe«.

Ich freue mich, das Gasthaus mit dem bedrohlichen Namen allen Reisenden, die ein unwirsches Geschick in die ebenso schöne wie gottverlassene Grenzstadt Passau verschlägt, als eine freundliche, saubere und wahrhaft gastliche Bleibe empfehlen zu können. Die Wirtsleute, die ebenso gut wie der Eisenbahn-Dorner wussten, mit wem sie es zu tun hatten, behandelten uns mit teilnahmsvoller Liebenswürdigkeit, was ihnen die Eingeborenen von Passau wahrhaftig nicht leicht machten.

Wir schliefen in guten Betten nach den, wie wir glaubten, überstandenen Beschwerlichkeiten die ganze Nacht durch friedlich und fest, bis uns um 8 Uhr ein kräftiges Pochen an die verschlossene Tür emporscheuchte. »Aufmachen! Fremdenpolizei!«

Ich öffnete. Herein trat ein Mann, dröhnenden Schrittes, den Hut auf dem Kopf. »Pässe zeigen!« Ich gab ihm die Pässe. Den meinen überflog er, nahm alsdann den meiner Frau zur Hand und pflanzte sich, immer den Hut auf dem Kopf, breitbeinig vor ihrem Bett auf, Beschreibung und Lichtbild mit dem lebenden Original vergleichend. Dies hinlänglich getan, legte er den Pass auf den Tisch und öffnete, sichtlich enttäuscht, den Mund zu den Worten: »Die Pässe sind in Ordnung; da kann man nix machen.« Ohne Gruß, wie er gekommen war, den Hut knallig auf dem Schädel, stampfte er zum Zimmer hinaus und schmiss die Tür zu. Da die staats- und kirchenfrommen Zeitungen vor sechs Jahren zur Vervollständigung meiner Schmach dem bayrischen Eigenartsvolk erzählt hatten, ich sei mit einer dicken polnischen Jüdin verheiratet, hoffte die Passauer Fremdenpolizei jedenfalls, in meiner durchaus nicht landfremd aussehenden Frau eine illegitime Begleitung des Verderbers Bayerns zu erwischen und damit erneut den Beweis zu erbringen, dass revolutionär und unzüchtig Synonyma seien.

Aus Wien trafen von mehreren Seiten Telegramme ein, ich solle noch nicht zurückreisen, im Reichsrat sei interpelliert worden und mit den Behörden werde unterhandelt wegen der Nachbewilligung der Einreise. Wir holten also unsern Jimmy Higgins ab und durchzogen die Straßen und Anlagen von Passau. Abends sollte uns dann der Genosse vom Hotel abholen. Da wir in der Stadt die grimmigen Blicke der Einwohner bemerkt hatten, zogen wir vor, die Mahlzeiten im Hotelzimmer unter vier Augen einzunehmen, und baten die Wirtin, unsern Freund, wenn er komme, gleich hinaufzuschicken. Statt seiner erschien der Wirt des »Bayrischen Löwen«. Der redete uns freundschaftlich zu, wir möchten den Kommunisten nicht ins Haus kommen lassen. Die Leute seien ja gradezu verrückt. Am Abend schon, gleich nachdem wir eingezogen wären, hätten sie sich auf der Straße angesammelt und aufgepasst, an welchem Fenster Licht angedreht würde. Vormittags seien sie mit Knüppeln angerückt, um mich »aufzudünsten«. Er habe ihnen aber gehörig die Wahrheit gesagt, ob sie vielleicht meinten, ich sei gern nach Passau gekommen, bloß um ihre dummen G'friesser anzuschauen; ihm sei ein Gast so lieb wie der andre, und wehe Dem, der mir etwas anzutun wage. Wir blieben also in unserm Zimmer, und es sei rühmend wiederholt: der Wirt und seine ganze Familie überboten sich in Aufmerksamkeiten und Gefälligkeiten, um uns das Bedrückliche der Lage vergessen zu machen.

Am nächsten Morgen beschlossen wir, da nach dem Humorator-Rausch nun vielleicht auch der Humorator-Katzenjammer der Passauer ausgeschlafen sein könnte, allen Gefahren zum Trotz, auszugehen und Jimmy Higgins zu besuchen. Als wir eben das Hotel verlassen wollten, traten uns auf dem Flur zwei Männer entgegen, von denen sich einer sofort als Polizeibeamter legitimierte und uns aufforderte, mit ihm in unser Zimmer hinaufzugehen. Die Sache sah genau so aus wie eine Verhaftung.

In der Hotelstube klärte uns der Beamte als Leiter der Passauer Sicherheitspolizei über seinen Besuch auf. Er sei verantwortlich dafür, dass in der Stadt nichts Schreckliches passiere. Meine Anwesenheit sei jedoch blitzschnell bekannt geworden, und die Bevölkerung sei in die größte Erregung darüber geraten. Nun habe die Passauer Polizei schon damals, als die Militärkommission der Entente von den Völkischen angegriffen worden sei, die ärgsten Unannehmlichkeiten gehabt. Wenn uns aber hier etwas Ernstliches zustoße, so sehe er noch viel schlimmere Folgen voraus. Er habe deshalb einen eignen polizeilichen Schutz für mich organisiert, der uns bereits gestern den ganzen Tag beobachtet habe, und darauf beschrieb mir der Schutzengel alle Wege, die wir auf unsern Spaziergängen berührt hatten. Inzwischen sei aber die feindselige Stimmung derart gewachsen, dass er für meine Sicherheit nur bürgen könne, wenn wir seine Anordnungen strikt befolgten. Auf seinen dringenden Rat entschlossen wir uns, die Wiener Entscheidungen nicht länger in Passau abzuwarten, sondern mit dem nächsten Zug nach München abzufahren. Dann empfahl er uns, unsre Stube bis zur Abreise am Nachmittag nicht mehr zu verlassen. Punkt 4 Uhr sollten wir fortgehen. Er werde alle seine verfügbaren Polizeibeamten auf dem Wege vom Hotel zum Bahnhof verteilen und selbst mit seinem Begleiter den Schutzdienst überwachen. Dann könne er mit Sicherheit verbürgen, dass wir heil aus Passau herauskommen würden.

Wir fügten uns selbstverständlich den sehr umsichtig und gewissenhaft geregelten Maßnahmen des Beamten, nahmen den Zimmerarrest bis zum Nachmittag auf uns und schnürten endlich unsre Bündel. Um ½ 4 Uhr aber klopfte es und herein trat zu unsrer Überraschung unser braver Genosse. Die Polizei war auch bei ihm gewesen und hatte ihn gebeten, uns das Geleit zum Bahnhof zu geben. Wenn ein Einheimischer in unsrer Gesellschaft sei, werde er der beste Schutz gegen Unbesonnenheiten sein.

So zogen wir los, wir verhinderten Österreich-Fahrer zur Linken und zur Rechten und in der Mitte Jimmy Higgins. Auf den Wegen aber, an allen Straßenecken und Laternen standen anscheinend gelangweilte Bürger, dem geübten Auge des revolutionären alten Sünders unschwer als Kriminaler erkennbar, hier einmal wirklich in der Eigenschaft als Schutzmänner. Zwanzig Meter hinter uns, bald auf derselben Straßenseite, bald gegenüber folgte uns der Polizeiinspektor mit seinem Adlatus. Keine Hand erhob sich wider uns, kein Retter erstand dem Lande Bayern in Passau.

An den Bahnhof hatte Jimmy Higgins die paar Genossen bestellt, die den Mut fanden, sich eben nach Aufhebung des Verbots der Kommunistischen Partei in Bayerns reaktionärstem Kaff offen als Revolutionäre zu bekennen. Einer nach dem andern drückte uns die Hand. Plötzlich aber sprang der Polizeigewaltige dazu, deutete auf einen der Arbeiter und fragte unsern Getreuen: »Kennen Sie den?« »Gewiss – das ist ja ein Genosse!« »Dann ist's gut.« Die Polizei war beruhigt.

Bevor sich der Zug in Bewegung setzte, durchschritt der Leiter der Passauer Sicherheitsbehörde noch einmal unsern Wagen, fragte im Vorübergehen leise: »Alles in Ordnung?« und ging auf unsre dankende Bestätigung mit dem Wunsch »Glückliche Reise« und dem Ausdruck ehrlicher Erleichterung auf den Bahnsteig.

Wir fuhren nach München und konnten uns während der vierzehn Tage, die es dauerte, bis das österreichische Bundeskanzleramt seinen Standpunkt durchgesetzt hatte, dass mein Erscheinen in Wien den Bestand der Republik in Frage stellen müsste, der trüben Betrachtung einer Stadt hingeben, die lange Jahre hindurch die lebendigste, schönste, kunstfroheste Stadt Deutschlands gewesen war, die im Jahre 1919 kraftschwellend unter roten Fahnen den Höhepunkt ihrer Schönheit und ihres kulturellen Glanzes erlebt hat, und die im Laufe von sechs Jahren Zeloten- und Banausenherrschaft auf ein Niveau gesunken ist, das nicht mehr dem von Paris und Florenz, sondern eher dem von Passau vergleichbar ist.

Abb. 19

Die bayerische Räterepublik und die Anarchisten

Eine Geschichte der bayerischen Räterepublik, die irgend Anspruch auf Brauchbarkeit erheben könnte, ist noch nicht geschrieben. Was bis jetzt vorliegt, ist übelste Tendenzmacherei oder episodische Ausschnitte zur Heraushebung bestimmter Vorgänge und Persönlichkeiten. Von mir selber muss bei meinen Akten in Niederschönenfeld ein Manuskript liegen, das mir dort einmal konfisziert wurde, betitelt »Die bayerische Revolution. Persönlicher Rechenschaftsbericht«. Ich schrieb diese kurze Arbeit in der Festungsanstalt Ansbach, nachdem mir die völlig unmögliche Broschüre des Genossen P. Werner »Die bayerische Räterepublik« zu Gesicht gekommen war. Mein Bericht beschränkte sich auf die Darstellung der Ereignisse, an denen ich in irgendeiner Form selbst beteiligt war, weil ich Wert darauf legte, nur beweisbare Behauptungen aufzustellen; und da ich schon in der Nacht zum 13. April 1919 bei Gelegenheit des von der Bamberger Gegenregierung bezahlten Militärputsches in die Hände der Gegenrevolution gefallen war, behandelte er ausschließlich die Vorgeschichte und das einwöchige Walten der aus parteitendenziösen Gründen als »Scheinräterepublik« verlästerten ersten bayerischen Diktaturperiode des Proletariats. Die Schrift war für Lenin bestimmt und es ist auch gelungen, eine Abschrift nach Russland hinüberzuschaffen, doch habe ich nicht feststellen können, ob Lenin sie gelesen hat, weiß auch nicht, ob noch irgendwo in Deutschland oder in Russland ein Exemplar wird beschafft werden können, sodass die nachträgliche Veröffentlichung möglich sein wird, bevor die bayerische Justizreaktion mein zu den Akten genommenes Eigentum herausrückt.

P. Werner und die übrigen Parteihistoriker haben sich ihr Geschäft sehr bequem gemacht; sie haben einfach alles gut und vorbildlich gefunden, was von Inhabern eines Mitgliedsbuches der KPD getan wurde, und sie haben alle Schalen ihres Hohns und ihrer Überlegenheit auf das unglückliche Haupt eines jeden entleert, der sich zur Anlegung eines solchen Intelligenz- und Gesinnungsausweises nicht hatte entschließen können. Die außerordentliche Fülle objektiver Gründe, die im Frühjahr 1919 die besonderen Verhältnisse schufen, die die Revolution in Bayern zu radikaleren Auswirkungen brachten als im übrigen Deutschland, wird von diesen höchst wissenschaftlichen Marxisten teils ganz verkehrt gesehen, teils auch völlig übersehen. Die schlechthin entscheidende Tatsache, dass das in der wirtschaftlichen Struktur Bayern ähnliche Ungarn

– überwiegend Kleinbauernbevölkerung – 14 Tage vorher die Proklamierung der Räterepublik vorgenommen hatte, berücksichtigt er gar nicht, und es ist ja bis heute so geblieben, dass die Entstehung der bayerischen Räterepublik auf ein mysteriöses Übereinkommen zwischen verlumpten Sozialdemokraten, charakterlosen Unabhängigen und verrückten Anarchisten zurückzuführen war.

Die Blödsinnigkeit solcher Unterstellungen soll in diesem Zusammenhange nicht widerlegt werden. Das bleibe einer späteren Spezialarbeit vorbehalten. Es erübrigt sich auch, die Berechtigung der diskreditierenden Bezeichnung »Scheinräterepublik« im Gegensatz zu der nach dem Palmsonntags-Putsch etablierten echten Räterepublik zu untersuchen. Ich habe die Überzeugung, dass es sich in beiden Fällen nur um eine (und zwar eine und dieselbe) Scheinräterepublik gehandelt hat, in der nur die die Räte provisorisch ersetzenden Zentralinstanzen gewechselt haben. Die endgültige Beurteilung aller dieser Fragen kann ja aber erst geschehen, wenn die höchst komplizierten politischen Konstellationen in jenen Tagen ruhig und frei von Parteigehässigkeit aufgezeigt werden. Es wird sich dann ergeben, dass eine absolut richtige Einschätzung der Gesamtsituation bei keiner Gruppe, Partei oder aktiven Persönlichkeit vorhanden war, dass von allen Beteiligten Fehler und Irrtümer begangen wurden, und dass es jedem von ihnen besser anstehen würde, die Kritik an das eigene Verhalten anzusetzen, als den anderen schuldig zu sprechen, um die eigene Unfehlbarkeit zu retten. Ich gebe für meine Person durchaus zu, dass ich die Lage in Bayern damals in vielen Punkten falsch taxierte, dass Eugen Leviné recht hatte, als er die Teilnahme der Sozialdemokratie von vornherein als beabsichtigten Betrug an der Arbeiterschaft beurteilte. Ich glaube aber heute noch, dass seine Taktik richtiger gewesen wäre, wenn er die kommunistisch gesinnten Proletarier nicht zur Opposition außerhalb der Räteorgane veranlasst hätte, sondern wenn er mit mir und vielen anderen Revolutionären die schleunige Ersetzung aller provisorischen Instanzen durch definitive, von unten auf in neuen Betriebsratswahlen geschaffene Einrichtungen gefördert hätte. Der Kampf, den die Partei der Kommunisten gegen die Exponenten der ersten Räterepublik führte, auch gegen die, die nicht erst durch das Faktum der Ausrufung zu Räterepublikanern wurden, hat m.E. auf den besten Teil der Arbeiterschaft deprimierend und verwirrend gewirkt …

Es wäre sehr erwünscht, wenn sich die Beteiligten an historisch so wichtigen Ereignissen zur Feststellung der objektiven Wahrheit ohne Rücksicht auf ihre Programmdifferenzen freundschaftlich zusammenfänden. Schließlich hat doch die Geschichtsforschung noch andere Aufgaben, als die eine Partei zu Genies, die andere zu Lumpen und Narren zu machen! Und auf Dauer lässt sich die Weltgeschichte ja doch nicht fälschen.

Bayerisches, Allzubayerisches

Sie zogen auf in Rosenheim
mit Pauken und Trompeten,
mit Ehrenjungfraun, Rührungsschleim,
mit Jodlern und Gebeten.

Ganz vorne bei der Blechmusik,
den Degenknauf vergoldet,
Herr Rupprecht, den die Republik
– und nicht zu knapp! – besoldet.

Heil! klang es, Holdrio! Juhu!
Bierstimmig, hofbräutönig.
Der Böller schoss; man rülpst' dazu:
Hoch Rupprecht, Bayerns König!

Ihm folgt' das Ehrenkomitee,
in Helmen und Zylindern,
und eingerahmt war die Chaussee
von treuen Landeskindern.

Doch neben seiner Majestät
im Schmucke hoher Orden –
Graf Arco mit dem Schießgerät,
das er gebraucht zum Morden.

Hoch schlug der Rosenheimer Herz;
der Jubelschrei erschallte:
Heil *Arco*, der von hinterwärts
Kurt Eisner niederknallte!

Und wie's in Rosenheim geschehn,
stets soll – so wolln wir hoffen –
der *Mörder* mit dem *König* gehen …
Wohin? – – – Das bleibt noch offen!

Seit sieben Jahren im Zuchthaus!

Die Amnestien der deutschen Republik sind samt und sonders unter dem Gesichtspunkt erlassen worden, der Rachsucht der Reaktion mit ihnen nicht weh zu tun. Die Kapp-Amnestie 1920 und die Rathenau-Amnestie 1922 mussten auf Verlangen Bayerns auf Vergehen gegen das Reich beschränkt bleiben, und die Ausnahmen von ihren Anwendungsfällen waren so zahlreich, dass sie den besten Genossen nicht zugute kamen. Die Hindenburg-Amnestie endlich vom vorigen Jahre war eine der gehässigsten Scheinaktionen der Bourgeoisie, die die Geschichte kennt. Immerhin wäre der mit allen diesen »Gnaden«-Akten dem Proletariat angetane Schimpf nicht so skandalös ausgefallen, wenn nicht regelmäßig, wenn eine Reichsregierung die Notwendigkeit einsah, der Arbeiterklasse eine Beruhigungspille gegen ihre Empörung über die Straffreiheit aller Mord- und Kapitalverbrechen der Nationalisten einzugeben, die bayrische Reaktion mit Staatskonflikten gedroht hätte. In Bayern regiert seit dem Kahr-Möhl-Putsch vom März 1920 die sogenannte Bayerische »Volks«-Partei. Das ist eine vom Zentrum abgespaltene, angeblich föderalistische, in Wirklichkeit separatistische klerikal-monarchistische stockreaktionäre weißblaue Abart der schwarzweißroten Ostelbier. Den derzeitigen bayerischen Staat und die Bayerische Volkspartei darf man getrost gleichsetzen; als Ministerpräsident fungiert der Vorsitzende der Partei, und die beiden in der Regierung beschäftigten deutschnationalen Minister finden nirgends die Möglichkeit, die dominierenden Kollegen an Volksfeindlichkeit zu übertreffen. Es gibt keine kirchlich-frömmere Regierung als die bayerische. Nirgends werden Gott, Christentum und Katholizismus von Amts wegen emsiger bemüht als in Bayern; nirgends ist das Verhältnis zwischen Staat und Kirche inniger als dort (siehe das Konkordat!) – nirgends aber, außer vielleicht im katholischen Ungarn, werden die christlichen Tugenden der Barmherzigkeit und der menschlichen Milde zynischer verleugnet als in Bayern. Zwar hält man auch in Bayern die schützende Hand des Staates und der Justiz über Mörder und Verschwörer, wenn ihre Taten nachweislich aus arbeiterfeindlicher Gesinnung entsprossen sind: die Mörder des Genossen Gareis blieben unverfolgt; der Fememörder Zwengauer durfte nach wenigen Wochen Aufenthalt im Zuchthauslazarett zu Straubing entwischen; den zur Ermordung Maximilian Hardens gedungenen Halunken wurde bei Gelingen ihres Auftrags Anstellung im bayerischen Staatsdienst versprochen, und Graf Arco-Valley, der geständige Meuchelmörder, ist eine der gefeiertsten Persönlichkeiten bei den höchst christlichen Regierern Bayerns. Dafür ist Bayern aber das einzige Land in Deutschland, das noch heute seit 1919 politische Gefangene im Zuchthaus verwahrt, Proletarier, die für ihre Sache, für unsere Sache gekämpft haben und die die bayerische Reaktion im Zuchthause zu Tode schinden wird, wenn nicht endlich die Solidarität ihrer Klassengenossen rebellisch wird und die proletarische Welt zur Zeugin aufruft der Schmach, die unter dem Namen des Rechts in Bayern verübt wird.

Der älteste aller politischen Gefangenen dürfte der Genosse Guido Kopp sein, der seit Mai 1919 in Haft ist und noch von einem der mit wittelsbachschen Offizieren besetzten Standgerichte der »sozialistischen« Regierung Hoffmann-Schneppenhorst zu acht Jahren Zuchthaus verurteilt wurde. Sein Verbrechen war lediglich die Teilnahme an der bayerischen Räterepublik, also »Hochverrat«. Gewalttätigkeiten, die man zur Rechtfertigung der Verweigerung jeder Abkürzung der Leiden des seit langem kranken Mannes vorschützen könnte, hat er nicht begangen. Eigennützige Handlungen in Ausübung des ihm vom Proletariat übertragenen Amtes als Bürgermeister von Rosenheim hat ihm selbst das Standgericht nicht vorgeworfen. Aber er steht zu seiner Sache. Das nennt man in Bayern »schlechte Führung am Strafort«. Daher ist er der »Gnade« der bayerischen Christen bis jetzt nicht würdig befunden worden.

Noch viel grauenvoller als das Schicksal Kopps ist das des Genossen Alois Lindner. Am 21. Februar 1919 wurde der bayerische Ministerpräsident Kurt Eisner auf dem Wege zur Eröffnung des Landtags, dem er zugleich seine Demission geben wollte, vom Grafen Anton Arco-Valley in Befolgung eines wohl durchdachten und sorgfältig vorbereiteten Planes meuchlings ermordet. Das Münchener Proletariat ergriff ungeheure Erregung, und der Name, der spontan mit dem Morde in Verbindung gebracht wurde, war Erhard Auer. Das war der Führer der rechtsgerichteten bayerischen Sozialdemokratie, bislang Innenminister im Kabinett Eisners. Lindner war Mitglied des Revolutionären Arbeiterrates, einer in der Revolutionsnacht vom 7. zum 8. November geschaffenen Formation, die in allen Phasen der bayerischen Revolution die Schrittmacherin des proletarischen Vormarsches gewesen ist. Der RAR tagte zu gleicher Zeit im Landtagsgebäude, als der neu-gewählte Landtag zusammentrat. Eben hatte die Nachricht von Eisners Ermordung die Sitzung des RAR erreicht und grenzenlose Wut bei den Genossen aufgepeitscht, die sich in dem einzigen Ruf »Auer! Rache an Auer!« Luft machte, da platzte auch schon die weitere Botschaft herein: unten im Plenum spricht eben Auer, ausgerechnet Auer, den Nachruf für Eisner. Lindner riss, seiner Sinne nicht mehr mächtig, seinen Revolver aus der Tasche, stieß die Genossen, die ihn zurückhalten wollten, zur Seite, stürzte in den Sitzungssaal des Landtags und schoss mehrere Schüsse auf Auer ab, der schwer verwundet wurde. Im gleichen Augenblick griff ein im Saal befindlicher Major Jahreis Lindner mit vorgehaltenem Revolver an, doch kam Lindner seinem Schuss zuvor und streckte den Offizier nieder; er war tot. Lindner ging ruhig seines Weges, die Entladung hatte sein heißes Blut gekühlt. Er entkam nach Ungarn, beteiligte sich dort an der Räterevolution, wurde bei einer Kurierreise in Österreich verhaftet und von der »sozialistischen« Regierung an Bayern ausgeliefert. Sein Prozess fand eine Woche vor dem des Grafen Arco statt. Dadurch konnte man ihm leichter die vorher beschlossene Zuchthausstrafe aufpacken. Obwohl seine Tat einfach die Reflexhandlung auf die Ermordung Eisners war und obwohl das Gericht selbst aus den Akten feststellte, dass er nach drei Monaten Militärdienst im Kriege wegen seiner »hochgradigen Reizbarkeit« wieder entlassen war, wurden seine Schüsse auf Auer als vorbedachte Tat, als Mordversuch angesehen; die in offenkundiger Notwehr erfolgte Tötung des Majors Jahreis aber soll vollendeter Totschlag gewesen sein. Das Urteil lautete auf vierzehn Jahre Zuchthaus und zehnjährigen Ehrverlust. Graf Arco aber wurde wegen Mordes formell zum Tode verurteilt, wobei ihm das Gericht seine ehrenhafte Gesinnung unter vielen Verbeugungen ausdrücklich bescheinigte, zu Festung begnadigt, die er in einer vergnüglichen Scheinhaft vier Jahre lang markieren durfte, und wird heute als offizieller Gast bei patriotischen Feiern der christkatholischen »Volks«-Partei von bayerischen Ministern begrüßt und gepriesen. Die Behandlung Lindners im Zuchthaus ist furchtbar. Darüber und über vieles noch, was mit dem Fall Lindner-Auer zusammenhängt, wird noch oft zu reden sein. Genossen, vergesst den Genossen Lindner nicht!

Und dann die »Geiselmörder«! In den kurzen Wochen der bayerischen Räterepublik haben außer etwa eintausendzweihundert Arbeitern und mit ihnen solidarischen Intellektuellen auch zehn Vertreter der anderen Klasse das Leben eingebüßt. Sie waren als Untersuchungsgefangene wegen Spionage gegen die Rote Armee und Stempelfälschungen, durch die Befehle der Räte-Instanzen vorgetäuscht wurden, im Luitpoldgymnasium untergebracht gewesen. Am 29. April war in Starnberg der entsetzliche Massenmord an unbewaffneten Arbeitern und Sanitätern verübt worden, die den Weißen in die Hände gefallen waren. Diese Nachricht und die zahllosen Meldungen, dass die Weißen jeden gefangenen Rotgardisten an die Wand stellten, bewirkten, noch dazu unter der Nervosität, die die unhaltbar gewordene militärische Lage mit sich brachte, wie bei allen revolutionären Arbeitern so auch bei der Besatzung des Luitpoldgymnasiums unbeschreibliche Empörung. Da kam vom Oberkommando der Befehl, die konterrevolutionären Gefangenen seien zu erschießen. Wie des Genossen Egelhofers Unterschrift unter den Befehl kam, ob sie überhaupt echt war, ist noch nicht festgestellt, sicher ist, dass die Erschießung seinen Absichten durchaus widersprach. Aber der »Geiselmord«-Prozess dauerte zwar fast drei Wochen, und zwei weitere Prozesse in der Sache folgten; Entlastungszeugen hat man jedoch in diesen Verfahren samt und sonders abgelehnt. Über die entsetzliche Farce dieser Prozesse soll noch ein besonderer Aufsatz folgen. Sie endeten mit der Erschießung von neun Genossen wegen Mordes und führten zur Verurteilung aller der Genossen, denen der Nachweis gelang, dass sie nicht geschossen haben, zu je fünfzehn Jahren Zuchthaus wegen Beihilfe zum Morde. Über unsere Toten aus diesem Justizmord das nächste Mal. Im Zuchthaus sitzen heute noch die Genossen Kick, Gsell, Hesselmann, Lermer, Hannes, Huber, Riethmeyer, Debus und Greiner.

Aber auch mit ihnen erschöpft sich noch nicht die Liste der Revolutionäre, die wegen ihres Kampfes in der Räterepublik in Bayern heute noch im Zuchthaus sitzen. Die Genossen Graf und Streidel mit je zwölf Jahren Zuchthaus dürfen von den Klassengenossen sowenig wie alle andern im Stich gelassen werden. Graf hat in Miesbach dem Revolutionstribunal präsidiert, das einen Spitzel zum Tode verurteilte. Alle Beisitzer erhielten hohe Zuchthausstrafen, ausgenommen der Amtsobersekretär Bruckmayer, der als Protokollführer mitwirkte und außer Verfolgung blieb. Für Genossen Streidel ist das Wiederaufnahmeverfahren beschlossen. Sorgen wir dafür, dass für alle unsere gefangenen Brüder bald die Stunde schlägt, die eine Wiederaufnahme aller Prozesse durch das Proletariat herbeiführt. Bis dahin müssen wir von der Bourgeoisie mindestens das verlangen, dass sie ihre eigenen Gesetze auch dann zur Geltung bringt, wenn sie als Instrumente der Rachsucht gegen das Proletariat versagen. Je brutaler sie gegen ihre eigene »Gerechtigkeits«-Deklamationen verstößt, um so mehr mag sie die Stunde der proletarischen Besinnung fürchten. Denn: Dann werden wir die Richter sein!

Bayern

… Bayern verbietet das Erlaubte (die von der Reichsprüfstelle frei-gegebenen Filme »Panzerkreuzer Potemkin« und »Der schwarze Sonntag«; die Massenverurteilung von Mitgliedern der erlaubten und sogar im bayerischen Landtag wirkenden Kommunistischen Partei, weil sie dieser Partei als Funktionäre dienen); Bayern erlaubt das Verbotene (Beherbergung gesuchter Verbrecher wie Ehrhardt und Roßbach, Nichtverfolgung von Mördern, Austeilung von Ti-teln und Ehrenzeichen, Ausweisungen Reichsdeutscher). Bayern ist in der deutschen Republik Sieger auf der ganzen Linie und hat sich trotz seines Weinens nach Föderalismus als zentralste Gewalt im zentralistischen Betrieb glänzend eingerichtet. Was es mit dem bayerischen Föderalismus auf sich hat, das zeigt sich am deutlichs-ten in der Verwaltung des eigenen Landes. Da wird alles zentra-lisiert und obrigkeitlich geschuhriegelt, dass sich der bayerische Bauer Berlin wieder als Hauptstadt wünschen möchte. Die Kom-munen werden entrechtet, die Polizei verstaatlicht, die örtlichen Privilegien abgebaut.

Bayern ist heute wieder die größte Hoffnung für die deutsche Revolution. In der Kleinbauernschaft gärt es, da die Steuerlast sie erdrücken will und die großagrarischen Bauernleger schon auf ihre Stunde warten. Auch das bayerische Proletariat wird sich nicht für alle Dauer derartig kujonieren und demütigen lassen, wie es die Held-Regierung den plumpsten Reaktionären der Weltgeschichte nachmacht. Der beschwingte Geist, der ehedem Bayern und Mün-chen liebenswert erhielt, ist von Zeloten und Banausen ausgerottet. In derselben Woche, in der Erich Ludendorff die Erlaubnis erhielt, sich in Ludwigshöhe bei München anzusiedeln, wurde Deutsch-lands feinster Lyriker, Rainer Maria Rilke, des Landes verwiesen. Über den Straßen Münchens, die früher strahlten vom Glanze kunstfroher Natürlichkeit, lagert eine Wolke von Pandektenstaub, Bierdunst, Weihrauch und nationaler Pomade …

Sacco und Vanzetti

ermordet am 17. August 1927

I (1926)
Achtung! Hochspannung! Kommt nicht zu nah
dem Richterstuhl in Amerika!
Die Ordnung in den Vereinigten Staaten
bestimmt sich am Hauptbuch der Ölmagnaten.
Trittst du für das Recht der Proleten ein,
so wirst du ein Räuber und Mörder sein.
An Mordtaten fehlt es im Lande nicht:
Dass du sie begingst, beweist jedes Gericht.

Sacco! Vanzetti! Ihr schüret die Glut
des Kampfes im Proletarierblut.
Nie schonte der Hass der Dollardespoten
die Kämpfer, die ihren Profit bedrohten.
Sie haben euch vors Tribunal geschleppt:
Räuber und Mörder! – bewährtes Rezept.
Elektrischer Stuhl! Der Spruch ist gefällt. –
Achtung! Hochspannung! – Es zittert die Welt!

Der Stuhl ist geladen – sechs Jahre schon! –
für euch zwei Männer der Revolution.
Jetzt haben die Henker das Ende beschlossen.
Proletarier der Welt! Helft, helft den Genossen! …
Sacco! Vanzetti! Die Arbeiterschaft
braucht euer Leben noch, braucht eure Kraft!
Ihr standet für alle – jetzt alle für zwei!
Achtung! Hochspannung! –
Wir kämpfen euch frei!

II (Juli 1927)
Gestreift, besternt von den Dächern weht's.
Es feiert der Zukunft Boten
das Sternbanner der United States.
Heil euch, ihr tapfern Piloten!
Es jubelt die ganze alte Welt
und jauchzt zu Amerikas Ehre:

Ein neuer Rekord ward aufgestellt
in der Bezwingung der Meere!

Doch während die Flieger in Nacht und Graus
zwischen Himmel und Ozean schweben,
da schweben zwei Männer im Kerkerhaus
jahrelang zwischen Sterben und Leben.
Und während Europa mit Hoch und Hurra
Amerikas Sporthelden huldigt,
da werden im selben Amerika
zwei Schuldlose tödlich beschuldigt.

Seit sieben Jahren in Einsamkeit,
an Leib und Seele geschunden!
Seit sieben Jahren dem Tode geweiht,
des Richtstuhles fällig befunden!
Der Sheriff sagt: Schuldig! – Die Welt ruft: Nein!
Doch Spitzel und falsche Zeugen
sind billig. Sie schwören Stein und Bein,
um Wahrheit und Recht zu beugen.

Was lasst ihr Vanzetti und Sacco nicht los,
ihr Richter, aus ihren Zellen? –
Sind doch zwei arme Proleten bloß.
Wie? Aufrührer sind's und Rebellen!
Ja! Darum die siebenjährige Qual
und darum: Rache den Mördern!
Und darum will man sie dieses Mal
endgültig zum Henker befördern!

Mord?! Menschen, der *Richter* sinnt auf Mord!
Ihm mag's in die Ohren gellen:
Halt ein, Amerika, diesen Rekord
der Niedertracht aufzustellen!

Was ist die Rote Hilfe – und wie stehen Sie zu ihr?

Diese Anfrage hat die Rote Hilfe Deutschlands an einige bekannte Persönlichkeiten gerichtet. Wir veröffentlichen nachstehend die bisher eingegangenen Antworten:

Erich Mühsam: Rote Hilfe bedeutet Bekenntnis zum 18. März und zu allen Versuchen der Unterdrückten und Ausgebeuteten, sich gegen ihre Unterdrücker und Ausbeuter zur Wehr zu setzen. Dieses Bekenntnis leistet die Rote Hilfe durch tatfreudiges Bekenntnis derer, die im proletarischen Befreiungskampf in die Fänge der gegnerischen Klassenjustiz gerieten. Die Unterstützung besteht in werbender Aufklärung über das sittliche Wollen der Justizopfer, über den arbeiterfeindlichen Charakter der politischen Strafjustiz und über die Leiden der Klassengenossen in den Strafanstalten; ferner in der Gewährung von Rechtsschutz für die von der herrschenden Klasse verfolgten Revolutionäre; endlich und hauptsächlich in der materiellen Unterstützung der proletarischen politischen Gefangenen und ihrer Frauen und Kinder sowie der im Befreiungskampf Gefallenen. Die Rote Hilfe bedeutet somit ein überparteiliches Solidaritätswerk für proletarische Klassenkämpfer. Überparteilich aber heißt nicht unpolitisch. Die Rote Hilfe ist und muss sein eine Klassenkampforganisation ohne bestimmte politische Programmbildung. Wie auf den Barrikaden des 18. März 1848 ihrer Klassenlage bewusste Arbeiter brüderlich vereint mit revolutionär gestimmten Idealisten kämpften und starben, wie die Gerichte der Bourgeoisie damals wie heute noch – und heute noch zielklarer als damals – die Revolutionäre des Proletariats ohne Unterschied der Partei oder der theoretischen Schule lediglich unter Klassengesichtspunkten in die Zuchthäuser werfen, so haben die Richtungskämpfe des klassenbewussten Teils des Proletariats keinen Raum in der Solidaritäts-Organisation der revolutionären Arbeiterschaft. An den Kerkertoren, vor den Käfiggittern unserer Gefangenen hat der Bruderzwist zu schweigen, da gilt es gemeinsamen Kampf aller, die ihre Genossen unter den Justizopfern wissen, aller, die aller gefangenen Revolutionäre in Dankbarkeit gedenken. Einigung des revolutionären Proletariats zu diesem Kampfe, vorerst nur zu diesem – das bedeutet die Rote Hilfe.

Die Resel von Konnersreuth

Fern im Süden haust das Volk der Bajuwaren.
Es erzählt von seinen Sitten und Gebräuchen
mancher kühne Forscher, der das Land befahren:
Menschen wohnen dort mit biergeschwellten Bäuchen;
fettbeherzte, glaubensstarke Menschen sind's.
Schwarze Schwaden nebeln über der Provinz.

Wohnt in Konnersreuth ein biedrer Schneidermeister.
Diesen hat der liebe Herrgott ausersehen;
lässt in seinem schlichten Häuschen – Neumann heißt er –
höchst erstaunenswertes Wunderwerk geschehen,
als indem er sichtbar seine Zeichen weist
an Herrn Neumanns Tochter, die Therese heißt.

Jeden Freitag produziert sie Wundenmale,
mag seit Jahr und Tag nur noch Oblaten speisen.
Viele Pilger nahn auf reuiger Sandale,
welche sündenkrank zu Neumanns Resel reisen.
Bimbam! dröhnt dazu vom Kirchturm das Geläut,
und den Text erklärt der Pfarr von Konnersreuth.

Schnöde Ketzer kamen ebenfalls und schwärzten
Resel an, sie sei wahrscheinlich nicht bei Troste
und gehöre in die Kur von Irrenärzten. –
Oh, wie das das Bajuwarenvolk erboste!
Lasst das Schulgesetz erst mal beschlossen sein –
dann sieht jedes Preußenkind das Wunder ein!

Und so pilgern denn aus aller Welt die Esel
und die pfaffendunstumnebelten Kamele
unentwegt nach Konnersreuth zur heiligen Resel,
und der Pfarrer steht dabei und hilft der Seele.
Siegreich nimmt der Wunderglaube seinen Lauf.
(Schneidermeister Neumann stockt sein Häuschen auf.)

Die Wacht im Bürgerbräu

Denkt ihr noch der heiligen Stunde?
Deutsche Männer, stark und treu,
reichten sich zum ewigen Bunde
Herz und Faust im Bürgerbräu.
Auf gen Norden! Auf gen Norden!
Rette Deutschland, Bajuwar!
Kühn umringten Hitlers Horden
Lossow, Ludendorff und Kahr.
Manche Träne tropfte – plenk! -
in des Maßkrugs Schaumgetränk.

Herrlich ward das Volk erneuert.
Hat »der Trommler« dunnemals
selber nicht getrommelfeuert
in die Decke des Lokals?
Urgewaltig hat's geklungen:
Juden raus! und Hitler hoch!
Wo die Kugel eingedrungen,
zeigt der Wirt noch heut das Loch.
Auf gen Norden! – doch beim Marsch
fiel dann alles auf den – Bauch.

Jahre sind ins Land geflossen.
Grau ward jener Einschussfleck,
und des heiligen Bunds Genossen
schmeißen aufeinander Dreck.
Ja, im Bürgerbräu, o Schande!
Schmach, die man kaum fassen kann! –
wagt sich vor die Hitler-Bande
selbst der Doktor Stresemann!
Kam von Norden hergereist,
preisend den Locarno-Geist.

Aber seht, noch bietet Bayern
Trutz der Judenrepublik.
Adolf treibt mit Nieder-Schreiern
siegreich völk'sche Politik …
Grölend hat der Hitler-Rowdy
Deutschlands Ehr gewahrt aufs neu:

dieses war die zweite Gaudi
drunt in Münchens Bürgerbräu. –
Eine Träne kollert – plenk! –
in des Maßkrugs Schaumgetränk.

Abb. 20: Postkarte, datiert am 24. Dezember 1928
(Aufnahme: Atelier Deyerl, Kassel)

Mein Gegner Kurt Eisner

Das deutsche Volk ist besiegt worden, sein Reich ist zusammengebrochen, und mit einem Mal steht es an der Spitze aller Völker im Ringen um Gerechtigkeit und Vernunft in den öffentlichen Einrichtungen; ein Mann, der ein kümmerliches, reines, ehrenhaftes Leben als hungernder Schriftsteller bisher geführt hat, Kurt Eisner, steht mit einem Mal, bloß weil er ein Mann des Geistes ist, dieser tapfere Jude, moralisch als Haupt Deutschlands da, ungeahnte Kräfte regen sich ...« So steht es in einem Briefe, den am 28. November 1918 Gustav Landauer an Fritz Mauthner schrieb, um ihn, den Skeptiker, für die Revolution zu begeistern, (»Gustav Landauer. Sein Lebensgang in Briefen.« Rütten & Loening 1929. Ein unendlich reiches Werk, eine Quelle der Leidenschaft, der Lebensmeisterung und der Weisheit.) Am nächsten Tage erklärt sich Landauer in einem Brief an Auguste Hauschner »mit allem, was Eisner grade in den letzten Tagen getan hat, höchlich zufrieden«, womit die Veröffentlichung von Gesandtschaftsakten über den Kriegsursprung gemeint war; aber schon am 8. Dezember heißt es bedenklicher in Mitteilungen an Charlotte Landauer: »Das Ministerium ist nicht Eisner, und auch er tut jetzt manches, um die Parteien und die zu ihnen gehörigen Ministerkollegen zu befriedigen, was ich für falsch halte. Die Einberufung des Landtags hat bei allen Revolutionären, auch bei mir, sehr böses Blut gemacht; er selbst wollte es auch nicht, aber er hielt die Konzession für nötig.« Das Weihnachtsfest, das gleichzeitig Eisners Ministerkollege Auer im Offizierskasino des Münchener Leiberregiments mit dem Grafen Arco, als Gastgeber feierte, verbrachte Kurt Eisner mit Frau und Kindern bei dem Anarchisten Landauer in dessen Häuschen in Krumbach. Dadurch wurde der durch den Tod Hedwig Lachmanns verwaisten Familie »im Schmerzlichsten geholfen« (an Mauthner, 26. Dezember). Die persönliche Freundschaft schläfert nicht die Kritik ein: »Mit K. E. bin ich im wesentlichen einig«, schreibt Landauer am 3. Januar 1919 an Hermann Croissant; »aber was er tut, ist ja nicht er, sondern die Differenz, die übrig bleibt, wenn er die Feinde der Revolution von sich abzieht«, und am 12. Januar an Adolf Neumann: »Eisner ist von der Situation und von seiner komplizierten Politik dahin gedrängt worden, die Unpolitischen und Narren unter seinen Freunden, d. h. fast seine einzigen Freunde, zu Feinden zu machen.« Tags darauf aber noch härter an Margarete Susmann: »Kurt Eisner hat reinen Geist, reinstes Ziel; aber er hat, aus Vorsicht, Klugheit, Humanität und

Optimismus, seinen eigenen Weg verlassen und den der Klugheits-politik gewählt; es hat ihm vor der revolutionären Energie gegraust; zwischen Spartakus und Kompromiss hat er seinen eigenen Weg, den er nicht mit solcher Klarheit erkannt wie ich, verloren, vertagen zu müssen geglaubt. Es rächt sich, dass er so lange Sozialdemokrat gewesen ist; es rächt sich an der ganzen deutschen Revolution, dass die Sozialdemokratie ihr Träger sein muss.« Dasselbe Gefühl, dass Eisner doch nicht der Mann sei, der der Revolution den großen Auf-trieb zu geben vermöchte, von dem Landauer die Erneuerung des Geistes, die Verwirklichung des Sozialismus erhoffte, klingt dann immer deutlicher, immer resignierter aus den Briefen heraus, bis es am 25. Januar in einem Schreiben an Georg Springer den erbitterten Ausdruck findet: »... und selbst so geisterfüllte Männer wie Kurt Eisner werden in dem Augenblick geistlos, wo sie vom Sozialismus zu reden anfangen.«

Zum zehnjährigen Todestage Kurt Eisners, in Erinnerung an ei-nen Mord, der in dem irrenden, schwankenden, abgleitenden Manne den zielklaren, aufrechten, revolutionsentschlossenen Willen einer in Aufruhr geratenen Masse treffen wollte und traf, wollte ich zu-erst einem andern Toten der Revolution das Wort lassen, einem, der schon bei Eisners Bestattung berufen gefunden wurde und sich selber berufen fand, ihm den Nachruf zu sprechen. Landauer stand der Person Eisners freundschaftlich nahe, glaubte an seine Eignung für die Aufgabe, zu der der Zusammenbruch des alten Deutschlands rücksichtslos erneuernde Kräfte rief, stellte sich ihm stützend und helfend an die Seite und hoffte noch auf seine revolutionäre Besin-nung, als auch ihm schon klar war, dass Eisner hierzu das Amt des Ministerpräsidenten äußerlich wie innerlich von sich tun musste.

Ich teilte Landauers Meinung gar nicht, trat Eisners Revolutions-politik von Anfang an schroff entgegen und fand auch zu ihm als Mensch keine Brücke, obwohl die gleichzeitige Freundschaft mit dem an geistiger Bedeutung uns beide hoch überragenden Gustav Landauer, der mit seinen von uns beiden gleichmäßig entschieden abgelehnten Mittlersbemühungen nie nachließ, manche Voraus-setzung wenigstens zu einer verstehenden persönlichen Beziehung hätte schaffen können. Doch war unsre schon zum Jahre 1902 zurückreichende Bekanntschaft, die mich seit Eisners Tätigkeit für die Berliner Freie Volksbühne, seiner Redaktionsführung in Nürnberg, seiner Kritikerzeit an der »Münchner Post« und be-sonders seit dem Ausbruch des Krieges immer wieder mit ihm in Berührung gebracht hatte, nie über die gegenseitige Beobachtung kühler Höflichkeit hinausgelangt. Wohl sprachen wir uns in den ersten Kriegsjahren öfter als vorher, ich kam auch mehrmals in sein Haus, da es ja selbstverständlich war, dass die in München ganz wenigen und sehr vereinsamten offenen Kriegsgegner unter einander Fühlung suchten, doch waren die Gegensätze unsrer Auffassungen schon früh spürbar, da er seine Haltung wesentlich vom Einfluss der Unabhängigen, hauptsächlich Eduard Bernsteins, bestimmen ließ, während ich mit den Revolutionären Internationalisten, besonders Westmeyer in Stuttgart und Knief in Bremen, sympathisierte.

Gegen Ende 1916 besuchten mich einige Jugendgenossen und forderten mich auf, mich zu den Diskussionsabenden einzufinden, die Eisner organisiert hatte und bei denen er im Anschluss an die Kriegsereignisse seine politischen Ansichten entwickelte. Die jungen Leute fanden seine pazifistisch-revolutionären Auffassungen nicht radikal genug und wünschten durch meine Beteiligung eine Kritik zu Worte zu bringen, wie sie sich in ihrem proletarischen Klassengefühl geltend machte. Da in Bayern das Kriegsrecht bedeutend milder gehandhabt wurde als im übrigen Deutschland, die Schutzhaft zum Beispiel überhaupt erst nach der blutigen Niederschlagung der Revolution von der Republik eingeführt wurde, konnten wir ohne große Vorsichtsmaßregeln und kaum spürbar behelligt allwöchentlich zusammenkommen und unsre Meinung recht offen ausdrücken. Die Gegensätze zwischen Eisner und mir traten bald hervor und nahmen im Sommer 1917 bereits scharfe Formen an. Eisner sah in Kerenski nicht nur den Befreier Russlands, sondern in seiner Kriegspolitik die entscheidende Wendung im Weltkrieg, da nun eine Entente von lauter demokratisch regierten Staaten den vereinten zentraleuropäischen und balkanischen Obrigkeits-Monarchien gegenüberstand und der Ausgang des Krieges, dessen militärischer Teil ja damals jedem Sehenden längst klar sein musste, die radikale Demokratisierung auch Deutschlands und Österreichs herbeiführen müsste. Die deutsche Revolution, die Eisner wünschte und anstrebte, wollte er auf ein Minimalprogramm stellen: Schleunigster Friedensschluss unter Zugrundelegung der Wilsonschen Grundsätze, Ersetzung des stehenden Heeres durch eine Miliz, demokratisch-parlamentarische Verfassungen in Reich und Ländern, verbürgte Einwirkung der Arbeiterorganisationen, vor allem der Gewerkschaften, auf alle gesetzlichen Maßnahmen. In dem Verhalten der russischen Opposition, besonders seit der Durchreise Lenins und Trotzkis durch Deutschland, sah er einfach eine Vorschubleistung für den deutschen Militarismus, die er sogar auf sehr unsaubere Motive zurückführte. Darüber kam es zwischen uns zu außerordentlich erregten Auseinandersetzungen, die nach der Oktoberrevolution, die ich mit höchster Begeisterung, Eisner mit bitterstem Groll aufnahm, zur völligen Entfremdung und zu meinem Fernbleiben von den Diskussionsabenden führten.

Erst der Januarstreik führte uns wieder zusammen, aber nur zu einer kurzen heftigen Aussprache auf der Straße während eines Demonstrationszuges. Eisner erklärte mir wütend, er werde sich die Führung der Bewegung nicht aus den Händen nehmen lassen; er werde zu verhindern wissen, dass ich mit meinen putschistischen Hetzreden seine Kreise störe. Tatsächlich gab er die Parole aus, dass mir in keiner Versammlung das Wort gegeben werden solle, so dass sich meine Beteiligung an jener Bewegung auf Straßenpropaganda und subversive Betätigung beschränken musste. Dadurch entging ich dem Schicksal, dem Eisner selbst verfiel: der Verhaftung als Rädelsführer. Man beschränkte sich darauf, mich einige Wochen später in Zwangsaufenthalt zu bringen.

In den ersten Novembertagen kehrte ich nach München zurück; Eisner war schon vorher aus dem Gefängnis entlassen worden. Unsere Begegnungen hatten von jetzt ab nur noch den Charakter von Zusammenstößen. Als er am 9. November im Landtagssaal die neue Regierung vorstellte und Erhard Auer als Innenminister nannte, rief ich ihm von der Tribüne aus zu: »Dann haben wir schon die Gegenrevolution!« Als am selben Tage der Revolutionäre Arbeiterrat mich in seine Mitte kooptierte, wodurch ich »Mitglied der revolutionären Regierung« wurde, weigerte sich Eisner tagelang, seinen Namen unter den Ausweis zu setzen und tat es erst unter gelindem Druck. Ende des Monats stellte ich die erste Organisation auf die Füße, die sich die Bekämpfung der Eisnerschen opportunistischen Konzessionspolitik programmatisch zur Aufgabe stellte, die »Vereinigung revolutionärer Internationalisten«, und unsere gegenseitige Bekämpfung ging nun in die Formen erbitterter Feindseligkeit über. Die neue »Vereinigung«, der »Revolutionäre Arbeiterrat«, dessen Vorsitzender offiziell Eisner noch war, der aber in entschiedener Opposition gegen ihn stand, und der sich eben erst in München konstituierende »Spartakusbund« nahmen in engster Verbindung mit einander den Kampf gegen die Regierung auf, der Kurt Eisner vorstand, und wenn auch als ihre verhasstesten Exponenten die Sozialdemokraten Auer, Timm und Roßhaupter angegriffen wurden, so verlor doch der Ministerpräsident selber durch sein Lavieren und Paktieren mehr und mehr von der großen und heißen Liebe, die er sich durch seine tapfere persönliche Haltung im Januar und am 7. November bei den Arbeitern erworben hatte. Am schwersten schadete ihm bei ihnen der Schlag, den er am 10. Januar 1919 gegen uns führte, als er, um die gegen den Willen des revolutionären Proletariats angesetzten Wahlen zur Nationalversammlung vor Störungen zu sichern, zwölf der bekanntesten Radikalen verhaften ließ. Eine ungeheure Demonstration vor seinem Ministerium erzwang noch am gleichen Abend unsre Freilassung; Eisners Popularität aber hatte einen schlimmen Stoß erhalten.

Der Ausfall der Wahlen und die Intrigen, die in seiner Abwesenheit während der Berner Sozialistenkonferenz seine Ministerkollegen Auer und Roßhaupter gegen ihn angezettelt hatten, nahmen Eisner in seinem letzten Lebensmonat die Sicherheit des Handelns, auf die er zuerst seine immerhin eigenwillige und von der Ebert-Scheidemann-Taktik sehr vorteilhaft abstechende Politik gestützt hatte. Die Nationalisten wurden frecher und frecher. Aber unser Verlangen, ihnen durch Unterdrückung ihrer reaktionären Presseorgane und Konventikel die Gurgel zuzudrücken, mit Radikalmitteln durchzugreifen, blieb erfolglos. Dagegen ließ Eisner es zu, dass Auer gegen die Kommunisten immer rigoroser vorging, so dass sich die Kluft zwischen ihm und den radikalen Arbeitern dauernd erweiterte. Der »Revolutionäre Arbeiterrat« lud ihn vor, und ich bekam den Auftrag, die Beschwerden zu formulieren, was ich mit äußerster Schärfe tat. Dabei traten dann Gegensätze zutage, die mir und meinen Gesinnungsfreunden völlig klar machten, dass Eisner für unsre aufs Ganze gehenden Ziele gar kein Verständnis hatte. »Was soll eigentlich diese Revolutionsspielerei nach der Revolution noch?«, fragte er, worauf ich ihm unter Beifall der Arbeiter die Antwort gab: »Wir sind nicht der Meinung, dass die Revolution damit ihren Zweck erfüllt hat, dass Kurt Eisner Ministerpräsident ist. Entfernen Sie die Konterrevolution aus den Ämtern oder treten Sie ab.« Es gab keine Gemeinsamkeit mehr zwischen ihm und der vorwärts drängenden Revolution. Im Rätekongress, in Versammlungen, in der radikalen Presse steigerten sich die Angriffe gegen die Regierung, ohne Eisner auszunehmen. Zugleich geriet er in das von Verleumdungen und wüster Mordhetze geheizte Kesseltreiben der Monarchisten, die von den Auer nahestehenden Kreisen eher ermutigt als gebremst wurden. So ging Eisner am 21. Februar den Weg zur Eröffnung des Landtags, in der Aktentasche die Kapitulation vor den Feinden der Revolution, seine Demission.

Auf diesem Wege erschoss ihn der jugendliche Offizier Graf Arco,

der Weihnachtsgastgeber Erhard Auers. Eisner starb den Märtyrer-
tod des Revolutionärs und gab mit seinem Tode der Revolution,
die er resignierend preisgeben wollte, neues Leben. Ich schrieb in
meiner Zeitschrift »Kain« diese Sätze: »Hier sind dem Ermordeten
harte, bittere Worte gesagt worden. Wer aber lesen kann, wird
finden, dass sie aus verschmähter Liebe kamen, aus enttäuschter
Hoffnung, aus Angst für den Getadelten selbst. Der Mann, der an
der Novemberrevolution stärksten, entscheidenden Anteil hatte, der
sich vor der Geschichte den Ruhm des Neuerers wie wenige andere
erworben hatte, war kein Radikaler. Er war ein aufrechter, tapferer
Revolutionsentzünder, ein fanatischer Kämpfer für sein eignes
Werk, aber kein Grundmauern-Einreißer. Der erste Akt der Revolu-
tion war ihm die Revolution selbst; der dramatische Teil der Historie
schien ihm nur noch der Abrundung zu bedürfen, um dann den
epischen der evolutionistischen Weiterentwicklung folgen lassen zu
können. Sein eigener tragischer Tod hat diesen Traum zerstört. Als
Kronzeugen seines eignen Irrtums tragen wir Kurt Eisner zu Grabe,
sagen wir ihm bewegt und dankbar, traurig und nachdenklich Le-
bewohl.«

Leitsatz

Zum Todestage der Genossen Sacco und Vanzetti

Fürcht nicht die Stunde, da du stirbst.
Die Welt, o glaub's nur, kann dich missen.
Kein Stern, um dessen Licht du wirbst,
wird mit dir in den Tod gerissen.

Solang du lebst, wirst du gebraucht.
Soll dich das Leben nicht vergessen,
sorg, dass die Tat nicht untertaucht,
an der du deine Kraft gemessen.

Leb, dass du stündlich sterben kannst,
in Pflicht und Freude stark und ehrlich.
Nicht dich – das Werk, das du begannst,
mach für die Menschheit unentbehrlich!

Liebe, Treue, Eifersucht

Die Ansichten der Gräfin Franziska zu Reventlow

Um das Jahr 1907 drangen in die Münchener Intellektuellenzirkel die ersten Kenntnisse der neuen Lehre des Professors Freud und fingen an, das ganze geistige Leben Schwabings zu beherrschen. Ihr begeisterter Apostel war der noch jugendliche Grazer Psychiater Dr. Otto Gross, der mit dem Eifer des Fanatikers das ganze Cafe Stefanie analysierte, beziehungsweise das Analysieren lehrte. Es schwirrte an den Tischen nur so herum von »Komplexen«, »Sperrungen« und »Verdrängungen«, man war »konstelliert«, »okkupiert« und hatte für jede Art Umnebelung oder Verstimmung einen schönen wissenschaftlichen Ausdruck. Zufälle wurden aus verborgenen Absichten gedeutet, Träume auf Wünsche zurückgeführt, und für manche hatte das Unterbewusstsein der Nebenmenschen bald weniger Geheimnisse als das eigene Bewusstsein.

Ich gehörte zu den wenigen, die der Psychoanalyse einigermaßen skeptisch gegenüberstanden, obwohl ich mit Otto Gross persönlich befreundet war und mich auch eine Zeitlang von ihm in seine Ausfragebehandlung nehmen ließ. Es lag mir daran, zu beobachten, ob durch das Überklarwerden von halb oder ganz versunkenen Erinnerungen die dichterische Schaffenskraft beeinflusst werde; darüber habe ich damals mit Professor Freud selbst eine kurze Korrespondenz geführt. Ich brach die Behandlung ab, als der Arzt Fragen stellte, die sich auf allerverschwiegenste Dinge des erotischen Lebens bezogen, und die ich ihm mit der kurzen Erklärung beantwortete: »Das geht dich einen Dreck an!«

Die Gräfin Reventlow war durch mich mit Gross bekannt geworden, und eines Tages erzählte sie mir, worüber alles sie Auskunft hätte geben sollen. Sie hatte den Doktor ausgelacht und ihn gefragt, ob er denn wirklich meine, von sehr vielen seiner Patienten die Wahrheit zu hören, worauf er antwortete, das sei gar nicht nötig, niemand lüge außerhalb seines Charakters, und gerade, wie jemand lüge, zeige, wie er assoziiere. Der Abbruch der analytischen Behandlung störte weder der Gräfin noch meine Freundschaft mit Dr. Gross. Im Gegenteil, die Beziehung von Arzt und Patienten verlor sich völlig, und man traf sich mit dem ausgezeichneten Gelehrten und durchaus genialischen Menschen – er ist leider schon tot – auf dem Gebiet uns allen gleichmäßig naheliegender Probleme.

Gross vertrat, und zwar im engsten Zusammenhange mit seiner sexualpsychologischen Berufstätigkeit, den Standpunkt einer auf uneingeschränkter Promiskuität beruhenden Sittlichkeit. Ich war von einer ganz anderen Seite her zu ganz gleichen Folgerungen gekommen wie er. Die anarchistische Gesellschaftslehre, die ich vertrete, erstrebt das gesellschaftliche Zusammenleben der Menschen auf der Grundlage weitest gehender persönlicher Freiheit. Ich glaube, dass nur freiwillige Bindung innerlich verpflichtet, und dass jeder auferlegte Zwang nicht nur den erniedrigt, der sich ihm beugt, sondern auch den, der ihn verhängt und ausübt. Freiheit aller bedingt Freiheit jedes einzelnen, und umgekehrt: niemand ist frei, ehe nicht alle frei sind. Daher kann der Kampf gegen jede autoritäre Macht nur geführt werden in Verbindung mit dem Kampfe gegen die Autorität im engsten Umkreise, gegen die autoritären Gelüste zumal, die den eigenen Sinn und die eigenen Sinne beherrschen und mithin zur Herrschaft bringen möchten. Weiter schloss ich: wer über einen Menschen Obrigkeit errichten will, will sie über alle errichten, wer in seiner nächsten Umgebung den Gendarmen spielt, der entwickelt allgemein Gendarmentriebe in sich, und wer sich den Sklavenhalter im Hause gefallen lässt, der duldet überall Sklaverei und ist der Freiheit verloren. Alle traditionelle Tugend ist auf Befehlen und Gehorchen, auf Herrschen und Dienen gestimmt, und nirgends kommt das deutlicher zum Ausdruck als in der allgemein gültigen, von kaum noch einer Seite kritisch angegriffenen Geschlechtsmoral. So richtete ich schon in den Anfängen meiner sozialpropagandistischen Tätigkeit heftige Attacken gegen das Prinzip der Monogamie, gegen die unter öffentlichen Schutz gestellte Ehe, vor allem gegen die Verfälschung des Begriffs der Treue zur Kennzeichnung der auf einen einzigen Partner beschränkten physischen Liebe.

Otto Gross sah in der zum ethischen Vorzug gestempelten Ausschließlichkeit der Liebe den wichtigsten Faktor seelischer Verdrängungen, darum eine unreine Quelle hunderterlei Selbstquälerei und gegenseitiger Lebensvergiftung mit der Folge von Hysterie und übelsten psychogenen Wirkungen; ich den Urgrund der Unfreiheit des Menschen vor sich selbst und vor der Mitwelt. Vollkommene Übereinstimmung ergab sich zwischen uns in der Beurteilung der geschlechtlichen Eifersucht als einer besonders schmählichen Form des Neides, die aber dank autoritärer Gesellschaftserziehung und priesterlicher Sittlichkeitsbegriffe heiliggesprochen war.

Franziska zu Reventlow war auf keinerlei theoretischen Wegen, wohl aber durch ihre kluge und unbefangene Lebensart zu genau denselben Anschauungen gekommen. Es ist ja aus ihren Tagebüchern hinlänglich bekannt, wie wenig sie sich in ihrer eigenen Daseinsführung um das Urteil der gestempelten Moral kümmerte. Es wird sich aber vielleicht verlohnen, aus Erinnerungen, die ich im Gedächtnis bewahre, die bewusste Kraft festzustellen, mit der sich die außerordentliche, hoch bedeutende und dabei von allen Grazien gesegnete Frau ihre Haltung zu dem Problem, das ihr vorzüglich nahe lag, geistig klarmachte.

Ich hatte 1909 ein Stück geschrieben, das den Titel »Die Freivermählten, Polemisches Schauspiel« führte. Es war ein typisches Thesenstück und behandelte mehr in zugespitzter Dialektik als in eigentlicher dramatischer Bewegtheit eben die Dinge der Liebe, Treue und Eifersucht, vom Standpunkt einer radikalen Verneinung der geltenden Moralbegriffe aus. Und zwar wurde ein in »freier« Ehe höchst korrekt lebendes Paar, das nur aus Prinzip auf die staatliche Kopulierung verzichtet hatte, einem amtlich verheirateten Paar gegenübergestellt, das in wirklicher Freiheit und ohne gegenseitige Beaufsichtigung ein harmonisches Leben führte. Ob ich der Gräfin das Stück vorlas oder ob ich ihr das Manuskript gab, weiß ich heute nicht mehr. Aber ihr Urteil klingt mir noch hell in den Ohren. Es war gar nicht übermäßig freundlich und erfreute mich trotzdem mächtig. Denn während alle Bekannten, Kritiker und Kunstverständigen, denen ich die Arbeit zeigte, entsetzt die Hände über dem Kopf zusammenschlugen ob der Unmöglichkeit der Tendenz des Stückes oder sich gerade um der Realität dieser Tendenz willen begeisterten, sagte die Gräfin kopfschüttelnd: »Das sind doch alles lauter Selbstverständlichkeiten. Wozu machen Sie darum einen solchen Aufwand?«

Man lese das prachtvolle Buch der Reventlow »Von Paul zu Pedro«, in dem sie sich mit dem Thema: »der Mann« auseinandersetzt. Da wird allerdings auf jede Polemik gegen irgendwelche Tugenddogmen verzichtet; da wird nur über die verschiedenen Sorten beflissener Mannsbilder graziös geulkt, die sich selbst zwar allerlei Freiheiten gestatten, dabei aber von den moralischen Regeln des gesellschaftlichen Anstands noch nie einen Zweifel gespürt haben. Begegnen sie einer Frau, die sich mit ihrer natürlichen Sinnlichkeit vor niemandem verantworten will, so glauben sie, ihr fehle nur das »volle Glück«, und die unglückliche Dichterin, der fortgesetzt über die peinliche Vergangenheit hinweggeholfen werden soll, schreibt melancholisch: »Glauben Sie mir, man darf sich noch so weit und noch so lange auf der schiefen Ebene befinden, es tauchen immer wieder Männer auf, die uns durch wahre Liebe retten wollen.«

Als ich einmal wieder mit der Gräfin über den Gegenstand, der gerade durch die Lehren der Psychoanalytiker damals die Gemüter der Schwabinger Boheme dauernd beschäftigte, sprach, fragte ich sie, ob sie, auch wenn sie verliebt sei, sich völlig von eifersüchtigen Empfindungen freihalten könne. Da meinte sie: das ist eine Sache der Selbsterziehung. Das Gefühl der Eifersucht komme aus verletzter Eitelkeit. Man brauche sich aber nur selbst zu kontrollieren, um zu erkennen, dass ein Wechsel in der erotischen Hinneigung nicht die geringste Herabsetzung des bisher Geliebten bedeute, und dass erst recht bei der Gleichzeitigkeit mehrerer Beziehungen gar keine Wertvergleichung stattfinde. Habe sie in früheren Jahren aus einfachem Taktgefühl keine Eifersucht merken lassen, so habe sie später die Fähigkeit in sich entwickelt, derartige Empfindungen als minderwertig und unwürdig gar nicht mehr aufkommen zu lassen. Was die Reventlow, wenn sie noch lebte, zu den Versuchen wohlmeinender Zeitgenossen sagen würde, die nachgerade erkannte polygamische Veranlagung der meisten Menschen schematisch ins geltende Eheleben einzuordnen, ist schwer zu ermessen. Vermutlich würde sie herzlich lachen. Was sie aber auf den Einwand entgegnen würde, dass ja doch das freie Liebesleben der Frau in ständigen Konflikt geraten müsse mit den Ansprüchen der Männer auf ihre Vaterschaftsrechte, das weiß ich. Denn einmal zeigte ich ihr eine Stelle im Tagebuch der Rahel aus dem Jahre 1820, die ihr eigenes mütterliches Herz tief berührte und die sie sich abschrieb. Sie lautete: »Kinder sollten nur Mütter haben und deren Namen tragen, und die Mutter das Vermögen und die Macht der Familie. So bestellt es die Natur; man muss diese nur sittlicher machen. … Fürchterlich ist die Natur darin, dass eine Frau gemissbraucht werden kann und wider Lust und Willen einen Menschen erzeugen kann. – Diese große Kränkung muss durch menschliche Anstalten und Einrichtungen wieder gutgemacht werden und zeigt an, wie sehr das Kind der Frau gehört. Jesus hatte nur eine Mutter. Allen Kindern sollte ein ideeller Vater konstituiert werden, alle Mütter so unschuldig und in Ehren gehalten werden wie Maria.«

Schulkampf

Kurz vor der Ausrufung der bayrischen Räterepublik, in den letzten Märztagen 1919, als außer den Sozialdemokraten und übrigen Spießbürgern kein Mensch mehr die Notwendigkeit eines entscheidenden Durchbruchsversuchs der proletarischen Revolution verkennen konnte, besuchte mich in meiner Wohnung eine Abordnung von Schülern höherer Lehranstalten, vier junge Menschen im Alter von 14 bis 16 Jahren, um Rat zu erbitten. Die Lehrer seien bar jeder Empfindung für den neuen Geist, der mit dem Novembersturm über die Welt gekommen sei, unfähig, ihre Unterrichtsmethoden und den Inhalt ihrer Belehrung den Forderungen der zukunftsträchtigen Gegenwart anzupassen, verständnislos gegen den Anspruch der Jugend, teilzuhaben am Geschehen der Welt, unverändert pedantisch, autoritär …

Ich holte aus meinen Besuchern heraus, wie sie selbst sich die Lösung dieser Frage dachten, gab ihnen den erwünschten Aufschluss über den Rätegedanken, indem ich ihnen vor allem begreiflich machte, dass sie ihre Obliegenheiten niemals mit allgemeinen Vollmachten an Einzelne abtreten durften, sondern für rasche Ablösung der Räte durch immer wieder andere Schüler sorgen müssten, damit sich keine Führerschaft herausbilden könne, und formulierte dann mit ihnen zusammen und an der Hand ihrer eigenen Vorschläge die allgemeinen Grundsätze des Mitbestimmungsrechtes der Lernenden in der Schule: Anerkennung der Schülerräte bei vollständiger Selbständigkeit der Schüler in der Auswahl, Zusammensetzung und inneren Struktur dieser Organe; Zulassung von Schülervertretungen bei allen Lehrerkonferenzen; Mitwirkung bei Aufstellung der Stundenpläne und bei der Wahl der Lehrbücher, insbesondere im Geschichts- und Deutschunterricht; Einspruchsrecht gegen reaktionäre Lehrmethoden und revolutionsfeindliche Kundgebungen der Lehrer; beratende Stimme bei Verhängung von Disziplinarstrafen, bei der Erteilung von Schulzeugnissen und bei Versetzungen innerhalb der Klasse und von einer Klasse in die andre; Abschaffung der Strafarbeiten; Beseitigung des Religionsunterrichtes aus der Schule, nur private Religionslehre bei voller Freiwilligkeit der Teilnahme; Koalitions- und Versammlungsrecht; Einräumung von Schulzimmern, Aulen und Schulhöfen für Besprechungen und Versammlungen der Schüler …

Das braune Haus

Stempeln gehn ist kein Vergnügen.
Arbeitsfrau und Arbeitsmann –
täglich stehn in langen Zügen
sie beim Arbeitsnachweis an.
Ohne Ansehn der Partein
heißt es: Danke bestens, nein!

Hungrig in der Mietskaserne
quetscht man sich im engen Raum.
Nur der Nazi trägt dies gerne,
denn nach München schwebt sein Traum.
Wohnt er selbst im stinkigen Loch –
im Palais wohnt Hitler doch!

Zwischen Marmor, Glas und Bronze,
Persern, Lüstern und Damast
grambeladen seufzt der Bonze
unter Deutschlands Schuldenlast.
Hakenkreuze schmücken rau
Mobiliar wie Außenbau.

An den Wänden Heldenschwarten,
Schwerter im Beratungssaal,
Fahnen, Harnische, Standarten
und ein Waffenspind (legal!).
Hitlers Braunhaus schreit vor Pracht,
bis das deutsche Volk erwacht.

Braunbehemdete Proleten
der SA versehn den Schutz
und behüten die Tapeten
vor Gefahr und Judenschmutz,
welche, hakenkreuzdurchwebt,
Hitlers eignem Geist entschwebt.

Adolf Hitler, von Berufe
selber einst Dekorateur,
klimmt von Stufe so zu Stufe
seiner Laufbahn immer höh'r.
Denn das braune Haus zeigt klar:
Dieser bleibt das, was er war!

Felseneck

Da es doch nun so weit ist, dass den Nazis die Reichswehr offen steht, dass Justiz, Kirche, Schule, Universität nebst den Behörden in Nähe und Ferne die Treppen scheuern, auf welchen Herr Hitler mit seinen Mannen zur Herrlichkeit emporsteigen soll, da nun die Republikaner die Manschetten aus den Ärmeln zupfen und mit belegtem Hüsteln die Kehlen zum Willkommensgruß stimmen, finden es einige an der Zeit, etwas gegen die Aufrichtung des Hakenkreuzes im Deutschen Reich zu unternehmen. Es scheint ein wenig spät zu sein, und die Mittel, mit denen man die Gespenster verscheuchen will, die längst Fleisch und Bein und reich gefüllte Geldbörsen haben, sehn nicht eben furchterweckend aus. Man schafft Munition, worunter man Stimmzettel versteht, man rüstet zum Kampf, womit man Auszählspiele meint, man bläst zum Sammeln an die Urne, worin man das Dritte Reich versenken möchte und worin doch nur die Weimarer Verfassung zu Asche wird.

Wer auf eine entschlossene Angreiferschaft Eindruck machen will, muss ihnen keine Schwüre und Kampfgesänge ins Ohr plärren, sondern ihnen Beweise eigner tatkräftiger Initiative liefern. Überdies verhindert jedwede Initiative auch den alten Übelstand, dass Leute, die von einer Protestversammlung nach Hause kommen, sich im Gefühl, genügend Hochs mitgeschrien zu haben, zu Bett legen und glauben, das Ihrige im Kampfe getan zu haben. Erst dann, wenn jeder Einzelne mit der Verpflichtung vor sich selber eine Kundgebung verlässt, persönlich einzugreifen, und zwar nicht erst, wenn die Führer zur neuen Zusammenkunft rufen, sondern sofort, am nächsten Tage und ununterbrochen weiter, ist mehr geschehen als Gelegenheit zu einem lärmend rühmenden Zeitungsbericht geschaffen. Wer den Fascismus ernstlich treffen will, hat sich zunächst einmal mit seiner Kampf- und Opferbereitschaft an die Seite derer zu stellen, die der Fascismus ernstlich trifft.

Täglich erfahren wir von neuen nationalsozialistischen Überfällen auf Arbeiter. Wohnsiedlungen armer Erwerbsloser werden, wenn dort Kommunisten wohnen, zum Zielpunkt regelrechter »Strafexpeditionen« erwählt, und die deutsche Justiz erhebt gegen solche Methoden, die an die in der gesamten Kulturwelt geächteten Kolonialkriege erinnern, bekanntermaßen keine besonders bedrohlichen Einwendungen. Den armen kommunistischen Jungen in Essen ist es schlimmer ergangen, als es den Mördern von Felseneck ergehen wird.

Das Elend in der Kolonie Felseneck war schon vor dem Überfall grauenhaft. Jetzt, da über zwanzig der Überfallenen in Haft sitzen, ist es unbeschreiblich. Den Familien der Eingesperrten ist mit sympathievollem Bedauern nicht genützt. Sie brauchen Lebensmittel, Kleidung, Geld, praktische Nächstenhilfe. So wie ihnen geht es allen denen, die in Braunschweig, Eutin, in allen deutschen Gauen in das gleiche Unglück geraten sind, dass ihre Männer, Väter, Söhne, Freunde, um sich und die Ihrigen vor Gewalttaten zu schützen, mit Nazibanden ins Gedränge kamen und der Staatsmacht ins Garn liefen.

Der syndikalistische Frauenbund in Berlin hat eine Sammelstelle zunächst für die Opfer von Felseneck errichtet (Märkisches Ufer 20, Freie Arbeiter-Union). Das ist ein wertvoller Anfang, aber er genügt nicht. Es muss Hilfe in großem Umfang und über das ganze Reich organisiert werden, um der Solidarität willen, aber auch um der Warnung willen, damit die Fascisten nicht meinen, die Schädigung ihrer Feinde mache diese hilflos. In dieser Zeit allgemeiner Not hat es wenig Zweck, mit einer Sammelliste schnorren zu gehen. Kommen wirklich 100 Mark zusammen, ist nur für den Augenblick und nur in sehr kleinem Umfang geholfen. Es muss eine ständige Organisation mit dem einzigen Zweck gegründet werden, denen, die als Leidtragende für alle Hakenkreuzgegner geprügelt und geschädigt werden, sofort beizuspringen, ihnen und ihren Frauen und Kindern die Sicherheit zu geben, dass über Partei- und Weltanschauungsschranken hinweg ihre Sache als gemeinsame Sache aller anständigen Menschen angesehen wird.

Um das zu erreichen, muss eine geldliche Unterlage geschaffen werden, die selbst nichts kosten darf. Niemand soll an der Organisation zur gegenseitigen Unterstützung verdienen, und diese Organisation soll keinen andern Zwecken dienstbar sein als nur der Nothilfe für Opfer der Fascisten, bei deren Abwehr Polizei und Justiz versagt. Ich schlage vor: Ein Theater stellt seine Räume kostenlos für eine künstlerische Veranstaltung zur Verfügung (für das Geld, das sonst der Saal kostet, kann schon eine betroffene Familie eine Woche leben), Dichter, Schauspieler, Vortragskünstler, Tänzerinnen vereinigen sich zu einer öffentlichen gemeinsamen Darbietung, vollständig honorarfrei. Das Programm braucht keinerlei politische Richtung zu umreißen oder umzureißen. Es genügt, dass auf dem Zettel vermerkt steht, wofür das Eintrittsgeld bezahlt wird. Freiplätze, und zwar Ehrenplätze, sollen den Angehörigen der Naziopfer gegeben werden, sonst niemandem. Erwerbslose sollen einen Groschen zahlen, andre nach Belieben, niemand weniger, als er auf dem letzten Faschingball ausgegeben hat. Jeder neue Mord, jeder neue Überfall, jede neue fascistische Schandtat soll mit einer Wiederholung solcher Veranstaltung beantwortet werden. Solche praktische Solidarität der Künstler wird der Solidarität der Arbeiter zum Beispiel dienen und den Übermut der Reaktionssöldner dämpfen. Wer mittun will, mag sich, über die Adresse der »Weltbühne«, bei mir melden.

Duldsamkeit

… Duldsamkeit untereinander und Wahrhaftigkeit gegen alle ist Bedingung zum Siege. Die Ordnung der Freiheit hängt ab von der Aufrichtigkeit aller, die die Freiheit errichten wollen. Aus Lippenbekenntnissen entsteht keine neue Welt. Die Anarchisten, die die neue Welt der Freiheit, der Gleichheit, der Gegenseitigkeit, der Gerechtigkeit, der Wahrhaftigkeit und der Verbundenheit aller mit allen schaffen wollen, müssen ihre Bekenntnisse in Taten kleiden. Das heißt, sie müssen ihr Leben führen, wie sie wünschen, dass es in der staatlosen Gesellschaft des Kommunismus von allen zu führen sei. Die Forderung ist nicht, dass jemand aus der kapitalistischen Fron ausbrechen sollte oder könnte: das Joch des Staates kann nur in gemeinsamem Kampf gebrochen werden. Daher ist die Verletzung der Staatsgesetze keine Forderung des täglichen Lebens. Aber eine Heiligkeit der Gesetze gibt es so wenig wie eine Heiligkeit des Eigentums. Hochachtung vor den Gesetzen und den Staatsmächten kann von niemandem verlangt werden. Für den Anarchisten ist das Gesetzbuch ein Fahrplan, um in der Gesellschaft die nötigen Anschlüsse zu finden, in der er bis zur Revolution wohl oder übel leben muss, weiter nichts. Aber der Anarchist geht keine freiwilligen Verpflichtungen ein, die seine Selbstbestimmung beeinträchtigen oder ihn einer Autorität unterwerfen können. Er hat in keiner Kirche etwas zu suchen und bekleidet keine staatlichen Ehrenämter. Wird er gezwungen, als Geschworener oder Schöffe den Richter über andere Menschen zu spielen, so urteilt er nach seinem sozialen Gewissen, das dem Staat das Recht bestreitet, Unglückliche zu bestrafen, die über die vom Kapitalismus gelegten Fallstricke gestrauchelt sind. Soll er gezwungen werden, in den Krieg zu gehen, um für fremden Vorteil seinesgleichen zu töten, so weigert er sich, es zu tun und stirbt lieber für die eigene Überzeugung als für das Geschäft seiner

Quälgeister. In seinem Hause übt er keine Autorität, noch duldet er sie. In den Dingen des Geschlechts geht er die Wege, die er für richtig hält, ohne sich darum zu kümmern, welche Wege andere Menschen gehen. Keine Frau gehört einem Mann, kein Mann gehört einer Frau. Was zwei mündige Menschen in der Verschwiegenheit tun, um einander zu erfreuen, ist niemals Sache eines Dritten, nicht des Ehemanns noch der Ehefrau, nicht des Nachbars noch des Genossen, nicht der Kirche noch des Staates. Anarchist und Anarchistin sind nicht Beherrscher ihrer Kinder, sondern ihre Kameraden und Helfer. Wer seine Kinder prügelt, missbraucht seine körperliche Überlegenheit zur Errichtung eines Machtverhältnisses, festigt dadurch die Macht und Autorität von Staat und Kapital und verseucht, indem er den Machtwahn in sein Kind hineinschlägt, auch das Geschlecht der Zukunft. Der Anarchist glaubt nicht an Götter noch an Gespenster, nicht an Priestersprüche noch an die Behauptungen der Wissenschaftler, die er selbst nicht nachprüfen kann. Er fragt nicht nach dem Klatsch der Straße noch nach der Mode in den Angelegenheiten der Kunst und der Weltanschauung. Er geht seinen Weg geradeaus, verantwortlich sich und seinem Gewissen, verantwortlich der Menschheit, die er eins weiß mit sich und seinem Gewissen. Er tut das Rechte, da er weiß, was Recht ist. Denn Recht und Freiheit ist das gleiche, wie Gesellschaft und Persönlichkeit das gleiche ist. Aus dem Recht wächst die Gleichheit des Kommunismus, aus der Gleichheit die Freiheit der Anarchie!

Anhang

ANMERKUNGEN

Dort, wo in den »Schlaglichtern« auf Ereignisse oder Orte hingewiesen wird, wurde auf eine Wiederholung in den Anmerkungen verzichtet. Diese beschränken sich auf bibliographische Angaben und kurze Erläuterungen zum besseren Verständnis der Texte.

Texte vor 1919

Widernatürlichkeiten
aus: *Die Gemeinschaft der Eigenen. Bund für Freundschaft und Freiheit. Ein Nachrichten- und Werbeblatt* 5–6, Berlin 1920, 32.
Mühsam schrieb dieses Gedicht 1903 anlässlich einer Beschlagnahmung von Zeichnungen des Jugendstilkünstlers Fidus und der polizeilichen Beanstandung des Gedichts »Die Freundschaft« von Friedrich Schiller in der Zeitschrift *Der Eigene.* –
Mühsams erste große Veröffentlichung *Die Homosexualität. Ein Beitrag zur Sittengeschichte unserer Zeit*, Berlin 1903, erscheint in einer Zeit, in der mit Hilfe des § 175 Strafgesetzbuch Homosexuelle diskreditiert und verurteilt werden. Vgl. dazu die Neuausgabe mit einer Einführung von Walter Fähnders, Splitter 17, München 1996.

Nun endlich …
aus: E.M., *Die Wüste. Gedichte*, Großlichterfelde/Berlin 1904, in: E.M., *Gedichte, Prosa, Stücke.* Ausgewählte Werke in drei Bänden, Bd. 1. Hg. von Christlieb Hirte, Berlin (DDR) 1985, 281.

Angst …
aus: E.M., *Die Wüste. Gedichte*, Großlichterfelde/Berlin 1904, in: E.M., *Gedichte, Prosa, Stücke.* Ausgewählte Werke in drei Bänden, Bd. 1. Hg. von Christlieb Hirte, Berlin (DDR) 1985, 281.

Der friedliche Michel
aus: *Der wahre Jacob*, 14. Juni 1904, Stuttgart, in: E.M., *Gedichte, Prosa, Stücke.* Ausgewählte Werke in drei Bänden, Bd. 1. Hg. von Christlieb Hirte, Berlin (DDR) 1985, 342 f.
Der Aufstand der Hereros in Deutsch-Südwestafrika beginnt im Januar 1904 und endet 1907/08 mit deren fast völliger Ausrottung durch die »Schutztruppe« General von Trothas.

Bundeslied der Schweizerischen Antimilitaristischen Liga
aus: Karl Lang, *Kritiker, Ketzer, Kämpfer. Das Leben des Arbeiterarztes Fritz Brupacher*, Zürich 1975, 112 f.
Mühsam lebt von Ende August bis Mitte Dezember 1904 in Zürich. Die Züricher Antimilitaristen singen nach ihren Versammlungen mit Emphase gemeinsam das von Mühsam verfasste Bundeslied nach der Melodie »Rufst Du mein Vaterland«.

Boheme
aus: *Die Fackel* 202, Wien, 30.4.1906, 4–10.

Ausbeutung
aus: *Simplicissimus* 36, München, 3.12.1906, 583.

Frühling
aus: *Simplicissimus* 8, München, 20.5.1907, 127.

Zur Naturgeschichte des Wählers
aus: *Die Fackel* 223/224, Wien, 12.4.1907, 10–15.

Das wär' …
aus: Heinz Greul, *Bretter, die die Zeit bedeuten. Die Kulturgeschichte des Kabaretts 1*, München 1971, 147.
Einer der vielen Reime, die Mühsam in seinem »Sonettenclub«, den er im *Simplicissimus* 1907 »unterhält«, spontan aus dem Ärmel schüttelt.

Erziehung
aus: E.M., *Der Krater*, Berlin 1909, 103 f.

Lumpenlied
aus: E.M., *Wüste – Krater – Wolken*, Berlin 1914, 132 f.
Gedichtet 1909, vertont von Béla Reinitz, vgl. E.M., *War einmal ein Revoluzzer. Bänkellieder und Gedichte*. Hg.: Helga Bemmann, Reinbek bei Hamburg 1978, Anhang: Lieder für die Vortragsbühne.

Das Werk
aus: *Jugend* 13, München, 22.3.1909, 288.
Als »Freiheit und Land« gedruckt in: E.M., *Brennende Erde. Verse eines Kämpfers*, München 1920, 10. Entstanden im November 1915. Vertonung von Béla Reinitz, vgl. E.M., *War einmal ein Revoluzzer. Bänkellieder und Gedichte*. Hg.: Helga Bemmann, Reinbek bei Hamburg 1978, Anhang: Lieder für die Vortragsbühne.

Mitternacht
aus: *Jugend* 31, München, 27.7.1909, 729.
Zum Frauenbild Mühsams vgl.: Hubert van den Berg, »Frauen, besonders Frauenrechtlerinnen haben keinen Zutritt!« Misogynie und Antifeminismus bei Erich Mühsam, in: IWK Internationale wissenschaftliche Korrespondenz zur Geschichte der deutschen Arbeiterbewegung 4, Berlin, Dez. 1992, 479–510 und Elisa Cutullé, Die Frau als Dämon, in: Mühsam-Magazin 9, Lübeck, März 2001, 70–80.

Anarchie …
aus: *Der Komet.* Programm-Nummer, München, Februar 1911, 7.
Widmung
aus: *Kain. Zeitschrift für Menschlichkeit* 4, München, Juli 1911, 49.
Das Wasserrohr
aus: E.M., *Sammlung 1898–1928*, Berlin 1928, 68.
Gegen die Polizei
aus: *Kain. Zeitschrift für Menschlichkeit* 9, München, Dezember 1911,
129–138. Polizeiplempe: Säbel.
Versammlungsbericht
aus: *Kain. Zeitschrift für Menschlichkeit* 9, München, Dezember 1911,
143 f.
M.N.N.
aus: *Kain. Zeitschrift für Menschlichkeit* 12, München, März 1912, 187 ff.
Nachfolger der *Münchner Neuesten Nachrichten* wurde nach 1945 die
Süddeutsche Zeitung.
Mühsam beobachtet genau. Er konstatiert in einer weiteren Medienanalyse,
dass in der üblichen Auseinandersetzung zwischen den Gazetten nicht die
gegnerische Meinung, sondern ausschließlich der Gegner bekämpft wird.
Seine Begründung:»Die Kleinheit der Objekte rechtfertigt die Auffassung,
die in der Beseitigung der Subjekte die Entscheidung des Kampfes erblickt.«
Denn:»Die gute Beziehung zum Inseratenteil und zu den politischen Ein-
bläsern wird nach wie vor das Leitseil sein, an dem die Kritik der öffentli-
chen Dinge ans Licht krabbeln darf. Die Erziehung des Publikums zu unbe-
dingter Autoritätsgläubigkeit wird – zum Heile der Staaten – vornehmste
Aufgabe der Publizistik bleiben …« *Kain. Zeitschrift für Menschlichkeit*
4, München, Juli 1912, 51 ff. Schmock: gesinnungsloser Zeitungsschreiber
(nach der Gestalt in Gustav Freytags Lustspiel »Die Journalisten«).
Anarchistisches Bekenntnis
aus: *Kain. Zeitschrift für Menschlichkeit* 1, München, April 1912, 7 f.
Kalender (1913)
aus: E.M., *Brennende Erde. Verse eines Kämpfers*, München 1920, 26 f.
Vormärz: Bezeichnung für die Zeit vor der Märzrevolution von 1848;
Paletot: zweireihiger, meist schwarzer Herrenmantel mit Samtkragen.
Pöle Poppenspäler
aus: *Kain. Zeitschrift für Menschlichkeit* 10, München, Januar 1913, 158 f.
Herz und Hals
aus: *Simplicissimus* 50, München, 10.3.1913, 833.
Patrioten
aus: *Kain. Zeitschrift für Menschlichkeit* 2, München, Mai 1913, 17–24.
Nikita, König von Montenegro, führte mit österreichischer Unterstüt-
zung Krieg gegen die Türkei, bekam Appetit auf mehr und eroberte auch
das albanische Skutari; Cetinje: Hauptstadt Montenegros.

Revolution
aus: *Revolution.* Zweiwochenschrift 1, München, 15.10.1913, 2.

Verloren
aus: *Jugend*, München, 15/1914, 446.

An die Leser des Kain!
Flugblatt vom März 1915 und auf Anfang 1914 zurückdatiert, in: *Kain.*
Zeitschrift für Menschlichkeit, Reprint Vaduz 1978, Bd. 2.
Von Bekannten gewarnt und bedrängt fügt Mühsam in der Druckerei
noch einen Nachsatz ein: »Vorerst ruhe im Lande aller Zwist. Das Grund-
sätzliche meiner Überzeugungen wird durch die gegenwärtigen Ereig-
nisse nicht berührt. Aber ich weiß mich mit allen Deutschen einig in dem
Wunsch, dass es gelingen werde, die fremden Horden von unsern Kindern
und Frauen, von unsern Städten und Äckern fernzuhalten.« Zit. in: Kurt
Kreiler, Erich Mühsam im Ersten Weltkrieg – Pazifist? Patriot? Anarchist?
in: *Erich Mühsam und andere im Spannungsfeld von Pazifismus und*
Militarismus. Schriften der Erich-Mühsam-Gesellschaft 16, Lübeck 2000,
13. In Mühsams Tagebuch steht unter dem 24.8.1914: »… Der dumme
Schlußsatz macht mir zu schaffen. Ich fügte ihn unter der Angst um Jenny
(Brünn, Mühsams Verlobte) und beeinflusst von den Warnungen Jacobis
und Weisgerbers nachträglich ein. Es war eine große Eselei. (Zusatz:) Ich
habe gleich, als die Fälschung erschien, Neudrucke ohne den Satz drucken
und den Rest der ersten Auflage vernichten lassen.« Am 25.1.1915 schreibt
Mühsam: »… Die ›fremden Horden‹ kann ich mir allenfalls verzeihen,
weil ich mich gar nicht scheue, auch die in Belgien hausenden Deutschen
so zu nennen, aber wie komme ich zu dem Wunsch, dass gerade unsere
Länder vom Kriege verschont bleiben sollen? Dieser Egoismus ist ekelhaft
und unverzeihlich … Es ist nicht wahr, dass unsere Frauen und Kinder,
unsere Städte und Felder mehr wert wären als die der Galizier, Kaukasier,
Polen …« E.M., *Tagebücher* (1910–1924), hg. und mit einem Nachwort
von Chris Hirte, München 1994, 113, 138 f.

Wiegenlied
aus: E.M., *Brennende Erde. Verse eines Kämpfers*, München 1920, 32 f.
Entstanden im März 1915.

Entlarvung
aus: E.M., *Brennende Erde. Verse eines Kämpfers*, München 1920, 38.
Entstanden im November 1915.

Soldatenlied
aus: *Kain. 1. Flugblatt* vom 18.11.1918, Pol. Dir. 15590/3, STAM. Als
»Das Lied der Roten Garde« abgedruckt in: *Mitteilungen des Vollzugs-*
rats der Betriebs- und Soldatenräte 6 vom 19.4.1919, 1.
Eine der ersten literarischen Verarbeitungen von Karl Liebknechts Flug-
blatt »Der Hauptfeind steht im eigenen Land« vom 27.5.1915, entstanden
im Oktober 1916, gesungen nach der Melodie des »Andreas-Hofer-

Liedes«; auch als »Solidaritätslied« bekannt. Die kommunistische Presse der Weimarer Republik verwendet das Gedicht häufig, ohne auf den Autor hinzuweisen. Vgl. z.B. *Neue Zeitung* 131 vom 22.8.1925, 4.

Texte 1919–1924

Krieg – Revolution – Friede und *Studenten 1918*
aus: *Kain. 1. Flugblatt* vom 18.11.1918, Pol. Dir. 15590/3, STAM.

Trutzlied
aus: E.M., *Brennende Erde. Verse eines Kämpfers*, München 1920, 69 f.
Entstanden im März 1919.

Die Diktatur des Proletariats
aus: *Kain. Zeitschrift für Menschlichkeit* 9 vom 25.4.1919, 2.
Der Text entstand vor dem 9. April. Am 13. April wird Mühsam verhaftet und sofort mit der Bahn aus München fortgeschafft. Der Drucker Max Steinebach rechnet aber damit, dass Mühsam wieder auftaucht, setzt die Texte in der dritten Aprilwoche und datiert die Nummer nach. – Die anarchistische Position läuft seit jeher Gefahr, dem Wirtschaftsliberalismus zuzuarbeiten. Das zentrale Argument für die notwendige Existenz des Staates lieferte Jean Jacques Rousseau in seinem Werk *Über den Ursprung und die Grundlagen der Ungleichheit*: »Wo sich Starke und Schwache begegnen, ist es die Freiheit, die unterdrückt, ist es das Gesetz, das befreit.« Mühsam kennt diese Begründung und fasst die erforderliche Balance zunächst in die Aussage »Die Freiheit aller aber und damit die Freiheit eines jeden setzt voraus die Gemeinschaft im Sozialismus.« Seine Aussage kleidet er dann ab 1919 in die Formel von der »Diktatur des Proletariats«. Regeln setzt nicht der angeblich neutrale Staat fest, sondern die Räte. Nicht der Staat sorgt für die Einhaltung der Regeln, sondern die Räte mit ihrem imperativem Mandat. Diese verfügen zudem nur über eine begrenzte Amtszeit, so dass sich keine Führungsschicht herausbilden kann.

1919
Dem Andenken Gustav Landauers
Erschien als Einzelpublikation zum Preis von einer Mark in einer Auflage von 1.000 Stück 1919 in Berlin.

O Schneppenhorst, o Schneppenhorst
aus: E.M., *Revolution. Kampf-, Marsch- und Spottlieder*, Berlin 1925, 45 f.
Entstanden im Hochsommer 1919, zu singen nach der Melodie »O Tannenbaum«; Ernst Schneppenhorst, sozialdemokratischer Militärminister, spricht sich Anfang April für die Ausrufung der Räterepublik aus und beteuert auf Nachfrage Gustav Landauers, er setze seinen Kopf, dass er das Militär für die Räterepublik gewinnen werde; kurz danach wechselt er die Front und ruft die Weißen Truppen unter den Generalen von Epp und von Möhl ins Land; bestreitet unter Eid, jemals für die

Räterepublik eingetreten zu sein; Staatsanwalt Lieberich klagt gegen den Münchner Zeitungsredakteur Nutt, welcher Schneppenhorst Meineid vorwirft; Nutt wird verurteilt; im Zuchthaus Ebrach, in Straubing und Oberhaus sitzen viele ehemalige Räterepublikaner ein.

Der Gefangene
aus: E.M., *Brennende Erde. Verse eines Kämpfers*, München 1920, 82 f.
Entstanden im August 1919.

Philistertrott
aus: *Syndikalist* 20/1920, polizeilich vermerkt am 4.6.1920 in: Pol. Dir. 15590/4, STAM.

Brennende Erde
aus: *Neue Zeitung* 571 vom 13./14.11.1920, 4.
Oskar Maria Graf schreibt in der *Neuen Zeitung* 543 vom 12.10.1920 auf Seite 5 über Mühsams *Brennende Erde*:
»Aus der Festung schickt Mühsam diese Manifeste an das kämpfende Proletariat. Um eine Zusammenstellung früherer Verse aus dem ›Kain‹ und aus früheren Versbänden handelt es sich. Ehrlich und nicht ohne Schwung gelingt manch liedhafte Strophe. Ohne weiteres wird der Revolutionär nach solchem Aufruf greifen. Ein starker Optimismus und ein mutiges Bekennertum ist in den Zeilen, und was Mühsam beabsichtigt hat, nämlich möglichst volkstümlich zu sein, das ist vielfach gelungen. Dazu aber gehört kein Dichter.
Erich Mühsam sitzt heute mit vielen Genossen im Gefängnis. Von dort aus schreien Menschen ihre Sehnsucht in unsere Reihen. Vergessen wir sie nicht! Aber seien wir ehrlich. Vergessen wir auch nicht, dass wir verpflichtet sind, einander die Wahrheit immer zu sagen. Und du, Genosse Mühsam, wirst es mir nicht übel nehmen, wenn ich dein Dichten für künstlerisch (und ich will es versuchen, diesen Begriff auch vom letzten »Bürgerlichen«, der ihm anhaftet, loszutrennen) beinahe wertlos halte, für propagandistisch gut. Möge man mich bezichtigen, wie man will, möge man mich hängen, hassen und magst du, lieber Genosse Mühsam, deine ganze, haarscharfe Dialektik gegen mich anwenden. Ich will den Versuch machen, bescheiden meine ganze subjektive Meinung zu sagen.
Das Gedicht ist die höchste Formwerdung einer ewigen Wahrheit. Solche Wahrheit kann man nie missen. Sie wird laut und visionär erfasst vom Dichter. Dieser Letztere ist jenes Einsamste der gärenden Kraft der neuen Gemeinschaft. Er ist der Vorläufer, der Erspäher und Schöpfer des Unsichtbaren. Er sagt mit zwei und mehr Worten jenes, was Tausenden auf einmal blitzhaft aufgeht und sie umstellt. Der Dichter kann aus diesem Grunde niemals – und heute ist das wahrer denn je – hantieren und paktieren mit der Unwichtigkeit einer momentanen Strömung. Er steht außerhalb seiner Zeit und hat nichts zu tun mit ihr,

er ist ihr Gegner immerzu (mag sie nun sein, wie sie will), er ist der einzige Rebell, jener, der die fortwährende Aufwühlung des Menschen im tiefstgeistigen Sinne als Mission mitbekommen hat. Darum ist das »Künstlerische« ja was anderes, als man gemeiniglich anzunehmen beliebt. (Hat man denn noch nie nachgedacht darüber, was Else Bruck einmal mit so vielen anderen sagte: »Im Grunde ist jeder Dichter ein Revolutionär!?«)

Wie weit wir noch entfernt sind, »das Künstlerische« als das Wesentliche und das Revolutionäre anzuerkennen, ergibt sich daraus, dass man sich heute mehr denn je dranhält, mit zeitlichen Mätzchen zu arbeiten. Ist es etwa nicht revolutionär, mit den alten Mitteln der Sprache aufzuräumen? Ist es etwa nicht gerade das Kennzeichen des Dichters, dass er – sofern es sich um einen echten handelt – ganz wo anders zu gestalten anfängt, auf eine ganz andere Art formt und in die Menschen greift, als es momentan begreifbar ist?

Hier einmal das bleibende Richtmaß zu finden, die richtige Definierung, das wäre doch (denk ich) vor allem unsere Aufgabe. Und nun zu Mühsam und zu unseren »revolutionären« Dichtern! Ich stelle fest, dass ich solche »Dichtung« niemals künstlerisch werten kann, solange nicht werten werde, bis nicht ein absolut Neues aus der Formung, aus der sprachlichen Ordnung spricht.

Man kann heute mit genau derselben »Kunst« parteipolitische, patriotische, revolutionäre Gedichte und Dramen anfertigen. Man kann also niemals gegen den patriotischen Dichter sein, wenn der revolutionäre mit genau denselben Mitteln arbeitet.

Dies Genosse Mühsam, Dir und vielen!

Die Bürgerlichkeit zerstört man nicht durch derartige Kampflieder, sondern dadurch, dass man an seine Stelle etwas Stärkeres, Neues hinstellt. – Erich Mühsams Gedichte sind Manifeste. Ganz manchmal stößt eine Zeile auf und gebärdet sich schüchtern als gut gefunden.

Noch schlimmer! In diesen Versen ist so viel Journalismus und so viel unwichtige Bagage, so viel Plattheit, dass es schade ist.

Und nicht allein steht Erich Mühsam, nein, es wimmelt heute von solchen Dichtern!

Schlagt mich tot, hängt mich auf, hasst mich! Ich bin der Meinung, dass wir zu einem so gewaltigen Menschenveränderungskampf, den wir »Revolution« nennen, die größte Kraft, das Tiefste in uns aufzubringen fähig sein müssen und hüten wir uns vor Sentimentalität und Unwahrheit gegeneinander.«

Zur Kontroverse Mühsam/Graf vgl. Ulrich Dittmann, »Eingeschreint in die Herzen aller freiheitlichen Kämpfer«. Erich Mühsam aus der Sicht des Oskar Maria Graf – eine Collage, Mühsam-Magazin 9, Lübeck, März 2001, 81–103, hier: 95 ff.

Das neue Deutschland
aus: *Neue Zeitung* 82, München, 1.12.1921, polizeilich vermerkt in: Pol. Dir. 15590/5, STAM.

Hybris
aus: *Neue Zeitung* 11, München, 13.1.1923, polizeilich vermerkt in: Pol. Dir. 15590/6, STAM.

Der Tod des Rotgardisten
aus: E.M., *Revolution. Kampf-, Marsch- und Spottlieder,* Berlin 1925. Auf Bitten einiger Festungsgefangener in Niederschönenfeld im Sommer 1923 nach dem Augenzeugenbericht eines Kameraden verfasst.

Appell
aus: E.M., *Sammlung 1898–1928,* Berlin 1928. Entstanden im Januar 1924.

Das Volk der Denker
aus: E.M., *Alarm. Manifeste aus 20 Jahren,* Berlin 1925, 99 f. Entstanden im September 1924; Mühsam wendet sich mit diesem Gedicht gegen jede Form des Geschichtsdeterminismus, wie er ihn bei Sozialdemokraten und Kommunisten als Voraussetzung einer zögerlich-reformistischen Politik erkannt hat; Skrofulose: entstellende Erkrankung im Kleinstkindesalter.

Texte nach 1924

Reise an die österreichische Grenze
aus: *Die Weltbühne. Wochenschrift für Politik – Kunst – Wirtschaft* 32, Charlottenburg, 11.8.1925, 219–224.
Mühsams Schilderung bestätigen die Berichte der Polizeidienststellen. Auszüge: »21.3.1925 … Er hat sich … 4.25 mit Schnellzug Richtung München aus Passau entfernt. Wahrscheinlich trifft er um 10.13 in München ein … (telef. Mitteilg.: 4.30 nachm. v. Grenz-Pol. Salzburg – Komiss. Stuis.) …« --- »VI a 628/25. I. Mühsam, wie aus Anlass der Anfrage des Herrn Oberreichsanwalts vertraulich festgestellt, wurde in München gesehen, soll jedoch am Samstag 4./IV. nach Berlin zurückgekehrt sein. Polizeiliche Wohnungsanmeldung ist nicht erfolgt. M. hat jedenfalls bei Genossen genächtigt, soll aber mit den offiziellen Persönlichkeiten der KP München nicht in Fühlung getreten sein … Die Erhebungen werden fortgesetzt. Wesentliche Ergebnisse werden mitgeteilt werden … 9.4.25« Pol. Dir. 15590/6, STAM.
Bruno Frei: »… Das österreichische Abenteuer hatte ein Nachspiel. Eine linke Wiener Zeitung, die das Vorgehen gegen Mühsam als gesetzwidrig kritisierte, ist wegen Aufreizung angeklagt worden. In dem Strafprozess mussten die Behörden zugeben, dass Mühsam mit gültigen Papieren

einzureisen im Begriffe war: Das österreichische Konsulat in Berlin habe den Weisungen zuwider gehandelt. Mühsam sei zwar ein Dichter, aber ein gefährlicher. Von Erich Mühsam erfuhr ich später den grotesken Ausgang dieses Zwischenfalles. Der Rechtsanwalt der Roten Hilfe hätte ihm geraten, angesichts dieses aktenkundigen Willküraktes der Republik Österreich eine Klage auf Rückerstattung der Reisekosten anzudrohen. Und mit pfiffiger Genugtuung ergänzt Mühsam: »*Ich habe sie auch bekommen.*« Erich Mühsam zum 40. Todestag. Europäische Ideen 5/6, Berlin 1974, 30.

Die bayerische Räterepublik und die Anarchisten
aus: *Revolutionäre Tat* 1, Dresden, Mai 1926, Seite 3 f. und 2 vom Juli 1926, Seite 3.

Bayerisches, Allzubayerisches
aus: E.M., *Der Bürgergarten. Zeitgedichte*, Berlin/Weimar 1982, 118 f. Gedichtet 1926. Kronprinz Rupprecht ist der Thronanwärter des 1918 abgesetzten bayrischen Königshauses.

Seit sieben Jahren im Zuchthaus!
aus: *Der Rote Helfer*, Berlin, Juli 1926, 6.
Kapp-Amnestie, Rathenau-Amnestie, Hindenburg-Amnestie: Amnestien von Haftgefangenen infolge von Regierungswechseln; Ostelbier: konservativ-reaktionäre Großgrundbesitzer östlich der Elbe.

Bayern
aus: *Fanal* 4, Berlin, Januar 1927, 54 f.

Sacco und Vanzetti
aus: E.M., *Sammlung 1898–1928*, Berlin 1928, 208–210.
Die beiden Anarchosyndikalisten Sacco und Vanzetti sind Opfer eines Justizmordes, gegen den Intellektuelle und Arbeiterbewegung weltweit protestieren. Die beiden Sportflieger Chamberlin und Levine stellen 1927 einen neuen Flugrekord auf.

Was ist die Rote Hilfe – und wie stehen Sie zu ihr?
aus: *Der Rote Helfer* 4, Berlin, April 1927, 7.

Die Resel von Konnersreuth
aus: *Die Welt am Montag*, 19. September 1927 in: E.M., *Gedichte, Prosa, Stücke.* Ausgewählte Werke in drei Bänden, Bd. 1. Hg. von Christlieb Hirte, Berlin (DDR) 1985, 360 f.
Der Reichsschulgesetzentwurf 1927 soll das Schulwesen der Republik konfessionalisieren und damit bildungspolitische Errungenschaften des Weimarer Schulwesens rückgängig machen.

Die Wacht im Bürgerbräu
aus: *Die Welt am Montag*, 30. April 1928, in: E.M., *Gedichte, Prosa, Stücke.* Ausgewählte Werke in drei Bänden, Bd. 1. Hg. von Christlieb Hirte, Berlin (DDR) 1985, 361 f.

Im Beisein von General Lossow und Ministerpräsident von Kahr ins-
zenieren vom Münchner *Bürgerbräukeller* aus der »Trommler« Hitler,
General Ludendorff und General von Möhl am 8./9. November 1923 einen
»Marsch auf Berlin«, der an der Feldherrnhalle von bayerischer Landespo-
lizei gestoppt wird; Reichsaußenminister Stresemann beendet den passi-
ven Widerstand gegen die französische Ruhrbesetzung, bemüht sich um
Verständigung mit Frankreich, unterzeichnet 1924 das Dawesabkommen,
1925 den Locarnopakt und erreicht 1926 die Aufnahme Deutschlands in
den Völkerbund, schließt 1928 den Kellogg-Pakt ab und bereitet 1929 die
Annahme des Youngplanes vor; gemeinsam mit Briand Friedensnobelpreis
1926; 1927 spricht Stresemann im *Bürgerbräukeller* von den Verhandlun-
gen zwischen französischen, englischen, belgischen und deutschen Dele-
gationen über eine Räumung der besetzten rheinischen Gebiete und eine
damit zusammenhängende Amnestie, wird dabei von Nazis angepöbelt.

Mein Gegner Kurt Eisner
aus: *Die Weltbühne*. Wochenschrift für Politik – Kunst – Wirtschaft 8,
Charlottenburg, 19.2.1929, 290–294.

Leitsatz
aus: *Fanal* 11, Berlin, August 1929, 241.
Augustin Souchy konnte viele Gedichte seines Freundes, mit dem er
vor 1933 in der FAUD (Freie Arbeiter Union Deutschlands) und der IAA
(Internationale Arbeiterassoziation) zusammengearbeitet hat, aus dem
Gedächtnis zitieren; den »Leitsatz« hatte er zu seinem Lebensmotto
gemacht.

Liebe, Treue, Eifersucht
Die Ansichten der Gräfin Franziska zu Reventlow
aus: *Die Aufklärung* 10/1929, Berlin, 315 f., in: Anarchismus und Psy-
choanalyse zu Beginn des 20. Jahrhunderts. Der Kreis um Erich Mühsam
und Otto Gross. Schriften der Erich-Mühsam-Gesellschaft 19, Lübeck
2000, 36 ff.
Mühsam malt hier ein Bild, das in einigen Farben nicht der Wirklichkeit
entspricht. Franziska zu Reventlow war in den »Theorien« sehr wohl
bewandert. Auch seine nachträgliche Distanzierung von der Psychoana-
lyse erstaunt, war er doch in den eigenen damaligen Worten von seiner
»Heilung« durch Otto Gross nachgerade begeistert. Vgl.: Christine Kanz,
Zwischen sexueller Befreiung und misogyner Mutteridealisierung. Psy-
choanalyserezeption und Geschlechterkonzeption in der literarischen
Moderne (Lou Andreas-Salomé, Franziska zu Reventlow, Erich Mühsam,
Otto Gross), in: Anarchismus und Psychoanalyse …, ebd., 101 ff.

Schulkampf
aus: *Fanal* 5, Berlin, Februar 1930, 97 f.
Die »Ratschläge« beruhen auf der Erkenntnis des Widerspruchs zwi-
schen humanistischem Versprechen und dessen falscher Einlösung. Der
primäre Zweck der Schule liegt für Mühsam darin, in einem Auslesepro-

zess den Menschen so zuzurichten, dass er später für seine Verwertung optimal funktioniert.

Das braune Haus
aus: *Die Welt am Montag*, 9. März 1931, in: E.M., *Gedichte, Prosa, Stücke*. Hg. von Christlieb Hirte. Ausgewählte Werke Band I, Berlin (DDR) 1985, 365 f.

Felseneck
aus: *Die Weltbühne*. Wochenschrift für Politik – Kunst – Wirtschaft 7, Charlottenburg, 16.2.1932, 263 f.

Duldsamkeit ...
aus: Fanal-Sonderheft. *Die Befreiung der Gesellschaft vom Staat. Was ist kommunistischer Anarchismus?*, Berlin 1933, 45 f.

QUELLEN

Archiv der Münchner Arbeiterbewegung:
Flugblattsammlung, Fotosammlung.

Archiv des Valentin-Karlstadt-Musäum, München:
Fotosammlung.

Bayerisches Hauptstaatsarchiv (BayHStA):
Nachlass Franz Schmitt, Plakatsammlung, Flugblattsammlung.

Monacensia (Mon):
Archiv Erika Mann, Konvolut O. M. Graf, Material Erich Mühsam, Mon Mü 1 Verlag Stobbe, Mon Mü 3 Werner Gebühr, Nachlass Max Halbe, Nachlass Michael Georg Konrad, Nachlass Ludwig Thoma.

Privatsammlung

Staatsarchiv München (STAM):
Pol. Dir. 4595, Pol. Dir. 15590/1 bis 15590/6, Pol. Dir. 15591, Staatsanwaltschaft München I, Fasc. 2131/I, Staatsanwaltschaft München I, Fasc. 2131/II, Staatsanwaltschaft Sondergericht 8513.

Zeitgenössische Zeitungen:
Münchener Post, Münchner Neueste Nachrichten, Neue Zeitung, Der Rote Helfer, Der Syndikalist.

AUSWAHLBIBLIOGRAPHIE

Ausgewählte Veröffentlichungen Erich Mühsams in chronologischer Folge; die Zusammenstellung beschränkt sich auf Erstausgaben und Veröffentlichungen, die für diese Arbeit Verwendung fanden.

Die Homosexualität. Ein Beitrag zur Sittengeschichte unserer Zeit, Berlin 1903.

Billy's Erdengang. Eine Elephantengeschichte für artige Kinder. Verse von Onkel Franz (Hanns Heinz Ewers und Erich Mühsam), Berlin 1904.

Die Wüste. Gedichte, Groß-Lichterfelde/Berlin 1904.

Ascona. Eine Broschüre, Locarno 1905.

Die Psychologie der Erbtante; eine Tantologie aus 25 Einzeldarstellungen als Beitrag zur Lösung der Unsterblichkeitsfrage, Zürich 1905.

Die Hochstapler. Lustspiel in vier Aufzügen, München 1906.

Die Jagd auf Harden, Berlin-Schöneberg 1908.

Der Krater, Berlin 1909.

Kain. Zeitschrift für Menschlichkeit, München, vier Jahrgänge 1911–1914.

Kain-Kalender, München 1912 und 1913.

Im Nachthemd durchs Leben (Weihebühnen-Festspiel). München 1914.

Die Freivermählten. Polemisches Schauspiel in drei Aufzügen, München 1914.

Wüste. Krater. Wolken, Berlin 1914.

Kain. Zeitschrift für Menschlichkeit, München, neun Nummern, 1918–1919.

1919. Dem Andenken Gustav Landauers, Berlin 1919.

Brennende Erde. Verse eines Kämpfers, München 1920.

Judas. Arbeiter-Drama in fünf Akten, Berlin-Halensee 1921.

Das Standrecht in Bayern. Mit einer Einleitung von P. Frölich, Berlin 1923.

Revolution. Kampf-, Marsch- und Spottlieder, Berlin 1925.

Alarm. Manifeste aus 20 Jahren, Berlin 1925.

Seenot, Wien-Ober St. Veit 1925.

Gerechtigkeit für Max Hoelz!, Berlin 1926.

Fanal Oktober 1926–August 1931, 5 Jahrgänge.

Sammlung 1898–1928. Auswahl aus dem dichterischen Werk, Berlin 1928.

Staatsräson. Ein Denkmal für Sacco und Vanzetti, Berlin 1928.

Von Eisner bis Leviné. Die Entstehung der bayerischen Räterepublik. Persönlicher Rechenschaftsbericht über die Revolutionsereignisse in München vom 7. November 1918 bis zum 13. April 1919, Berlin-Britz 1929.

Unpolitische Erinnerungen, Leipzig 1931.

Die Befreiung der Gesellschaft vom Staat. Was ist kommunistischer Anarchismus? Fanal-Sonderheft, Berlin-Britz 1933.

Namen und Menschen. Unpolitische Erinnerungen, hg. von Fritz Adolf Hünich, Leipzig 1949.

Gedichte. Eine Auswahl, mit einem Nachwort von F. A. Hünich, Berlin (DDR) 1958.

Dampfer »Deutschland« in Seenot, Fürstenfeldbruck 1959.

Eine Auswahl aus seinen Werken. Mit einem Vorwort und Erläuterungen [russ.] von N. Pawlowa, Moskau 1960.

Auswahl. Gedichte, Drama, Prosa. Mit einem Nachruf von Erich Weinert. Neu zusammengestellt und erweitert von Dieter Schiller, Berlin (DDR) 1961.

Unpolitische Erinnerungen. Mit einem Nachwort von Alfred Klein, Leipzig 1963.

War einmal ein Revoluzzer. Bänkellieder und Gedichte. Hg. von Helga Bemmann, Berlin (DDR) 1968.

Von Eisner bis Leviné. Die Entstehung und Niederlage der bayerischen Räterepublik. Ein Bericht. Mit einem Vorwort von H.J. Viesel sowie einem Epilog der Subrealisten und Dokumenten Mühsams. MaD Flugschrift 17, Hamburg 1976.

Alle Wetter. Volksstück mit Gesang und Tanz. Eingeleitet und hg. von Gerd W. Jungblut, Berlin 1977.

Fanal. Aufsätze und Gedichte von Erich Mühsam. 1905–1932. Hg. von Kurt Kreiler, Berlin 1977.

Färbt ein weißes Blütenblatt sich rot … Ein Leben in Zeugnissen und Selbstzeugnissen, hg. von Wolfgang Teichmann, Berlin (DDR) 1978.

Der Loreleyerkasten. Eine satirische Revue. Auswahl und Nachwort von Wolfgang Teichmann, Berlin (DDR) 1978.

Scheinwerfer oder Färbt ein weißes Blütenblatt sich schwarz. Politische Essays, Gedichte, Briefe, Flugblätter. Beiträge von U. Linse/L. Baron/A. Souchy/G.W. Jungblut/Wolfgang U. Schütte/Rainer Simon. Hrg. von Fidus, Berlin 1978.

Prosaschriften 1. Gesamtausgabe Band 3, hg. von Günther Emig, Berlin 1978.

Prosaschriften 2. Gesamtausgabe Band 4, hg. von Günther Emig, Berlin 1978.

Staatsverneinung. Die Freiheit als gesellschaftliches Prinzip u. a. Beiträge. Reihe konstruktiv 10, Berlin 1981.

Der Bürgergarten. Zeitgedichte, Auswahl von Wolfgang Teichmann, Berlin/Weimar 1982.

Die Befreiung der Gesellschaft vom Staat. Was ist kommunistischer Anarchismus? Berlin 1984.

Ausgewählte Werke in drei Bänden. Hg. von Christlieb Hirte, Berlin (DDR) 1985.

Poesiealbum 224, Auswahl von Chris Hirte, Berlin (DDR) 1986.

Tagebücher (1910–1924). Hg. und mit einem Nachwort von Chris Hirte, München 1994.

Berliner Feuilleton. Ein poetischer Kommentar auf die missratene Zähmung des Adolf Hitler. Hg. und erläutert von Heinz Hug, München 1992.

Sich fügen heißt lügen. Band 1: Ein Lesebuch, Band 2: Leben und Werk in Texten und Bildern. Hg. von Marlies Fritzen, Göttingen 2003.

Gedruckte Quellen:

Gerd W. Jungblut (Hg.), Erich Mühsam. Briefe an Zeitgenossen, Berlin 1978.

Gerd W. Jungblut, In meiner Posaune muß ein Sandkorn sein. Erich Mühsam. Briefe 1900–1934, 2 Bde., Vaduz 1984.

Theodor Pinkus (Hg.) unter Mitarbeit von Karl Lang, Heinz Hug und Felix Müller, Briefe nach der Schweiz. Gustav Landauer, Erich Mühsam, Max Hoelz, Peter Kropotkin, Zürich 1972.

Stenographischer Bericht über die Verhandlungen des Kongresses der Arbeiter-, Bauern- und Soldatenräte vom 25. Februar bis 8. März 1919, Berlin o.J.

Sekundärliteratur:

Günter Bartsch, Anarchismus in Deutschland. Band I. 1945–1965, Hannover 1972.

Freya Eisner, Kurt Eisner: Die Politik des libertären Sozialismus, Frankfurt/M. 1979.

Richard Förster, Erich Mühsam. Ein »Edelanarchist«, Berlin 1919.

Heinz Greul, Bretter, die die Zeit bedeuten. Die Kulturgeschichte des Kabaretts 1, München 1971.

Klaus Haag, Manche haben's Mühsam. Eine biografische Revue in acht Szenen über den »verbrannten« Dichter Erich Mühsam, Berlin 1990².

Ben Hecht, Revolution in der Teekanne. Geschichten aus Deutschland 1919, Hofheim 1989.

Rudolf Herz/Dirk Halfbrodt, Revolution und Fotografie. München 1918/19, Berlin/München 1988.

Chris Hirte, Erich Mühsam. »Ihr seht mich nicht feige«, Berlin (DDR) 1985.

Heinz Hug, Erich Mühsam. Untersuchungen zu Leben und Werk, Glashütten im Taunus 1974.

Heinz Hug/Gerd W. Jungblut, Erich Mühsam (1878–1934). Bibliographie, Vaduz 1991.

Rolf Kauffeldt, Erich Mühsam. Literatur und Anarchie, München 1983.

Diana Köhnen, Das literarische Werk Erich Mühsams. Kritik und utopische Antizipation, Würzburg 1988.

Kurt Kreiler, Die Schriftstellerrepublik. Zum Verhältnis von Literatur und Politik in der Münchner Räterepublik. Ein systematisches Kapitel politischer Literaturgeschichte, Berlin 1978.

Karl Lang, Kritiker, Ketzer, Kämpfer. Das Leben des Arbeiterarztes Fritz Brupacher, Zürich 1975.

Ulrich Linse, Organisierter Anarchismus im deutschen Kaiserreich von 1871, Berlin 1969.

Kreszentia Mühsam, Der Leidensweg Erich Mühsams, Zürich/Paris 1935/ Berlin 1994.

Rudolf Rocker, Der Leidensweg von Zensl Mühsam, Darmstadt 1949.

Hansjörg Viesel (Hg.), Literaten an der Wand. Die Münchner Räterepublik und die Schriftsteller, Frankfurt am Main 1980.

Hermann Wilhelm, Die Münchner Boheme. Von der Jahrhundertwende bis zum Ersten Weltkrieg, München 1993.

Periodika:

Torpedokäfer No. 1. Ein Anarchistisches Poesiealbum, München 1988.

Erich Mühsam zum 40. Todestag. Stefan Szende, Wilhelm Girnus, Henry Marx, Fritz Küster, Walter Huder, Günter Dallmann, Alfred Kantorowicz, Bruno Frei, Hugo Huppert, Paul Mühsam, Else Levi-Mühsam, Walter Schelenz, Hanns Martin Elster, Rudolf Rocker, Franz Horn, Lawrence Baron, Andreas W. Mytze, Gerhard Schmolze. Gespräche mit Cläre M. Jung, Ludwig Renn, Hedda Zinner und Fritz Erpenbeck, Augustin Souchy. Europäische Ideen 5/6, Berlin 1974.

Mühsam-Magazin 1/1989–9/2001, Lübeck.

Chris Hirte, Wege zu Erich Mühsam. Schriften der Erich-Mühsam-Gesellschaft 1, Lübeck 1989.

Erich Mühsam – Revolutionär und Schriftsteller. Schriften der Erich-Mühsam-Gesellschaft 2, Lübeck 1991.

Erich Mühsam und der Anarchismus und Expressionismus, die »Frauenfrage«, Ludwig Thoma. Schriften der Erich-Mühsam-Gesellschaft 3, Lübeck 1993.

Der »späte« Erich Mühsam. Schriften der Erich-Mühsam-Gesellschaft 5, Lübeck 1994.

Kurt Kreiler, Erich Mühsam – Leben und Tod eines deutschen Anarchisten. Schriften der Erich-Mühsam-Gesellschaft 6, Lübeck 1994.

Anarchismus im Umkreis Erich Mühsams. Schriften der Erich-Mühsam-Gesellschaft 7, Lübeck 1995.

Musik und Politik bei Erich Mühsam und Bertolt Brecht. Schriften der Erich-Mühsam-Gesellschaft 8, Lübeck 1995.

Zenzl Mühsam. Eine Auswahl aus ihren Briefen. Hg. von Chris Hirte und Uschi Otten. Schriften der Erich-Mühsam-Gesellschaft 9, Lübeck 1995.

Frauen um Erich Mühsam: Zenzl Mühsam und Franziska zu Reventlow. Schriften der Erich-Mühsam-Gesellschaft 11, Lübeck 1996.

Erich Mühsam – Thomas Mann – Heinrich Mann. Berührungspunkte dreier Lübecker. Schriften der Erich-Mühsam-Gesellschaft 12, Lübeck 1996.

Birgit Möckel, Das Ende der Menschlichkeit. George Grosz' Zeichnungen, Lithographien und Aquarelle aus Anlaß der Ermordung Erich Mühsams. Schriften der Erich-Mühsam-Gesellschaft 13, Lübeck 1997.

Allein mit dem Wort: Erich Mühsam, Carl von Ossietzky, Kurt Tucholsky. Schriftstellerprozesse in der Weimarer Republik. Schriften der Erich-Mühsam-Gesellschaft 14, Lübeck 1997.

Literatur und Politik vor dem 1. Weltkrieg: Erich Mühsam und die Boheme. Schriften der Erich-Mühsam-Gesellschaft 15, Lübeck 1999.

Erich Mühsam und andere im Spannungsfeld von Pazifismus und Militarismus. Schriften der Erich-Mühsam-Gesellschaft 16, Lübeck 2000.

Anarchismus und Psychoanalyse zu Beginn des 20. Jahrhunderts. Der Kreis um Erich Mühsam und Otto Gross. Schriften der Erich-Mühsam-Gesellschaft 19, Lübeck 2000.

Erich Mühsam und das Judentum. Schriften der Erich-Mühsam-Gesellschaft 21, Lübeck 2002.

Das Tagebuch im 20. Jahrhundert – Erich Mühsam und andere. Schriften der Erich-Mühsam-Gesellschaft 22, Lübeck 2003.

Aufsätze:

Gerd Arntz, Begegnungen mit Erich Mühsam, in: Vom Wesen der Anarchie & Vom Wesen verschiedener Wirklichkeiten, Berlin 1989, 27–30.

Hubert van den Berg, »Frauen, besonders Frauenrechtlerinnen haben keinen Zutritt!« Misogynie und Antifeminismus bei Erich Mühsam, in: IWK Internationale wissenschaftliche Korrespondenz zur Geschichte der deutschen Arbeiterbewegung 4/ Dez. 1992, 479–510.

Wolfgang Haug, Die Beziehung von Anarchismus und Expressionismus am Beispiel Erich Mühsams, in: IWK Internationale wissenschaftliche Korrespondenz zur Geschichte der deutschen Arbeiterbewegung 4/ Dez. 1992, 511–522.

H. D. Heilmann, Revolutionäre und Irre – die wahnsinnige Revolution und das normale Auschwitz, in: Schwarze Protokolle 14, Berlin 1976, 2–28.

Thea A. Struchtemeier, Betr.: Grabstelle Erich Mühsam oder: Der zweite Tod eines heimatlosen Anarchisten, in: Vom Wesen der Anarchie & Vom Wesen verschiedener Wirklichkeiten, Berlin 1989, 81–106.

LEBENSDATEN ERICH MÜHSAM

1878 6. April: Erich Mühsam als Sohn eines Apothekers in Berlin geboren.

1887 Einschulung in das humanistische Gymnasiums Katharineum in Lübeck.

1896 Relegierung vom Gymnasium wegen »sozialistischer Umtriebe«; Beginn einer Lehre als Apothekergehilfe.

1900 Apothekergehilfe in Lübeck, Blomberg/Lippe und Berlin; Bekanntschaft mit Gustav Landauer, Peter Hille, Paul Scheerbart u. a.

1901 Erste Auftritte in den Berliner Kabaretts (*Hungriger Pegasus* und *Cabaret zum Peter Hille*); erste Gedichte im *Wahren Jacob*.

1902 Umzug nach Friedrichshagen bei Berlin; Kontaktaufnahme zu anarchistischen Gruppen.

1903 wegen politischer Betätigung unter Polizeiaufsicht.

1904 Beginn der Wanderjahre durch Italien, Frankreich, Österreich und die Schweiz; in Wien Bekanntschaft mit Roda-Roda, Peter Altenberg und Karl Kraus.

1906 Engagements an Wiener Kabaretts.

1907 Reise nach Paris; Rückkehr im Frühjahr 1908.

1908 Übersiedelung nach München.

1909 Auftritte als Kabarettist im *Simplicissimus*; Mitarbeit an der satirischen Zeitschrift *Simplicissimus*; Bekanntschaft mit Frank Wedekind, Franziska Gräfin zu Reventlow, Heinrich Mann, Ringelnatz ...

1911 Gründung der Monats-Zeitschrift *Kain. Zeitschrift für Menschlichkeit*; erscheint bis 1914 und nach der Novemberrevolution 1918/19.

1912 Eintritt in den *Schutzverband deutscher Schriftsteller* (SDS).

1915 Eheschließung mit Kreszentia (Zenzl) Elfinger.

1918/19 Teilnahme an der Revolution und der Bayrischen Räterepublik; Mitglied des Zentralrates der Bayrischen Räterepublik; vom konterrevolutionären Standgericht zu 15 Jahren Festung verurteilt; nach sechs Jahren Haft aus der Festung Niederschönenfeld mit bleibenden gesundheitlichen Schäden entlassen.

1921 Uraufführung: *Judas. Ein Arbeiterdrama*.

1924 Haftentlassung; neuer Wohnsitz ist Berlin.

1925 Mitarbeit in der *Roten Hilfe Deutschlands*.

1926 Beginn der Herausgabe der anarchistischen Monatsschrift *Fanal*, die bis zum Juli 1931 erscheint.

1927 aktiv im dramaturgischen Beirat der Piscator-Bühne.

1929 Fortsetzungsserie für die *Vossische Zeitung* in fünfundzwanzig Folgen: *Unpolitische Erinnerungen*; Uraufführung: *Staatsräson*.

1932 Teilnahme an Aktionen gegen Krieg und Faschismus.

1933 Rede auf der letzten Versammlung der Berliner Ortsgruppe des SDS; Verhaftung durch die SA; grausame Misshandlungen und Folter.

1934 10. Juni: im Konzentrationslager Oranienburg bei Berlin ermordet.

Personenverzeichnis

Martin Andersen-Nexö (1869–1954), dänischer Schriftsteller, u.a.: *Pelle, der Eroberer.*

Ernst Moritz Arndt (1769–1860), Publizist und Dichter, Teilnehmer an den Befreiungskriegen, u.a.: *Lieder für Teutsche.*

Anton Graf Arco-Valley (1897–1945), rechtsnationalistischer Offizier, Mörder Eisners, zum Tod verurteilt, zu Festungshaft begnadigt, nach fünf Jahren entlassen, aktiv im »Bayerischen Heimat- und Königbund«.

Emil Aschenbrenner (geb. 1884), Kaufmann, Vizefeldwebel, Kommandant der Bahnhofswache, führend beteiligt am »Palmsonntags-Putsch«.

Dr. Ernst von Aster (1880–1948), Ordinarius für Philosophie.

Erhard Auer (1874–1945), 1918–33 bayr. SPD-Vorsitzender; 1918/19 bayr. Innenminister, MdL.

Hermann Bahr (1863–1934), österr. Schriftsteller, Dramaturg und Kritiker, u.a.: *Das Konzert.*

Eduard Bernstein (1850–1932), Schriftsteller, SPD, USPD, MdR, Begründer des Revisionismus.

Julian Borchardt (1868–1932), vor der Jahrhundertwende im antimarxistischen Lager der SPD, gründet als radikaler Kriegsgegner 1915 die »Internationalen Sozialisten Deutschlands«, gibt in Berlin die Zeitschrift *Lichtstrahlen* heraus.

Dr. Jenny Brünn (1892–1928), Schülerin Franz Oppenheimers, die Heirat mit Mühsam wird von den Eltern verhindert, unterstützt Mühsam bei der Begründung des *Fanal.*

Dr. Rudolf Buttmann (1885–1947), Landtagsbibliothekar, Rechtsnationalist, DNVP, dann NSDAP, MdL, MdR, 1935 Generaldirektor der Bayerischen Staatsbibliothek.

Emanuel Max Cohen-Reuß (1876–1963), Schriftsteller, SPD, MdR, emigriert 1933 nach Frankreich.

Max Dauthendey (1867–1918), Dichter und Schriftsteller, u.a.: *Lusamgärtlein.*

Dr. Eduard David (1863–1930), Schriftsteller, SPD, MdR, erster Präsident der Nationalversammlung in Weimar.

Oskar Dürr (1877–1959), Gutsverwalter, SPD, Münchner Stadtkommandant bis zum 13. April 1919.

Friedrich Ebert (1871–1925), SPD-Vorsitzender 1913–19, 1919–25 Reichspräsident.

Rudolf Egelhofer (1896–1919), Matrose, nach Ablösung Dürrs Münchner

Stadtkommandant, Oberbefehlshaber der Münchner Roten Armee, am 3. Mai ermordet.

Hermann Ehrhardt (geb. 1881), Freikorpsführer, beteiligt an der Niederschlagung der Novemberrevolution und am Kapp-Putsch; aus der »Marinebrigade Ehrhardt« entsteht 1921 die illegal operierende »Organisation Consul«.

Kurt Eisner (1867–1919), SPD, Journalist, Schriftsteller und Politiker, SPD, dann USPD, nach der Novemberrevolution bis zu seiner Ermordung am 21.2.1919 bayr. Ministerpräsident.

Franz Xaver Ritter von Epp (1868–1946), General, bekämpft die Münchner Räterepublik, ab 1933 Reichsstatthalter von Bayern.

Francisco Ferrer y Guardia (1859–1909), Publizist und Reformpädagoge.

Fidus (eigentlich Hugo Höppener, 1868–1948), Zeichner und Illustrator, eng mit der Lebensreform und Jugendbewegung verbunden.

Friedrich Albert Fister (geb. 1889), Kaufmann und Journalist, VRI, KPD, wird im Mai 1919 aus Bayern ausgewiesen.

Leonhard Frank (1882–1961), Schriftsteller, u.a.: *Links, wo das Herz ist.*

Karl Gareis (1889–1921), USPD-Landtagsabgeordneter, Opfer eines Fememordes.

Oskar Maria Graf (1894–1967), Schriftsteller, u.a.: *Wir sind Gefangene.*

Dr. Otto Gross (1877–1920), Psychoanalytiker, Freud-Schüler.

Konrad Hänisch (1876–1925), SPD, preußischer Minister für Wissenschaft, Kunst und Volksbildung.

August Hagemeister (1877–1923), Steindrucker, USPD, RAR, in der Münchner Räterepublik Volksbeauftragter für Volkswohlfahrt, Festungshaft in Niederschönenfeld, stirbt während der Haft.

Dr. Max Halbe (1865–1944), Dramatiker und Romancier, u.a.: *Mutter Erde.*

Mark Harda, eigentlich Margarete Faas-Hardegger (1892–1963), Schweizer Anarchistin.

Maximilian Harden (1861–1927), Herausgeber der *Zukunft*, mit Gustav Landauer befreundet.

Auguste Hauschner (1853–1924), österreichische Schriftstellerin, mit Gustav Landauer befreundet.

Ben Hecht (1894–1964), US-amerikanischer Journalist, Dramatiker und Hollywood-Drehbuchautor, u.a.: *Die Leidenschaftlichen.*

Wolfgang Heine (1861–1944), Rechtsanwalt, SPD, MdR, preußischer Innenminister während des Kapp-Putsches.

Julius Freiherr von der Heydte (1865–1923), Münchner Polizeipräsident, dann Oberstaatsanwalt.

Max Hoelz (1889–1935), Eisenbahntechniker, Spartakusbund, 1921 Anführer im mitteldeutschen Aufstand, verurteilt zu lebenslänglich Zuchthaus, 1928 amnestiert, Emigration in die Sowjetunion, dort von einem NKDW-Offizier ermordet.

Johannes Hoffmann (1867–1930), SPD, seit 1908 MdL, seit 1912 MdR, Kultusminister der Regierung Eisner, bayr. Ministerpräsident 17.3.1919– 14.3.1920, im Zuge des Kapp-Putsches von Gustav von Kahr und General von Möhl gestürzt.

Dr. Josef Hofmiller (1872–1933), Gymnasialprofessor, Essayist und Kritiker, u.a.: *Versuche*.

Siegfried Jacobsohn (1881–1926), 1901–1904 Theaterkritiker in der *Welt am Montag*, begründet 1905 die *Schaubühne* (ab 1918 *Weltbühne*).

Traugott von Jagow (1865–1941), ab 1909 Berliner Polizeipräsident, Miturheber des Kapp-Putsches.

Major Paul Ritter von Jahreis (1878–1919), Referent im bayr. Militärministerium.

Franz Jung (1888–1963), Schriftsteller, lebt während der ersten Jahre nach der November-Revolution fast permanent in der Illegalität, Wegbereiter einer linken Avantgardeliteratur, u.a.: *Der Weg nach Unten*.

Dr. med. Eugen Kahn (1887–1973), 1919 Erster Assistenzarzt an der Psychiatrischen Universitätsklinik in München.

Dr. Gustav Ritter von Kahr (1862–1934), nach dem Kapp-Putsch bayr. Ministerpräsident, Generalstaatskommissar, 1924–30 Präsident des bayr. Verwaltungsgerichtshofs, anlässlich des sog. Röhm-Putsches ermordet.

Eugen Karpf (geb. 1893), Adjutant Egelhofers, zu zwölf Jahren Festungshaft verurteilt.

Dr. Armin Kausen (1855–1913), Jurist, Gründer und Herausgeber der *Allgemeinen Rundschau*, lässt mit Hilfe von Anzeigen alles »Unsittliche« verfolgen.

Alexander F. Kerenski (1881–1970), russischer Ministerpräsident der provisorischen Regierung Juli bis Oktober 1917.

Dr. Georg Kerschensteiner (1854–1932), Pädagoge, Mitglied der liberalen Partei, Stadtschulrat und später Professor.

Johann Heinrich Knief (1880–1919), Volksschullehrer, SPD, unterstützt Liebknecht, führend in der Revolution in Bremen.

Guido Kopp (geb. 1896), KPD-Vorsitzender, Arbeiter- und Soldaten-Rat und Bürgermeister in Rosenheim.

Dr. Emil Kraepelin (1856–1926), Psychiater, Professor an der Münchner Universität.

Hildegard Elisabeth Kramer (geb. 1900), Kunstgewerblerin, VRI, KPD, wird Ende 1919 aus Bayern ausgewiesen.

Otto Gottlieb Konstantin von Kursell (1884–1967), Karikaturist und Grafiker, seit 1918 Mitarbeit an völkischen Publikationen, ab 1936 Lehrer an der Hochschule für bildende Künste, Berlin.

Hedwig Lachmann (1865–1918), Dichterin und Übersetzerin, ab 1901 mit Gustav Landauer verheiratet.

Charlotte Landauer (1899–1927), älteste Tochter Gustav Landauers.

Gustav Landauer (1870–1919), anarchistischer Publizist, Freund und Lehrer Mühsams, wird am 2. Mai 1919 beim Einmarsch der weißen Truppen misshandelt und erschlagen.

Otto Landsberg (1869–1957), Rechtsanwalt, SPD, MdR, 1919/20 Reichsjustizminister, emigriert 1933 nach Holland.

Carl Langer (1881–1958), Tischler, gibt von 1919–1930 in Hamburg die Zeitschrift *Alarm* heraus und publiziert ab 1948 die Monatsschrift *Der freie Sozialist.*

Julius Friedrich Lehmann (1864–1935), Verleger, Deutsch-völkischer Schutz- und Trutzbund, Aufsichtsrat der *München-Augsburger-Abendzeitung.*

Dr. Max Levien (1885–1936?), Mitbegründer des Spartakusbundes und der KPD, Flucht nach Wien, abgeschoben in die Sowjetunion, dort vermutlich erschossen.

Dr. Eugen Leviné (1883–1919), Nationalökonom, SPD, Mitbegründer der KPD, am 5.6.1919 hingerichtet.

Dr. Karl Liebknecht (1871–1919), SPD-Reichstagsabgeordneter, Kriegsgegner, Spartakusbund, zusammen mit Rosa Luxemburg ermordet.

Alois Lindner (geb. 1887), Schankkellner und Metzger, USPD-Mitglied und Mitglied des Münchner Arbeiter- und Bauern-Rats, versucht den Mord an Ministerpräsident Kurt Eisner mit einem Attentat an Auer zu rächen, zu 14 Jahren Festungshaft verurteilt, 1927 u.a. durch Vermittlung Mühsams in die Sowjetunion abgeschoben.

Dr. Franz Lipp (geb. 1859), Volksbeauftragter für auswärtige Politik.

Otto Hermann Lossow (1868–1938), General, Teilnehmer am Hitler-Putsch.

Conrad Lotter, Zählerrevisor, Arbeiterrat.

Erich Ludendorff (1865–1937), General, 1916–18 in der Obersten Heeresleitung, beteiligt am Kapp-Putsch und am Hitler-Putsch.

Anatoli Wassiljewitsch Lunatscharski (1875–1933), russ. Schriftsteller und Politiker, 1917–29 Volkskommissar für Bildungswesen.

Carl Georg von Maaßen (1880–1940), Literaturwissenschaftler, Hg. einer E.T.A. Hoffmann-Werkausgabe, langjähriger Freund Mühsams.

Heinrich Mann (1871–1950), Schriftsteller, u.a.: *Der Untertan.*

Dr. Thomas Mann (1875–1955), Schriftsteller, u.a.: *Bekenntnisse des Hochstaplers Felix Krull.*

Fritz Mauthner (1849–1923), Schriftsteller und Philosoph, u.a.: *Der neue Ahasver*.

Dr. Franz Mehring (1846–1919), Schriftsteller und Politiker, SPD, dann Spartakusbund.

Ernst Müller(-Meiningen) (1866–1944), Oberlandesgerichtsrat, MdL, MdR, DDP, 1920/21 bayr. Justizminister.

Joseph Merl (geb. 1897), Liftjunge und Kellner, KPD-Kassier bis März 1919, Mitglied im RAR.

Arnold Ritter von Möhl (1867–1944), General, Oberbefehlshaber der Regierungstruppen im April/Mai 1919.

Morax, d. i. Karl Schultze (1882–1916), Klavierspieler.

Dr. med. Friedrich von Müller (1858–1941), Professor für innere Medizin an der Münchner Universität.

Nikita (1841–1921), König von Montenegro 1910–1918.

Johannes Nohl (1882–1963), Essayist, Freund und Reisegefährte Mühsams.

Gustav Noske (1868–1946), SPD, organisiert als Reichswehrminister mit den Resten der kaiserlichen Armee und mit Freikorps die Niederschlagung der Aufstände nach 1919.

Wilhelm Olschewski (geb. 1871), Kaufmann, USPD, dann KPD, Vorsitzender des RAR in Augsburg, zu sieben Jahren Festungshaft verurteilt.

Alexander Parvus Helphand (1867–1924), sozialdemokratischer Publizist, unterstützt die deutsche Kriegspolitik im Ersten Weltkrieg.

Franz Pfemfert (1879–1954), Publizist und Verleger, Herausgeber der *Aktion* 1911–1932, 1933 Emigration.

Wilhelm Pieck (1867–1960), Zentralkomitee der KPD, Vorsitzender der *Roten Hilfe*, bis zu seinem Tod Präsident der DDR.

Ernst Ritter von Possart (1841–1921), Schauspieler, Regisseur.

Lotte Pritzel (1887–1952), Puppenkünstlerin und Bildhauerin, von Mühsam liebevoll »Puma« genannt.

Dr. Ludwig Quidde (1858–1941), Historiker, Vorsitzender der »Deutschen Friedensgesellschaft«, u.a.: *Caligula*.

Prof. Dr. Gustav Radbruch (1878–1949), Jurist, SPD, 1920–24 MdR, Justizminister.

Dr. Wilhelm Heinrich Riehl (1823–1897), Professor für Kulturgeschichte, Direktor des Bayerischen Nationalmuseums, einer der Begründer der agrarromantischen, fortschritts- und großstadtfeindlichen Heimatschutzbewegung.

Joachim Ringelnatz (eigentl. Hans Bötticher, 1883–1934), Dichter, u.a.: … *und auf einmal steht es neben dir.*

Dr. Christian Roth (1873–1934), Bayerische Mittelpartei, MdL und Justizminister 1920–21, NSDAP, MdR 1924, ab 1928 Generalstaatsanwalt am Bayerischen Verwaltungsgerichtshof.

Gerhard Roßbach (geb. 1893), Freikorpsoffizier in Polen und im Baltikum, beteiligt am Kapp-Putsch und am Hitler-Putsch.

Albert Roßhaupter (1878–1949), SPD, MdL seit 1907, Minister für militärische Angelegenheiten im Kabinett Eisner.

Dr. Otto Rühle (1874–1943), Pädagoge, SPD, Mitbegründer der KPD, später Ausschluss, aktiv in linksradikalen Organisationen.

Josef Ruederer (1861–1915), Dramatiker und Erzähler, Mitbegründer des *Intimen Theaters*, u.a.: *Die Fahnenweihe*.

Nicola Sacco (1891–1927), amerik. Anarchosyndikalist.

Fritz Sauber (geb. 1884), Kellner, KPD, Vorsitzender des Landessoldatenrats, zu zwölf Jahren Festungshaft verurteilt, MdR ab 1920.

Philipp Scheidemann (1865–1939), Buchdrucker, SPD, 1918 Staatssekretär in der kaiserlichen Regierung, ruft die Republik aus.

Franz Schmitt (geb. 1862), Tapezierer, SPD, MdL, Landtagspräsident.

Ernst Schneppenhorst (1880–1945), SPD, Militärminister im Kabinett Hoffmann, MdR 1932/33, nach dem 20. Juli 1944 verhaftet und hingerichtet.

Georg Schrimpf (1889–1938), Kunstmaler.

Martin Segitz (geb. 1853), SPD, seit 1897 MdL, Innenminister im Kabinett Hoffmann.

Alfred Seiffertitz (geb. 1884), Kunstmaler, Führer der Münchner »Republikanischen Schutztruppe«, verhaftet Mühsam am 10.1.1919.

Josef Simon (geb. 1865), SPD, USPD, Handelsminister im Kabinett Hoffmann.

Martin Steiner (geb. 1864), Ökonomierat und Mühlenbesitzer, Bauernbund, Landwirtschaftsminister im Kabinett Hoffmann.

Georg Sklarz (geb. 1875), Schieber und Agent des deutschen Generalstabs im Ersten Weltkrieg, mit führenden Sozialdemokraten befreundet und in Skandale verwickelt.

Josef Sontheimer (1867–1919), Kaufmann, Freidenker, Anarchist, am 4. Mai 1919 von weißen Truppen erschossen.

Augustin Souchy (1892–1984), Anarchist, in den 20er Jahren Sekretär der Internationalen Arbeiter-Assoziation, stritt mit Lenin und dozierte vor Fidel Castro.

Carl Sternheim (1878–1942), Theaterautor, u.a.: *Bürger Schippel*.

Dr. Gustav Stresemann (1878–1929), begründet 1918 die Deutsche Volkspartei, 1923 Reichskanzler, 1923–29 Reichsaußenminister.

Margarete Susmann (1874–1966), Schriftstellerin und Philosophin.

Johannes Timm (1866–1945), SPD, Justizminister im Kabinett Eisner.

Ernst Toller (1893–1939), Dramatiker und Dichter, u.a.: *Masse Mensch.*

Hans Unterleitner (1890–1971), Metallarbeiter, USPD, im Kabinett Eisner Minister für soziale Fürsorge, MdR, KZ Dachau, 1936 Emigration.

Bartolomeo Vanzetti (1888–1927), amerik. Anarchosyndikalist.

Anton Waibel (1889–1969), Schreiner, KPD, revolutionärer Aktionsausschuss, Würzburg.

Frank Wedekind (1864–1918), Dramatiker, u.a.: *Frühlings Erwachen.*

Fritz Weigel (geb. 1890), USPD, RAR, dann KPD-Stadtrat.

Paul Werner (eigentlich Paul Frölich, 1884–1953), SPD, Kriegsgegner, Übertritt zur KPD, 1932 SAP, 1933 KZ, Emigration, 1950 Rückkehr nach Deutschland, SPD.

Johann Friedrich Westmayer (1873–1917), SPD-Landtagsabgeordneter in Württemberg.

Woodrow Wilson (1856–1924), US-Präsident 1913–21.

Josef Wittmann (1899–1927), von Anfang an Teilnehmer an der Münchner Revolution, zu 2½ Jahren Festungshaft verurteilt, Beteiligung am Lörracher Aufstand, acht Monate Gefängnis, dann Leben in der Illegalität.

ABKÜRZUNGEN

BayHStA	Bayerisches Hauptstaatsarchiv
BVP	Bayerische Volkspartei
DDP	Deutsche Demokratische Partei
DNVP	Deutsch-Nationale Volkspartei
E.M.	Erich Mühsam
MdL	Mitglied des Landtags
MdR	Mitglied des Reichstags
Mon	Monacensia
NKDW	sowjetrussischer Geheimdienst
Pol. Dir.	Polizeidirektion
RAR	Revolutionärer Arbeiterrat
RFB	Roter Frontkämpferbund
SAP	Sozialistische Arbeiterpartei
STAM	Staatsarchiv München
USPD	Unabhängige Sozialdemokratische Partei Deutschlands
VRI	Vereinigung Revolutionärer Internationalisten

ABBILDUNGSNACHWEIS

(1), (2): Valentin-Karlstadt-Musäum; (3): Schwabing-Archiv R.v.H., Stadtmuseum, Graphische Sammlung; (4): Pol. Dir 15590/2, STAM; (5), (6): Pol. Dir. 15590/3, STAM; (7): Archiv der Münchner Arbeiterbewegung; (8): Plakatsammlung 2074, BayHStA; (9): Privatsammlung; (10): Pol. Dir 15590/2, STAM; (11): Valentin-Karlstadt-Musäum; (12): Archiv der Münchner Arbeiterbewegung; (13): Privatsammlung; (14): Pol. Dir. 15590/ 2, STAM; (15): Archiv der Münchner Arbeiterbewegung; (16): Pol. Dir. 15590/4, STAM; (17) Plakatsammlung 2070, BayHStA; (18), (19): Privatsammlung; (20): Nachlass Max Halbe 652/60, Monacensia.